国家出版基金项目
NATIONAL PUBLICATION FOUNDATION

中国教师教育
政策研究
（1949-2022）

ZHONGGUO JIAOSHI JIAOYU
ZHENGCE YANJIU

李　广　苑昌昊/等著

东北师范大学出版社
长　春

图书在版编目（CIP）数据

中国教师教育政策研究：1949—2022/李广，苑昌昊等著. —长春：东北师范大学出版社，2024.1
ISBN 978 - 7 - 5771 - 0974 - 9

Ⅰ. ①中… Ⅱ. ①李… ②苑… Ⅲ. ①教师教育－教育政策－研究－中国－1949—2022 Ⅳ. ①G659.2

中国国家版本馆 CIP 数据核字（2023）第 237465 号

□策划编辑：张　恰
□责任编辑：李　丹　□封面设计：张　然
□责任校对：刘晓军　□责任印制：许　冰

东北师范大学出版社出版发行
长春净月经济开发区金宝街 118 号（邮政编码：130117）
电话：0431—84568220
网址：http：//www.nenup.com
东北师范大学音像出版社制版
吉林省良原印业有限公司印装
长春市净月小合台工业区（邮政编码：130117）
2024 年 1 月第 1 版　2024 年 1 月第 1 次印刷
幅面尺寸：170mm×240mm　印张：15　字数：244 千

定价：70.00 元

前　言

2022 年是中国共产党"两个一百年"奋斗目标的历史交汇时刻，是全社会大变革、大转型、大融合、大创新的重要历史时期。在以习近平同志为核心的党中央坚强领导下，我国教育事业取得了巨大成就，已建成世界上规模最大的教育体系，加快建设教育强国的条件已愈加成熟。整理、分析和研究教师教育政策，不仅是推进中国式教师教育现代化的关键之举，更是夯实教育强国建设之基的重要保障。在这一时代背景下，出版《中国教师教育政策研究（1949—2022）》具有重要的历史意义与时代价值。

我国立足于教师教育发展需求与生动实践，不断推动教师教育的创新发展。浩如烟海的教师教育政策，既是中国共产党领导下对教师教育的关注与重视，也是教师教育高质量发展的宝贵资源。将新中国成立以来的教师教育政策系统化、类型化、理论化，找寻其中的内在逻辑与规律，发现变化与进步的历史轨迹，是时代赋予我们的重要责任，也是我们的不懈追求。

东北师范大学建校 70 余年，始终坚持"为基础教育服务"的师范本色，在基础教育、教师教育研究领域形成了明显的优势与丰富的研究成果。东北师范大学出版社曾出版《师范教育工作文献汇编》《教师教育工作文献汇编》等相关学术研究专著与文献资料集，具有丰富且专业的出版经验。编撰出版《中国教师教育政策研究（1949—2022）》是东北师范大学突出优先发展教师教育学科专业特色、传承优秀教师教育研究文化、弘扬师范大学红色基因的重要选择。

本书受国家出版基金资助，在政策整理与研究基础上，系统展现了新中国成立以来我国教师教育的变迁、成就、实践与发展趋势，从而使研究从文献的抽象走向了实践的具体，从象牙塔的书斋走向了教育的田野。本书共由九章构成，具体为：第一章，教师教育政策的基础理论研究；第二章，我国教师教育政策的历史变迁；第三章，我国教师教育政策的价值取向；第四章，

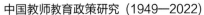

我国教师教育政策的时代表征；第五章，我国教师教育一体化实践探索；第六章，我国教师队伍建设的政策建议；第七章，我国教师教育政策的历史成就；第八章，中国式教师教育现代化政策逻辑；第九章，我国教师教育政策的发展趋势。除此之外，附录部分按倒序的方式呈现了新中国成立以来教师教育相关政策文献，以供读者查阅检索。

本书通过对新中国 70 余年教师教育政策进行系统研究，以期充分把握我国现阶段教师教育政策特点，为教师教育政策制定提供必要的理论支撑、价值引领与实践指导，丰富我国教师教育话语体系，促进"中国特色、世界一流"教师教育形态的蓬勃发展。

李 范昌吴

2023 年 10 月于东北师范大学

目　录

第一章　教师教育政策的基础理论研究

从理论的层面认识教师教育政策，是理解中国教师教育政策的本质及其发展的必然要求与关键手段。因此，教师教育政策的基础理论研究成为中国教师教育政策研究的首要内容。

一、教师教育政策的内涵意蕴

理解中国教师教育政策，必须首先理解教师教育政策这个核心概念。对于教师教育政策内涵的理解，决定了分析中国教师教育政策的基本立场、观点与方法。

（一）教师教育政策的基本内涵

什么是教师教育政策？这是"中国教师教育政策研究"应首先回答的基础与关键问题。从语义学的角度看，教师教育政策蕴含着由"教师"到"教育"再到"政策"的语法逻辑；从政策学的角度看，教师教育政策蕴含着由"政策"到"教育政策"再到"教师教育政策"的递进逻辑；从教育学的角度看，教师教育政策蕴含着由"教师"到"教师教育"再到"教师教育政策"的发展逻辑。综合以上三种视角，本研究选择从"教育政策"与"教师教育"这两个关键概念入手，探究教师教育政策的基本内涵。

1. 教育政策

在我国古代，"政"与"策"二字以单字表意。"政"主要用于表示"政治、政权"，如《论语·学而》中的"夫子至于是邦也，必闻其政，求之与？抑与之与"[①]；《诗经·大雅·皇矣》中的"皇矣上帝，临下有赫。监观四方，求民之莫。维此二国，其政不获"[②]。"策"主要用于表示"计策、谋略"，如《盐铁论·本议》中的"立盐、铁，始张利官以给之，非长策也"；《指南录·

[①]　杨伯峻. 论语译注［M］. 北京：中华书局，1980：6.
[②]　周振甫. 诗经译注（修订本）［M］. 北京：中华书局，2002：382-383.

后序》中的"予更欲一觇北，归而求救国之策"。

随着语言的发展，"政"与"策"逐渐被合用，成为现代汉语中的一个重要词汇。"政策"一词是晚清时期引入的日语外来语。① 《辞海》将政策解读为："国家、政党为实现一定时期的路线和任务而规定的行动准则。"② 陈振明在《政策科学》中对政策的内涵解读较为细致全面："政策是国家机关、政党及其他政治团体在特定时期为实现或服务于一定社会政治、经济、文化目标所采取的政治行为或规定的行为准则，它是一系列谋略、法令、措施、办法、方法、条例等的总称。"③

教育政策是政策系统的重要组成部分。改革开放以来，随着政策科学与教育科学的发展，我国教育界对教育政策内涵与本质的认识也不断取得突破。袁振国认为："教育政策是一个政党或国家为实现一定历史时期的教育任务而制定的行动准则。"④ 范国睿认为："教育政策是负有教育的法律或行政责任的组织和团体为实现特定时期的教育目的，在管理教育事业过程中制定和执行的，用以确定和调整教育利益关系的行为准则。"⑤ 成有信认为：教育政策是负有教育的法律或行政责任的组织及团体为了实现一定时期的教育目标和任务而规定的行动准则。⑥ 萧宗六认为：教育政策是国家或政党为实现教育目标而制定的行政准则，它是根据教育面临的形势和任务确定的。在我国，教育政策的表现形式多为有关机关发布的决议、决定、命令、指示、通知、意见以及党和国家领导人的报告、谈话、讲话等。有时还通过党报党刊的社论传达党和国家的教育政策。⑦

随着对教育政策研究的深化，学者们提出教育政策不仅是一种静态结果，同时应包括其动态的政策过程。祁型雨认为："教育政策是有关教育利益表达与整合的政治行为和政治措施，是一种通过保证和促进教育的生存和发展而培养全面自由和谐发展的人，从而促进社会政治经济文化可持续发展的战略

---

① 刘斌，王春福. 政策科学研究（第一卷）：政策科学理论［M］. 北京：人民出版社，1999：85-86.

② 辞海编辑委员会. 辞海（第六版彩图本）［M］. 上海：上海辞书出版社，2009：2926.

③ 陈振明. 政策科学［M］. 北京：中国人民大学出版社，1998：59.

④ 袁振国. 教育政策学［M］. 南京：江苏教育出版社，1996：115.

⑤ 范国睿. 教育政策的理论与实践［M］. 上海：上海教育出版社，2011：4.

⑥ 成有信. 教育政治学［M］. 南京：江苏教育出版社，2000：241.

⑦ 萧宗六. 教育方针、教育政策和教育法规［J］. 人民教育，1997（11）：35-36.

性和准则性的规定和行为。"① 孙绵涛认为："教育政策是一种有目的、有组织的动态发展过程，是政党、政府等政治实体在一定历史时期，为了实现一定的教育目标和任务而协调教育的内外关系所规定的行动依据和准则。"② 教育政策既可以表征某种静态的结果，也可以表征教育政策的现实运行全过程。杨润勇认为：教育政策是指各级政府组织或依靠相关的社会团体，在一定历史时期，为使所管辖的区域教育实现既定的发展目标或为解决其中的突出问题，适时协调教育内外关系，并按照一定程序制定的具有规范意义的行动方案。③

综合多位专家学者对教育政策的界定，笔者认为教育政策是指为了满足特定历史时期的教育发展需求、解决特定历史时期的教育发展问题，由各级国家行政机关依据党和国家的发展战略以及教育方针制定的行为准则与规范。狭义的教育政策仅指教育政策文本，而广义的教育政策不仅包含政策的静态文本，同时包含政策的动态过程。这也意味着教育政策应至少具备以下特征：第一，教育政策的制定与执行者必须是各级政府、政党等具有公共权力的机构与组织；第二，教育政策具有鲜明的政策目标导向，是教育事业发展客观需要与主体价值选择的统一；第三，教育政策必须能为政策行为提供可理解、可操作的行为准则与规范；第四，教育政策（从广义上讲）不仅指政策文本，同时包含教育政策实施，是静态结果与动态过程的统一。

2. 教师教育

教师教育是培养教师的专业教育，是以往师范教育的延续和扩展。它是基于终身教育的理念，以教师专业化发展为方向，对教师职前培养、入职培训和在职进修通盘考虑、整体规划的开放性系统。④

（1）教师教育的专业性

教师教育的性质根源于教师职业的性质，教师教育是否是专业教育，焦点在于教师职业的专业性强弱。教师职业的专业化趋势是工业革命飞速发展的背景下，为解决劳动力数量与素质无法满足工业生产要求而产生的。美国教师教育学院协会曾在《教师：一种职业》中对教师职业的专业性展开研究，

① 祁型雨. 利益表达与整合：关于教育政策的决策模式研究 [D]. 武汉：华中师范大学，2003.
② 孙绵涛. 教育政策学 [M]. 武汉：武汉工业大学出版社，1997：8.
③ 杨润勇. 区域教育政策行为研究：以县级区域为例 [D]. 北京：北京师范大学，2005.
④ 陈永明. 教师教育研究 [M]. 上海：华东师范大学出版社，2003：56-57.

该文总结了职业的十二种特征：①是由与行业有关的社会机构为个人和社会提供最基本的服务；②每种职业都满足一定领域的需要或执行一定的功能；③职业人员具有职业需要的大量知识和全部技能；④职业人员在对顾客服务时要作出决策，这种决策要与正确的知识相一致，而不是依赖某一原理或理论；⑤职业人员具有一门或多门专业知识，而且有基本的洞察能力，在此基础上应用自己的知识和技能；⑥职业人员参与一个或多个专业团体，这个团体具有社会的可信度，能够自由安排本团体的工作，并得到社会部门的许可；⑦职业人员具有一致的行业行为标准；⑧职业人员要经过专门机构的培训；⑨职业和职业人员要获得社会公众高度的信赖和信心，从业人员有能力为社会提供服务；⑩个体从业人员要有极强的服务热情和高度的责任感；⑪服务对象和所在机构有权对从业人员进行评价；⑫从业人员要接受公众的直接监督，要承担自身的职业责任，对社会负责。该文还将其与教师职业进行对比，提出依据此标准，教师是一种具有专业性的职业。① 我国则在《中华人民共和国教师法》总则中通过教育立法的方式明确了："教师是履行教育教学职责的专业人员，承担教书育人，培养社会主义事业建设者和接班人、提高民族素质的使命。"

教师职业的专业性，决定了教师教育的专业性，这也决定了教师教育与国家、地方政权之间必须保持紧密的联系，即教师教育应与国家和地方发展的战略方针相一致，与国家和地方的教师教育需求相呼应，与国家和地方的教师支持相统一。

（2）教师教育的终身性

对教师教育这一概念进行理解与把握，不仅要将其放到教师教育理论的思维空间中，同时要置于由师范教育发展为教师教育的变革过程中。教师教育是对师范教育的发展。2001 年，《国务院关于基础教育改革与发展的决定》中首次以"教师教育"取代原有的"师范教育"概念，并沿着"教师培养的渠道由单一封闭走向多元开放""教师培训过程由职前培养走向终身发展""教师形象由'忠实执行者'走向'反思性实践者'"三条脉络"从封闭性、理论性、终结性走向了开放性、专业性、终身性"。②

---

① 费奥斯坦，费尔普斯.教师新概念：教师教育理论与实践［M］.王建平，等译.北京：中国轻工业出版社，2002：220-221.

② 教育部教师工作司.教师教育课程标准（试行）解读［M］.北京：北京师范大学出版社，2013：2-6.

教师教育的终身性是指教师教育不仅包含教师的职前教育，也包含教师的入职教育和职后教育，是职前、入职和职后教育三者的有机统一，贯穿于教师终身学习与专业发展的全过程。

3. 教师教育政策

结合上文对"教育政策"和"教师教育"两个关键概念的认识与分析，笔者认为我国教师教育政策的内涵应包含以下方面：首先，我国的教师教育政策是在中国特色社会主义政治体制下以与教师教育相关的各级行政机关的权力与职能为依托的政策；其次，教师教育政策与所处的特定历史时期的教育基本方针甚至国家发展战略具有高度的内在一致性；最后，教师教育政策是为满足和解决教师职前教育、入职教育以及职后教育过程中所产生的需求与问题而制定的政策。

因此，笔者将我国的教师教育政策定义为：为满足特定历史时期的教师教育发展需求、解决特定历史时期的教师教育发展问题，由各级国家行政机关依据党和国家的发展战略以及教育方针制定的关于教师职前教育、入职教育、职后培训的准则与规范。

（二）教师教育政策的核心功能

功能是由事物内部矛盾决定的与其他事物发生相互作用过程中展现的能力。教师教育政策主要展现出分配功能、导向功能、控制功能以及协调功能四项核心功能。

1. 分配功能

教师教育政策的分配功能主要指教师教育政策对教师教育资源配置的功能。教师教育主要涉及教师职前教育、入职教育以及职后教育三个阶段，各阶段的发展都离不开国家、地方资源的支持。教师教育政策的主要功能之一就是对教师教育资源进行科学分配。在教师教育中，财政资源、教育资源等均需要明确的教师教育政策进行分配。如《教育部 财政部关于实施"中小学教师国家级培训计划"的通知》中指出："教育部、财政部直接组织实施面向各省（区、市）的中小学教师示范性培训，主要包括中小学骨干教师培训、中小学教师远程培训，班主任教师培训，中小学紧缺薄弱学科教师培训等示范性项目，为全国中小学教师培训培养骨干，作出示范，并开发和提供一批优质培训课程教学资源，为'中西部农村骨干教师培训项目'和中小学教师专业发展提供有力支持。"

2. 导向功能

教师教育政策的导向功能是指教师教育政策在教师教育活动以及教师的行为中所具有的引导功能。教师教育的直接目的是对教师进行培养。教师教育政策对教师教育的导向功能主要体现在以下方面：对教师教育事业的导向、对教师职业道德的导向、对教师专业发展的导向、对教师教育路径的导向以及对教师队伍结构的导向。如《教师教育振兴行动计划（2018—2022年）》中明确提出"落实师德教育新要求，增强师德教育实效性""提升培养规格层次，夯实国民教育保障基础""改善教师资源供给，促进教育公平发展""创新教师教育模式，培养未来卓越教师""发挥师范院校主体作用，加强教师教育体系建设"五大目标任务。

3. 控制功能

教师教育政策的控制功能是指教师教育政策维持教师教育体系正常运转的计划、监控、调节功能。教师教育过程不是自发的，且其过程中所开展的教师教育活动不能自觉地保持在清晰合理的范围内。教师教育政策是对教师教育实践进行控制的有效手段，而其有效性依存于其政策的权威性以及强制性，其背后是国家政权的保障。如2012年颁布的《国家教育事业发展第十二个五年规划》中指出："完善教师培训项目管理制度和质量评估制度，建立健全教师培训项目招投标机制。创新教师培训模式，采取短期集中、带薪脱产研修、远程教育、学术交流、海外研修和校本研修等多种方式开展教师培训。建立教师培训与教师考核、教师资格再注册和职务聘任等相挂钩的机制。制定校本研修计划和管理制度。"

4. 协调功能

教师教育政策的协调功能是指教师教育政策对教师教育内部各种矛盾关系进行协调与平衡的功能。教师教育政策是教师教育发展的规范性文件，是政策赋予的权责范围内教师教育各主体间行动的规范性准则，其中不仅包含具体政策行动的理念与原则，同时包含教师教育系统整体的协同与合作。教师教育政策协调功能的实现依赖于政策对各主体权责的确认与主体间关系的明晰。如2015年颁布的《教育部关于深化职业教育教学改革全面提高人才培养质量的若干意见》中提出："加强教师培养培训。建立健全高校与地方政府、行业企业、中职学校协同培养教师的新机制，建设一批职教师资培养培训基地和教师企业实践基地，积极探索高层次'双师型'教师培养模式。"

（三）教师教育政策的主要类型

教师教育政策是一个复杂的政策系统，对教师教育进行分类是认识教师教育政策的重要手段。本研究主要介绍四种教师教育政策的分类方法，分别是基于政策行为的教师教育政策分类、基于政策层次的教师教育政策分类、基于政策对象的教师教育政策分类、基于教师发展过程的教师教育政策分类。

1. 基于政策行为的分类

根据教师教育政策行为内容，我们可以将教师教育政策分为综合类教师教育政策、管理类教师教育政策、聘用类教师教育政策、表彰类教师教育政策以及培训类教师教育政策五类。

（1）综合类教师教育政策

综合类教师教育政策是指具有综合性的教师教育政策，对教师教育有较为宏观的指导性，主要表现为对教师教育的指导思想、方针原则、目标任务、措施方法等的确立与解读。如2018年中共教育部党组发表的《努力做中华民族"梦之队"的筑梦人》中指出，必须"深刻领会习近平总书记关于新时代教师队伍建设改革的重要论述的重大意义"，"准确把握习近平总书记关于新时代教师队伍建设改革的重要论述的丰富内涵"，"深入推进习近平总书记关于新时代教师队伍建设改革的重要论述的学习贯彻"。

（2）管理类教师教育政策

管理类教师教育政策是指有关教师教育内部经费、活动、课程等各种教师教育资源管理权限及管理办法的教师教育政策。如《教育部2017年工作要点》中指出："建立完善幼儿园、中小学、职业学校及高校教师国培计划体系，推进培训学分管理，提高培训实效。着力落实乡村教师支持计划，鼓励各地提高生活补助标准，扩大实施范围，特岗计划向村小和教学点倾斜，研制加强乡村青年教师队伍建设的政策。深化'县（区）管校聘'示范改革。将高校教师职称评审权直接下放至高校，由高校自主组织职称评审、自主评价、按岗聘用。配合有关部门出台《中小学领导人员管理暂行办法》。加大优秀教师宣传力度，办好'当代教师风采'专栏。配合有关部门推进国家教师荣誉制度。全面启用教师管理信息系统。"

（3）聘用类教师教育政策

聘用类教师教育政策是指针对教师资格、专业标准、聘用而制定的教师教育政策。如 2011 年颁布的《教育部关于推进高等职业教育改革创新引领职业教育科学发展的若干意见》中就指出："高等职业学校要加快双师结构专业教学团队建设，聘任（聘用）一批具有行业影响力的专家作为专业带头人，一批企业专业人才和能工巧匠作为兼职教师，使专业建设紧跟产业发展，学生实践能力培养符合职业岗位要求。国家示范（骨干）高等职业学校要率先开展改革试点，鼓励和支持兼职教师申请教学系列专业技术职务，支持兼职教师或合作企业牵头申报教学研究项目、教学改革成果，吸引企业技术骨干参与专业建设与人才培养。"

（4）表彰类教师教育政策

表彰类教师教育政策是指对在教师专业发展中具有突出表现的教师进行表彰的教师教育政策。如 2012 年时任教育部部长的袁贵仁在全面提高高等教育质量工作会议上提出："要加强对优秀教师的表彰激励。实现 4％教育经费目标，高校投入将有较大幅度的增加。增加的经费首先要更多地用在人身上，让优秀教师得到更多的鼓励和激励，更好的发展和进步。要完善国家、地方和高校教学名师评选表彰制度，重点表彰在教育教学一线教书育人作出突出贡献的优秀教师。"

（5）培训类教师教育政策

培训类教师教育政策是指与教师培训相关的教师教育政策。一类是综合性的培训类教师教育政策。如 2010 年印发的《教育部 财政部关于实施"中小学教师国家级培训计划"的通知》中指出："教育部、财政部直接组织实施面向各省（区、市）的中小学教师示范性培训，主要包括中小学骨干教师培训，中小学教师远程培训，班主任教师培训，中小学紧缺薄弱学科教师培训等示范性项目，为全国中小学教师培训培养骨干，作出示范，并开发和提供一批优质培训课程教学资源，为'中西部农村骨干教师培训项目'和中小学教师专业发展提供有力支持。"另一类是针对性的教师教育培训政策。如 2018 年《教育部 国务院扶贫办 国家语委关于印发〈推普脱贫攻坚行动计划（2018—2020 年）〉的通知》中指出："严把教师语言关。新录用的各级各类学校教师普通话水平必须达到国家规定的等级标准。大力提升教师的国家通用语言文字应用能力，通过脱产培训、远程自学、校本研修、帮扶结对等方式，使所有现任教师的普通话达标，少数民族双语教师具有使用国家通用语言文字进行教育教学的能力，普通话水平达到相应等级。"

2. 基于政策层次的分类

根据教师教育政策的不同层次，我们可以将其分为教师教育政策方针、教师教育政策法规、教师教育政策规定、教师教育政策措施。

（1）教师教育政策方针

教师教育政策方针是指党和国家在特定历史时期内确立的总的教师教育方针、指导思想与原则。教师教育政策方针又可称为教师教育方针性政策，是教师教育政策中最具宏观指导性与战略性的政策类型。如 2017 年在十九届中央全面深化改革领导小组第一次会议上审核通过的《全面深化新时代教师队伍建设改革的意见》以及 2018 年由教育部等五部门印发的《教师教育振兴行动计划（2018—2022 年）》。

（2）教师教育政策法规

教师教育政策法规是指上升为国家法律法规的教师教育政策。教师教育政策法规是教师教育政策执行的有力保证。教师教育政策法规一般是经科学论证与实践检验所证明的成熟稳定的教师教育政策，经过进一步的制度化和法治化而形成的一种教师教育政策，具有较高的权威性与稳定性。最典型的教师教育政策法规是由全国人民代表大会常务委员会颁布，于 1994 年 1 月 1 日正式施行的《中华人民共和国教师法》。

（3）教师教育政策规定

教师教育政策规定是指现有教师教育相关法律中的规定，以及在政策调整改进中新出台的关于教师教育的较为成熟的政策规定。教师教育政策规定是介于教师教育政策法规与教师教育政策措施之间的教师教育政策，主要是对教师教育政策法规的进一步落实，如《中小学教师继续教育规定》。

（4）教师教育政策措施

教师教育政策措施是指教师教育的政策方针、政策法规、政策规定在实施过程中的具体行动措施，是教师教育政策由文本向现实转化的重要环节。教师教育政策措施具有鲜明的区域性、差异性以及灵活性，同时与教师教育政策方针、教师教育政策法规、教师教育政策规定具有高度的内在一致性。

3. 基于政策对象的分类

基于政策对象，我们可以将教师教育政策划分为幼儿园教师教育政策、中小学教师教育政策、职业学校教师教育政策以及高等学校教师教育政策。

（1）幼儿园教师教育政策

幼儿园教师教育政策是指专门为幼儿园教师的职前教育、入职教育以及职后教育制定的教师教育政策。如 2018 年印发的《中共中央 国务院关于学前教育深化改革规范发展的若干意见》中指出："健全教师培训制度。出台幼儿园教师培训课程指导标准，实行幼儿园园长、教师定期培训和全员轮训制度。研究制定全国幼儿园教师培训工作方案，用两年半左右时间，通过国家、省、县三级培训网络，大规模培训幼儿园园长、教师，重点加强师德师风全员培训、非学前教育专业教师全员补偿培训和未成年人保护方面的法律培训等。"

（2）中小学教师教育政策

中小学教师教育政策是指专门为中小学教师的职前教育、入职教育以及职后教育制定的教师教育政策。如 2016 年印发的《教育部关于大力推行中小学教师培训学分管理的指导意见》中指出："省级教育行政部门要依据国家制定的教师专业标准、教师教育课程标准和教师培训课程标准等相关规定，结合本地中小学教育教学实际需要和教师专业发展需求，分层、分类、分科建立教师培训课程体系，合理设置必修课程与选修课程，对不同层次与类型的培训课程赋予相应学分。"

（3）职业学校教师教育政策

职业学校教师教育政策是指专门为职业学校教师的职前教育、入职教育以及职后教育制定的教师教育政策。如 2013 年教育部办公厅、财政部办公厅印发的《职业院校教师素质提高计划中等职业学校专业骨干教师培训项目管理办法》中指出："项目以推进'双师型'教师队伍建设为目标，以提高教师实践教学和课程开发能力为培训重点，以校企合作为主要培训模式，着力培养一批专业理论扎实、职业技能娴熟、实践经验丰富、教学水平较高，掌握现代职业教育教学方法，能够在教育教学中发挥引领示范作用的骨干教师和专业带头人。"

（4）高等学校教师教育政策

高等学校教师教育政策是指专门为高等学校教师的职前教育、入职教育以及职后教育制定的教师教育政策。如 2010 年印发的《教育部关于进一步推进对口支援西部地区高等学校工作的意见》中指出："加强受援高校教师队伍建设，提高受援高校核心办学能力。支援高校要制订相应计划，通过多种方式帮助受援高校培养、培训在职教师，着力提升受援高校教师的教学科研水平。"

4. 基于教师发展过程的分类

基于教师发展的过程，我们可以将教师教育政策划分为教师职前教育政策、教师入职教育政策以及教师职后教育政策。这种分类方法既体现出教师专业成长的终身性，也为不同发展阶段的教师提供了针对性的教师教育政策。

教师职前教育政策主要指与教师在入职前所接受的为成为教师而进行的教育相关的教师教育政策。如《教育部 2009 年工作要点》中提出："深入推进并扩大实施师范生免费教育。启动实施国家教师教育创新平台建设计划，落实部属师范大学师范生免费教育的示范性举措。支持地方试行师范生免费教育。规范中小学和幼儿园教师培养。推进教师教育布局和结构调整，加强师范教育类专业建设，提高教师培养质量。"

教师入职教育政策主要指与新入职教师所接受的为正式步入教师岗位而进行的教育相关的教师教育政策。如 2016 年印发的《教育部办公厅关于启动实施高等学校新入职教师国培示范项目的通知》中指出："根据高校教学改革需要与初任教师岗位要求，培训内容围绕'专业理念与规范''教学理论与技能''信息技术与运用'等三个模块进行设计，突出教育教学基本技能的实践教学。……采取'专题讲授＋实践教学＋返岗教研'相结合的混合型培训方式，以专题讲授为基础，实践教学为重点，返岗教研为延伸。"

教师职后教育政策主要指与教师在正式入职后接受的在职培训、脱产进修等教育相关的教师教育政策。如《教育部 2009 年工作要点》中提出："健全教师培训制度，实施新一轮中小学教师培训规划，大力推进全国教师教育网络联盟计划。以农村义务教育学校教师为重点，采取集中培训、远程培训、光盘培训、送教上门等灵活多样的方式，有针对性地开展教师培训。抓好在职教师岗位培训、骨干教师研修提高、新任教师培训和班主任培训。实施国家级教师培训计划。进一步加强中小学校长培训。"

二、教师教育政策的本质特征

孙绵涛认为教育政策具有"目的性与可行性、稳定性与可变性、权威性与实用性、系统性与多功能性"[①]。张乐天借鉴陈永明对政策科学特征的研究成果，将教育政策的基本特征归纳为"利益倾向、目标倾向、合法性与权威

---

① 孙绵涛. 教育政策学［M］. 北京：中国人民大学出版社，2010：28-31.

性、功能多样性、价值相关性、过程及阶段性"①。在继承前人对教育政策特征研究成果的基础上，结合教师教育和教师教育政策的特殊性，本研究将教师教育政策的本质特征总结为政治性、前瞻性、科学性三点。

（一）政治性

作为一种公共政策，教师教育政策与国家政治密切相关。可以说，政治性是教师教育政策最根本的属性，它基于国家政治体制与权力结构，是特定政治主体的需求得以满足的一种方式。首先，教师教育政策主体具有政治性。教师教育政策主体不是抽象的，而是处于特定的国家和地区的政治环境中具有政治权利并承担相应政治义务的团体或个人。正因如此，教师教育政策主体会在自身所处的政治环境中形成其对教师教育的需求与展望，并选择能够将其实现的政治途径。其次，教师教育政策问题具有政治性。教师教育政策意在培养教师，而其根本目的与核心问题在于教育，即通过教师教育使教师专业得以发展，使其有能力完成立德树人的根本任务，培养学生的创新精神和实践能力，造就"有理想，有道德，有文化，有纪律"的德智体美劳全面发展的社会主义事业的建设者和接班人。最后，教师教育政策实施具有政治性。教师教育政策是一种政策，其实施的根本保障是各级机关单位、团体、个人所享有的政治权利及其应尽的政治义务。同时，未履行相应教师教育政策所接受的惩戒同样依托于政治权利。

（二）前瞻性

教师教育政策制定的政策环境基础是特定历史时期的教师教育的发展情况，但是教师教育政策并不仅限于此。第一，教师教育政策在解决教师教育政策问题方面具有前瞻性。针对特定的教师教育问题，教师教育政策不仅是为解决某一问题，而更需要前瞻性思维，尽量避免同类或同源政策问题的重现。因此，教师教育政策必须在政策问题上具备前瞻性。第二，教师教育政策在发展教师教育基本体系方面具有前瞻性。教师教育政策不仅要解决教师教育发展过程当中遗留的历史问题以及产生的时代问题，同时必须明确并坚持教师教育的发展方向。因此，教师教育政策必须能够指引教师教育系统的未来发展。第三，教师教育政策在提高教师专业能力素养方面具有前瞻性。教育具有时滞性，教师教育，尤其是师范教育所培养的不仅是今日之教师，

---

① 张乐天. 教育政策法规的理论与实践（第四版）［M］. 上海：华东师范大学出版社，2020：45-47.

更是明日之教师。因此，为了使在现时的教师教育政策下不断成长的教师能适应并满足未来对教师能力素养的需求，教师教育政策必须具有前瞻性。

（三）科学性

科学性是教师教育政策的生命力所在。教师教育政策科学性的特征主要表现为以下三点：一是教师教育政策理论的科学性，主要表现为教师教育符合政策科学、教育科学、管理科学、教师专业发展等相关科学的研究成果，并能不断吸纳适宜的新理论、新方法，不断丰富、发展与更新自身的政策体系。二是教师教育政策过程的科学性，主要表现为教师教育政策制定、执行以及评价过程中坚持贯彻科学严谨的程序、方法。三是教师教育政策结果的科学性，主要表现为教师教育政策对教师教育发展的促进，对教师教育问题的解决，对教师教育需求的满足。

三、教师教育政策的必备要素

教师教育政策有着明确的构成要素，即教师教育政策主体、教师教育政策环境以及教师教育政策工具。

（一）教师教育政策主体

主体是一个哲学概念。从哲学意义上讲，其是指一个社会中具有自我意识机能与自觉能动性等特征并从事认识和实践活动的人。[①] 教师教育政策主体是指，处于教师教育政策过程中的积极发挥其主观能动性，直接或间接地作用于教师教育政策及其过程，并产生影响的相关组织或个人。教师教育政策主体的能力与取向是影响教师教育政策的重要因素。

教师教育政策的官方主体主要包含以下六类：一是中央和地方各级党的领导机关，二是国务院和地方各级人民政府，三是中央和地方各级党委与政府，四是中央和地方各级党委和有关部门党组，五是中央和地方各级教育行政部门及有关职能部门，六是中央和地方各级党委和政府各职能部门。除了教师教育政策的官方主体外，还存在着教师教育政策的非官方主体，主要包括大众传媒、教师教育研究咨询机构以及公民等。

（二）教师教育政策环境

教师教育政策环境因素是教师教育政策制定的重要影响因素，同时是教

---

① 张国庆. 公共政策分析［M］. 上海：复旦大学出版社，2004：113.

师教育政策转变的重要影响因素。美国公共政策学家安德森（E. Anderson）曾提出：政策行动的要求产生于环境，并从政策环境传到政策系统。与此同时，环境限制和制约着决策者的行动。[①]

政策环境可分为两类：一类是自然环境，一类是社会环境。自然环境主要是指一个国家的地理位置、面积大小、气候条件、山川河流、矿产资源等，其对一国的内外政策有影响和制约作用。社会环境主要包括政治状况、经济状况、文化状况、科技状况等，它对公共政策起着更直接、更重要的影响。教师教育政策环境受自然环境与社会环境的共同影响，且其中社会环境的影响更为显著。而在政策的社会环境中，又以经济环境、政治环境以及文化环境的影响最为显著。

1. 教师教育政策的经济环境

经济发展决定了教师教育发展的基本方向。"经济及由经济决定的社会发展，决定着教育的需要和供给，从而决定着教育的发展规模、质量、结构和增长速度，决定着教育制度与体制。"[②] 教师是社会经济建设人才培育任务最主要的承担者，因此教师教育必须不断适应经济对教师提出的要求。

经济发展提供了教师教育发展的基础条件。国家、地方的经济发展是决定教师教育投入的最主要因素，是建构、革新与维持教师教育系统最重要的基础。同时，经济建设的一些物质成果也可作为教师教育政策的重要资源。

随着人力资本理论与教育先行理念的发展，教育对经济发展的促进作用不断被发现并利用。强国贵在兴教，兴教贵在强师。教师教育的发展是人力资源建设的重要基础，也是经济环境建设与发展的重要因素。

2. 教师教育政策的政治环境

民主形式决定了教师教育政策的民主属性。不同的民主实现方式将直接影响教师教育政策的合法化进程。无论是教师教育政策立法，抑或是教师教育政策的合法化审查，都需要各级政府组织各相关主体实行民主决策、评价。

依法治国决定了教师教育政策的法治属性。相关法律法规是教师教育政策权威性的最根本保障，教师教育政策实施者的合法性、教师教育政策行为的合法性、教师教育政策自身的合法性都需要在依法治国的政治环境下运行。

---

① 安德森. 公共决策 [M]. 唐亮，译. 北京：华夏出版社，1990：34.

② 杨会良. 当代中国教育财政发展史论纲 [M]. 北京：人民出版社，2006：5.

3. 教师教育政策的文化环境

"公共政策的文化环境是指制定与实施具体政策时，可能会面临的总的文化状况，它是一国或一个地区教育、科技、道德等等的总和。主要包括社会的教育体制、教育机构、教育政策、国民义务教育的范围和年限、接受高等教育的人数在总人口中的比例、职业培训体系、人口素质与人力资源状况，国家知识创新体系、科技体制、科研机构、科技政策、科技人才储备、专利数量、科研成果推广应用开发的机制、科技普及程度，文化设施、文化团体、文化市场及其管理，社会道德风尚、精神风貌，等等。"①

文化传统与教师教育政策关联紧密。尊师是我国重要的文化传统。与西方智者派以贩售知识为职业不同，我国的教师具有较高的社会地位。我国早期采用以吏为师、官师合一的教师制度，教师教育是官吏的家学，通过家族传承。而文教在国家发展中显示出的重要作用也使教师具备了较高的社会地位和较好的职业形象。

文化变迁与教师教育政策关联紧密。文化变迁极大地影响了教育培养目标的设置。学生是文化的传承者与创新者，文化的变迁为教师职业提出了新的时代诉求。同时，文化变迁对教师的职业地位、专业素养等方面均可能提出挑战。

文化多元与教师教育政策关联紧密。在多元文化的挑战下，教师也面临着全球化的竞争。文化的传承以及学生的求学已然可以超越空间与心理的界限，教师必须不断发展以提高文化环境适应性以及全球教育竞争力。

（三）教师教育政策工具

政策工具又称为政府工具、治理工具，在 20 世纪 80 年代至 90 年代成为西方公共管理学与政策科学研究的焦点。② 政策工具内涵丰富，以政策资源的视角审视，政策工具最常见的定义是一个行动者能够使用或潜在地加以使用，以便达成一个或更多目的的任何事物③；以政策问题的视角审视，政策工具是人们为解决某一社会问题或达成一定的政策目标而采用的具体手段和方式④；以政策执行的视角审视，政策工具是把政府实质性的治理目标或政

① 胡宁生. 现代公共政策研究 [M]. 北京：中国社会科学出版社，2000：82.
② 陈振明. 政府工具研究与政府管理方式改进：论作为公共管理学新分支的政府工具研究的兴起、主题和意义 [J]. 中国行政管理，2004（6）：43-48.
③ 陈振明，等. 政府工具导论 [M]. 北京：北京大学出版社，2009：6.
④ 陈振明. 政策科学：公共政策分析导论 [M]. 北京：中国人民大学出版社，2003：170.

策目标转化为具体的行动，以改变政策目标群体的行为，从而最终实现政策目标的路径和机制①。

教师教育政策工具具有多种类型，在本研究中，我们将其划分为权威性教师教育政策工具与激励性教师教育政策工具、发展性教师教育政策工具与变革性教师教育政策工具。

1. 权威性教师教育政策工具与激励性教师教育政策工具

（1）权威性教师教育政策工具

权威性教师教育政策工具是指以行政规定方式对机构、组织以及个人的教师教育政策行为进行规范，从而解决教师教育政策问题，实现教师教育政策目标的政策工具，主要表现为行政立法、行政奖惩和行政指导。

权威性教师教育政策工具具有权威性，其权威性来源于国家赋予的与教师教育相关各级行政机关以及组织的公共权力；权威性教师教育政策工具具有强制性，主要通过对教师教育政策行为的授权与禁止，建立基于法律法规保护的具有强制性的行为规范体系；权威性教师教育政策工具具有系统性，权威性教师教育政策工具是在现有的国家与地方行政系统架构中制定并运行的，对教师教育行政系统具有较高的依赖性。

（2）激励性教师教育政策工具

激励性教师教育政策工具是指通过经济手段，对教师教育行为进行调节的教师教育政策工具，主要表现为奖励、补贴、外包等形式。激励性教师教育政策工具是一种较为普遍的政策工具，如在职前教育阶段减免学费、提供奖学金，在职后教育阶段提供教师教育专项经费等。激励性教师教育政策工具的根本特征在于利用了教师教育中的市场调节机制，使政府在监督教师教育的同时能够为教师教育注入活力，使得教师成为一种更具竞争力的职业选择，使更多元的主体参与到教师教育的过程中。

2. 发展性教师教育政策工具与变革性教师教育政策工具

（1）发展性教师教育政策工具

发展性教师教育政策工具是指运用现代管理理念和科学管理方法，对教师教育过程进行管理的教师教育政策工具，主要表现为质量管理、目标管理、绩效管理、运作管理等形式。管理性教师教育政策工具将企业管理、公共管

---

①　张成福. 论政府治理工具及其选择［J］. 中国机构，2003（1）：28-32.

理等管理科学的经验与成果应用于教师教育过程，帮助实现教师教育政策目标，规范教师教育政策行为，增加教师教育产出成果，提升教师教育实践效率，其核心与重点在于在教师教育中实现高水平的人本管理与科学决策。

（2）变革性教师教育政策工具

变革性教师教育政策工具是指通过对教师教育进行改革，从而推动教师教育政策目标达成的教师教育政策工具。如在教师教育基本途径上的"互联网＋教师教育"创新机制建设、教师教育信息化教学服务平台建设、高校教师教学发展网络建设等；在教师教育培养目标上变革传统学科教师的培养目标，培养全科教师、"双师型"教师等；在教师教育实施机构上，取消中等师范学校，依托高质量综合性大学，建设教师教育职前职后一体化等。

四、教师教育政策的过程研究

教育政策过程是一个动态连续的主动选择的过程。[①] 教师教育政策的过程主要包括教师教育政策问题、教师教育政策形成、教师教育政策执行以及教师教育政策评价。

（一）教师教育政策的问题

若想正确认识与把握教师教育政策问题，可以从教师教育问题与教师教育政策问题的关系入手。一方面是问题的公共性，即只包括教师教育的公共权力主体意识到的涉及教师教育的公共问题。另一方面是主导者，即该教师教育问题必须由各级政府通过公共活动进行干预。

1. 核心特征

（1）关键性

教师教育政策问题不是随机、巧合、偶发的教师教育问题，而是稳定、深刻、必然的教师教育问题。教师教育政策问题是教师教育发展中不可回避的关键问题，是教师教育变革中必须突破的核心问题。坚持教师教育政策问题的关键性，即坚持抓住事物的主要矛盾。

（2）广泛性

教师教育政策问题的广泛性即该问题的普遍性。政策问题是普遍性与特殊性的集合体，是对教师教育发展与变革过程中的现象与问题的反思。教师

---

① 刘复兴. 教育政策的四重视角 [J]. 清华大学教育研究，2002（4）：13-19.

教育政策问题不应拘泥于具体问题的特殊性，而是要通过更具普遍性的政策从深层解决更多的具体问题。

（3）有偿性

教师教育政策问题的解决不是无偿的，欲使教师教育政策问题得以解决，就必然付出一定的人力、物力、财力、时间等代价。教师教育政策问题的解决代价是复杂的，是政治、经济、文化等多种成本构成的复杂体系，必须在政策行动实施主体的可承受范围内。

2. 构建步骤

（1）政策问题构建三阶段说

韦默（D. Weimer）与维宁（A. Vining）认为，政策问题的构建主要经历以下三个阶段，即评估症状阶段、框定问题阶段以及模拟问题阶段。[①] 在评估症状阶段，对教师教育政策问题的评估即评估教师教育机构、教师、师范生以及社会公众等对教师教育政策的不满与新需求，并对这些较为直接与浅层表现进行分析，进而找出该问题成因。在框定问题阶段，对教师教育政策问题的框定即通过对问题进一步的深入分析，将其转换为更为科学且更具操作性的问题。在模拟问题阶段，对教师教育政策问题的模拟即通过因素分析，找出所框定问题产生的最关键因素，并探寻该因素与政策问题间的因果关系。

（2）政策问题构建四阶段说

邓恩（W. Dunn）认为，构建政策问题的四个阶段分别是：问题感知阶段、问题搜索阶段、问题界定阶段、问题明确阶段。[②] 在问题感知阶段，教师教育政策问题的感知就是要感知目前政策问题的现状，感受该问题是否在教师教育中真实存在，若存在，该问题目前已发展到何种态势。教师教育政策问题必须是可感知并且具有严重影响的政策问题。在问题搜索阶段，教师教育政策问题的搜索就是搜集、整理与分析教师教育政策的相关问题，梳理其因果关系，确定政策问题的问题群。在问题界定阶段，教师教育政策问题的界定即是在问题搜索结果的基础上，分析政策问题的本质及其结构，确定最实质性的政策问题。在问题明确阶段，教师教育政策问题的明确即将界定

---

① 韦默，维宁. 政策分析：理论与实践［M］. 戴星翼，等译. 上海：上海译文出版社，2003：248-255.

② 邓恩. 公共政策分析导论（第二版）［M］. 谢明，等译. 北京：中国人民大学出版社，2002：127-128.

出的问题进行规范化的表达。

（3）政策问题构建七阶段说

帕顿（C. Patton）和沙维奇（D. Sawicki）认为，政策问题的构建主要有七个阶段，即思考问题阶段、边界描述阶段、寻求依据阶段、目标陈列阶段、范围明确阶段、隐效分析阶段、问题评论阶段。[①]

在思考问题阶段，教师教育政策问题的思考就是对问题的详细方面进行思考，包括教师教育政策问题的基本界定及其价值取向，教师教育政策问题牵涉的相关者等，如幼儿园以及中小学教师等。本阶段追求在现有信息的基础上对教师教育政策问题进行系统全面的梳理，明确其内涵。在边界描述阶段，教师教育政策问题的边界描述是在对问题思考的基础上，确定教师教育政策问题的外延，以明确本政策问题与其他教师教育政策问题间的关系。在寻求依据阶段，教师教育政策问题的事实依据就是要找出该问题如何产生，有何实践样态，寻求过程中可以采用多种调查研究方法。在目标陈列阶段，教师教育政策目标的陈列就是要在教师教育政策问题的基础上确立每一个问题的具体的政策目标。在范围明确阶段，教师教育政策问题的范围就是要寻找解决该问题的关键与核心，将其作为政策行为中最重要的政策因素。在隐效分析阶段，教师教育政策问题的隐性收益与损失必须得到细致发掘与评估，如若该政策方案的隐性损失巨大，制定者将可能直接否决该政策方案，不采取该方案解决教师教育政策问题。在问题评论阶段，教师教育政策问题的评论即在上述步骤的基础上对各步骤成果进行评价及丰富。

（二）教师教育政策的形成

1. 教师教育政策方案的形成原则

教师教育政策方案的形成必须遵循指向性原则、科学性原则、系统性原则以及客观性原则。

（1）指向性原则

教师教育政策形成的指向性原则要求教师教育政策的形成必须坚持指向教师教育政策问题。教师教育政策的根本目的在于解决教师教育政策问题，因此，教师教育政策设计必须坚持指向教师教育政策问题，通过指导教师教育政策行动，形成可操作的政策行动方案，使其能在实践中切实有效地解决

---

① 卡尔·帕顿，大卫·沙维奇. 政策分析和规划的初步方法（第 2 版）[M]. 孙兰芝，等译. 北京：华夏出版社，2001：151-154.

教师教育政策问题。

（2）科学性原则

教师教育政策形成的科学性原则要求必须坚持以科学的观念、理论和方法推动教师教育政策的形成。教师教育政策方案形成的科学性原则体现为四个方面：一是教师教育政策方案形成的基本理论依据具有科学性，二是教师教育政策方案制定的具体方法具有科学性，三是教师教育政策方案的具体内容具有科学性，四是教师教育政策方案的作用机制具有科学性。

（3）系统性原则

教师教育政策形成的系统性原则要求必须坚持在教育系统、社会系统的视角下推动教师教育政策的形成。教师教育政策处于教师教育系统中，也是教育系统以及整个社会系统中的一部分。从微观角度讲，教师教育受国家教育方针、教育目的等的制约；从宏观上讲，教师教育与政治、经济、文化、科技等具有极其密切的联系。因此，教师教育政策方案必须立足教师教育的相对独立性，充分把握并综合考虑教育系统及社会系统的关系。

（4）客观性原则

教师教育政策形成的客观性原则要求必须坚持从实际出发，实事求是地推动教师教育政策的形成。教师教育政策的制定与实施必须建立在特定的客观基础之上。教师教育政策的形成必须坚持从实际出发，遵循教师教育政策的基本规律，正视教师教育政策实施对象、教师教育政策环境以及政策资源等对教师教育政策的制约作用。

2. 教师教育政策方案的设计步骤

（1）教师教育政策的初步构想

第一，要保证教师教育政策方案的完备性。为了保证教师教育政策方案的完备，应尽力拓展教师教育政策问题的解决思路，并根据不同思路形成更为细致的具体政策方案。同时要对各方案的维度进行不断的丰富。第二，要保证教师教育政策方案的整合性。不同的教师教育政策方案间并非完全排斥，可以尝试依据不同的逻辑将教师教育政策方案进行整合，并对整合后的各种新方案进行分析与评价。第三，要保证教师教育政策方案的创新性。之所以采用新方案，其根本逻辑在于旧的政策已无法适应教师教育的发展需求。而为了适应教师教育的新需求，必须尝试以新的视角、新的思路、新的方法、新的架构来解决教师教育发展中的新问题。

（2）教师教育政策的细节设计

第一，在细节设计中筛选方案。通过对教师教育政策初步设想的落实研判该政策方案的可操作性，将无法或难于落实、落实成本较高的方案及时舍弃，在筛选后集中进行剩余方案的细节设计。第二，在细节设计中完善方案。通过细节设计修正教师教育政策方案，使其目标指向更为明确，减少其在实施中出现问题和偏差的可能。第三，在细节设计中评估方案。在对教师教育政策细节进行设计时预测该政策可能表现出的具体样态，并对该样态进行分析评价，明确其成效、发掘其潜在价值与负向影响，并以此为依据对教师教育政策方案进行修正与调整。

3．教师教育政策方案确定

（1）教师教育政策方案的选择

教师教育政策方案的选择主要有三种模式，分别为理性模式、渐进模式以及综合模式。理性模式是指政策选择的决策者根据完备的综合信息，对多种政策备选方案进行客观全面的分析与研判，从中选出最佳的教师教育政策方案的模式。渐进模式在批判理性模式的基础上被提出，该模式将政策方案的选择视作对政策不断修正的过程，强调选择新政策方案的重要因素就是要保持与原政策之间的衔接性。综合模式"是为了扬理性模式与渐进模式之长，避两者之短而构造的一种决策模式"[①]。

（2）教师教育政策方案的合法化

教育政策合法化是指经政策规划得到的教育政策方案上升为法律或获得合法地位的过程。[②] 教师教育政策合法化包含两种情况：一种情况是指教师教育政策的法律化，即政策依据立法权限及立法程序上升为教师教育的相关法律；另一种情况是指教师教育政策的合法化，即教师教育政策通过行政机关的审查，具有合法性。教师教育政策的合法化是教师教育政策决策主体合法、教师教育政策决策程序合法、教师教育政策决策结果合法三者的有机统一。

（三）教师教育政策的执行

1．教师教育政策执行的基本环节

（1）准备阶段

在准备阶段，首先要理解政策。对政策认识与把握的程度对教师教育政

---

① 袁振国. 教育政策学［M］. 南京：江苏教育出版社，1996：77.
② 袁振国. 教育政策学［M］. 南京：江苏教育出版社，1996：118.

策的执行具有关键性影响。一是要理解教师教育政策研制的理念、思想、目标、意义，二是要理解教师教育政策实施的主要方法与典型案例，三是要理解该政策与教师教育系统间的关系。其次要制订计划。要明确教师教育政策实施的总体任务、阶段任务、实施方式、实施步骤、主要流程、总体耗时，计划必须兼顾政策实施的质量与效益。最后要进行资源准备。一是人力资源的准备，针对不同的教师教育政策实施任务，组建政策实施团队，明确团队的系统架构与组织成员，明确各个成员的权利责任、承担任务，构建合理的分工合作机制以及监督协调机制；二是财力与物力资源的准备，如政策执行经费、基本设施设备等。

（2）执行阶段

在执行阶段，首先要保证政策宣传。教师教育政策的执行者必须使政策执行对象了解该政策，因此必须借助一定的宣传途径，有针对性地保证政策执行对象知晓并在一定程度上理解该项教师教育政策。其次要开展政策试验。教师教育政策在普遍适用前，应选择具有代表性的政策执行对象作为试点，进行该项教师教育政策的试验。这样做有助于发现政策实施中的问题以及存在的潜在风险。另外还需要进行政策推广。政策推广是在教师教育政策试验的基础上，将经过调整或修正的教师教育政策向全体政策执行对象推广，是政策实施最核心的阶段。

（3）总结阶段

在总结阶段，首先要监测教师教育政策的执行。此阶段要对教师教育政策的执行者、执行对象进行监测，这种监测可以是定期监测，也可以是长期跟踪，既可以成立专门的监测组织，也可以委托其他部门或与其他教师教育行政部门。其核心目的是对教师教育政策的执行过程有客观全面的了解，以便吸收经验，弥补不足。还需要对教师教育政策再进行决策，即根据监控所得信息对教师教育政策进行调整。一方面，教师教育政策的实施是具体实践，应依据具体政策环境以及政策执行者和执行对象的具体情况在合理范围内进行调整。另一方面，在教师教育政策实施过程中会存在一定的执行偏差，必须及时纠正。此外，某些政策执行经验可以帮助提高该教师教育政策的执行效果，应予以推广。

2. 教师教育政策执行的主要特征

（1）互动性

教师教育政策执行是"教师教育政策执行者—教师教育政策—教师教育

政策执行对象"间进行互动的过程。这意味着教师教育政策执行者与教师教育政策执行对象之间的关联不是单向的，而是双向互动的。如麦克拉夫林（M. McLaughlin）提出"互适模式"，他认为政策执行者与政策执行对象之间就政策目标和执行方法等进行的互相调适的互动就是政策执行，且二者之间的相互调适程度越高，则政策执行越好。巴达克（E. Bardach）则提出"博弈"模式，认为政策执行可以看作各相关主体就政策目标的达成而进行的博弈，各主体在博弈中的策略与行为将影响政策执行。

（2）综合性

教师教育政策执行受到多种因素的综合影响。总体上讲，这些影响因素可以分为三类：一是教师教育政策问题的解决难度。教师教育政策的目的是解决教师教育实践中出现的问题，而影响问题解决最根本的因素并非人们的认识论与方法论水平，而在于教师教育政策问题的内部矛盾。教师教育问题的广泛性、复杂性、独特性等将影响教师教育政策的执行。二是教师教育政策系统的内部因素。教师教育政策自身的科学性、教师教育政策相关行政机关的运行状态、教师教育资源的状况，教师教育政策执行者与执行对象的认识与实践水平等因素均会对相应教师教育政策的执行产生巨大影响。三是教师教育政策系统的外部因素。在系统外部，教师教育政策执行时期的经济、文化、科技、人口等因素也会对教师教育政策的执行产生影响。

（3）灵活性

尽管教师教育政策是行为的规范与准则，在这些规范与准则下的政策行为并非唯一，其中仍有较大的灵活调整空间，这就是教师教育政策执行的灵活性。教师教育政策执行的灵活性使教师教育政策能够更好地与多样的教师教育政策环境以及具体的教师教育需求与问题相结合。教师教育政策执行的灵活性受人的认识与实践水平的影响。首先，政策执行的灵活性受教师教育政策制定者所确立的政策的科学性和可行性的影响。其次，政策执行者对政策制定的理念、目的、意义的认识以及自身对教师教育政策落实方法掌握的水平也影响执行的灵活性。最后，教师教育政策执行对象对教师教育政策的接受水平与实践能力也决定了教师教育政策执行必须灵活。

（四）教师教育政策的评价

教育政策的评价是衡量和检验教育政策效果的基本手段与途径，是合理调配教育资源以及实现资源配置优化的基础，是决定政策命运的重要依据，有利于实践教育决策的科学化与民主化。[①]

1. 教师教育政策评价的主要类型

（1）执行前评价

教师教育政策的执行前评价，是指在教师教育政策决策后，且在教师教育政策执行前，由政策评价主体对该教师教育政策方案执行的可行性以及执行后所产生的各种影响进行的分析评价，带有鲜明的预测性。

（2）执行评价

教师教育政策的执行评价，是指在教师教育政策执行过程中以及在教师教育政策执行结束后，由政策评价主体对教师教育政策的执行过程以及政策执行状况进行的分析评价，带有鲜明的过程性。

（3）执行后评价

教师教育政策的执行后评价，是指在教师教育政策执行结束后，由政策评价主体对教师政策执行所产生的影响进行的分析评价，带有鲜明的终结性。

教师教育政策的执行前评价、执行评价与执行后评价既相互独立，又优势互补，共同构成了较为科学系统的教师教育政策评价体系。

2. 教师教育政策评价的核心标准

（1）成就标准

将教师教育政策在执行后所达成的成就对教师教育政策目标的实现程度作为政策评价的标准，即教师教育政策的成就标准。成就标准的核心是判定教师教育政策是否实现了政策目标，在多大程度上实现了政策目标。具体而言，以教师教育政策的成就标准进行政策评价时应牢牢把握四点：一是教师教育政策与教师教育政策目标的一致性，二是教师教育政策执行结果对预期政策目标的完成情况，三是该教师教育政策的执行对整个教师教育系统以及对教师未来从业领域的影响，四是该教师教育政策的执行存在的隐性或潜在的负向功能。

（2）效率标准

将教师教育政策取得的成就与教师教育政策投入之间的关系作为政策评价的标准，即教师教育政策的效率标准。效率标准意味着，对教师教育政策的评价不能仅以政策执行所取得的成就为标准，必须考虑在取得这些成就的

---

① 张乐天. 教育政策法规的理论与实践（第四版）［M］. 上海：华东师范大学出版社，2020：89-90.

背后所投入的人力、物力、财力以及时间等资源。具体而言，以教师教育政策的效率标准进行政策评价时，除了要明确政策的成就，同时应重点关注两类政策执行成本：一类是交替成本，即由新教师教育政策与原教师教育政策的更迭所产生的成本；另一类是执行成本，即该教师教育政策在政策具体执行的过程中所产生的成本。

（3）反馈标准

将教师教育问题诉求主体对相关教师教育政策的积极反馈作为政策评价的标准，即教师教育政策的反馈标准。教师教育政策存在与落实的根本目的并非仅要解决教师教育政策问题，而是要满足人民群众对高质量教师教育的需求。反馈标准不仅将政府机关、政策评价组织视为教师教育政策的评价主体，同时更赋予了广大民众以政策评价的权利与机会，是对"办好人民满意的教育"理念的集中体现，是对成就标准以及效率标准的重要补充。

3. 教师教育政策评价的基本方法

（1）对比评价

教师教育政策的对比研究评价方法，即通过对教师教育政策的比较展开评价的评价方法。对比评价可分为两种类型：第一类是纵向对比。即针对同一教师教育评价对象，选取其在教师教育政策过程中不同时间点或时间段内的情况进行比较，以对该教师教育政策进行评价。例如新入职教师学历结构的变化、教育背景的变化、教研能力的变化等。第二类是横向对比。横向对比可以是对同一教师教育政策在不同区域的政策实施情况的对比，也可以是政策试验区域与对照区域间教师教育情况差异的对比，抑或是不同区域对上级教师教育政策落实情况的对比等。

（2）混合评价

教师教育政策的混合研究评价方法，即坚持定性研究与定量研究相结合的评价方法。一方面，要明确评价所需研究问题所对应的方法，适合进行质性研究的应坚持采用质性研究方法，而适合进行量化研究的则应坚持采用量化研究方法。同时，必须构建整体研究思路与框架，发挥质性判断与量化指标各自的优势，着力构建综合的、系统的、全面的教师教育政策评价体系。

（3）多元评价

教师教育政策的多元综合评价方法，即坚持多元主体共同参与评价，以保证该评价的客观科学性与全面性的评价方法。教师教育政策评价主体不是一元的，政策专家、政策执行者、政策执行对象等均有权也应该参与到教师教育政策的评价工作中。

　　教师教育政策的多元综合评价是专家评价、对象评价与自我评价的有机统一。专家评价是指由政策专家对教师教育政策的执行者、执行对象以及教师教育政策执行过程进行调查分析，并以评价报告的形式进行的评价。对象评价是指根据教师教育政策执行对象自身的认知与体验对政策效果形成的评价。自我评价是教师教育政策执行者依据自身对该政策的认识以及对政策执行过程的体验形成的对该教师教育政策的评价。

第二章　我国教师教育政策的历史变迁

百年大计，教育为本。教育大计，教师为本。教师教育政策是教师教育的枢纽，其作为公共政策的一个组成部分，不仅是教师教育发展道路上的指路灯，更是推动整个教育事业向前发展的关键要素。中国共产党的成立使中国教师教育事业有了新的领导核心。在党的领导下，我国教师教育开启了新篇章。以古为镜，可以知兴替。从新中国成立70余年来的历史出发，可以看到我国的教师教育和教师教育政策发生过翻天覆地的变化，经历了一个曲折发展的过程，在取得瞩目成就的同时也历经数次深刻变革。教师教育政策的演变受特定历史时期的生产力发展和上层建筑的影响。本章根据新中国成立以来党和国家在不同时期对教师教育地位和作用的认识，以及不同时期对教育发展的战略选择和方针政策制定的特征，将新中国成立70多年来我国教师教育政策的发展历程大致分为以下五个阶段。

一、探索发展阶段（1949—1977）

新中国成立后，国家十分重视教育，在借鉴他国经验与结合我国实际发展需求的前提下，我国教师教育逐渐探索发展形成了一套具有中国特色的师范教育体系。

（一）过渡时期新中国教师教育政策的摸索

新中国成立之初，百废待兴，为尽快恢复惨遭破坏的师范教育，弥补巨大的师资缺口，中华人民共和国政府对国民党政府遗留下来的师范教育①进行接管改造、院系调整、教学改革等一系列艰苦细致的工作，快速复苏了我国的教师教育体系。

为恢复和建立我国师范教育的正常秩序，中华人民共和国政府向师范院

---

① "教师教育"一词在进入21世纪后才开始使用，于2001年用"教师教育"代替"师范教育"，此前都是"师范教育"。

校派出管理干部，接管和改造旧学校，取消反动的政治课程和训育制度。1949 年 12 月，中央人民政府教育部在北京召开了第一次全国教育工作会议，会议上讨论了北京师范大学和各地师范教育的问题。在此基础上，教育部于 1950 年 1 月 17 日颁布了《关于改革北京师范大学的决定》。这是新中国成立后第一个有关师范教育的政策文件，也是一份全面改革高等教育的文件。同年 5 月 19 日，教育部颁布了《北京师范大学暂行规程》，规定北京师范大学的首要任务与目标是培养中等学校师资包括普通中学、工农速成中学、师范学校的教员，中等技术学校的政治、文化教员等，其次是培养和训练教育行政干部与社会教育干部。以上两项法规性文件建构了新中国高等师范教育的基本框架，同时为我国中等师范教育的发展作出了贡献。

1951 年 8 月，教育部召开了第一次全国初等教育和师范教育会议。该会议明确指出，当下我国在全国各级师范院校实行的教育政策没有统一标准，毕业生"数量既小，质量又差"，不能解决新中国当下教师教育事业发展进步所遇到的实际问题，因此明确了师范教育的方针，要将正规的师范教育与短期训练相结合，特别是在三五年内，应以大量短期训练为重点。[①] 此次会议明确了新中国师范教育的发展方向，在很大程度上构建了我国教师教育的基本格局。同年 10 月 1 日国家政务院发布了《关于改革学制的决定》，更是推动了我国教师教育事业的发展。

1952 年颁布试行的《关于高等师范学校的规定》和《师范学校暂行规程》确定了师范院校分级设立，对全国高等师范学校办学的一系列方针和措施进行了统一规定，即高等师范学校招收高级中学及师范学校服务期满毕业生或具有同等学力者。师范学院修业年限定为四年，师范专科学校修业年限为二年[②]，确立了包括四年制本科、二年制专修科、二年制师范专修科的高等师范教育体系与学制三年的独立定向（中等）师范学校体系。同时颁布的《关于大量短期培养初等及中等教育师资的决定》也为加强师资力量培养作了补充。以上三份政策文件的核心目的都是解决当时师资力量严重不足的问题，同时明确了正规师范教育与短期培训相结合的教师教育政策。

1953 年 9 月，我国召开了第一次全国高等师范教育会议。会议围绕高等师范教育的方针、任务、原则等问题进行了研讨，充分肯定了高等师范教育

---

① 刘英杰. 中国教育大事典（上）[M]. 杭州：浙江教育出版社，1993：802-803.
② 《中国教育年鉴》编辑部. 中国教育年鉴（1949—1981）[M]. 北京：中国大百科全书出版社，1984：779.

的重要地位。今后将在现有基础之上，根据需要与可能进行有计划、有准备的发展与完善，主要是扩充现有高等师范学校，其次是有条件、有准备地建立新的高等师范学校，并针对中等教育师资紧缺的现状，开始对中等师范教育进行调整和整顿，大量裁并初级师范学校，适当增加中级师范学校。[①] 随着基础教育的快速发展，我国初等教育师资紧缺的问题与日俱增，教育部又发出指示要求纠正前一时期不适当压缩中师教育的做法，大力发展中级和初级师范，举办师范速成班并采用短期训练的方式培养小学师资。1956 年颁布的《师范学校规程》等文件，对中等师范的性质、任务、培养目标、学制以及课程设置等，作出了明确、具体的规定，推动了中师教育的发展。[②]

随着我国初级师范学校和中等师范学校的稳健发展，为促进高等师范教育的提升，教育部于 1956 年 3 月再次召开全国高等师范教育会议为高等教育发展制定相应的政策文件，提出依靠地方力量发展高师教育，进一步完善了我国教师教育体系。

（二）发轫探索时期教师教育政策的起伏

新中国成立后，我国教师教育事业随着国家的日趋发展而渐入佳境，开始形成具有中国特色的教师教育体系的雏形。1956 年底社会主义基本制度的确立，促使我国教师教育事业走向新征程，但在接下来的十年中教师教育政策的嬗变使之发生了起伏变化。

1.“大跃进”时期教师教育政策的盲目发展

从 1949 年到 1956 年，经过 7 年的探索与努力，在国家颁布的不同教师教育政策的指引下，我国教师教育得到了发展，战争时期出现的师范教育体系崩坏、大中小学师资力量严重缺乏的现象在一定程度上得以改善，教师队伍整体素质也得到了提高。但好景不长，由于“左”倾错误路线，1958 年至1960 年，我国各行各业都展开了“大跃进”运动，在这种历史背景下，教师教育同样发生了“大跃进”。教师教育开始盲目追求大力发展，甚至在几乎不考虑人力、物力和财力是否能承受的前提下，大肆猛增各级各类学校，尤其中等师范教育“大跃进”的步伐迈得更大更快。

---

① 中央教育科学研究所. 中华人民共和国教育大事记（1949—1982）［M］. 北京：教育科学出版社，1984：89.

② 葛军，陈剑昆. 我国教师教育政策的历史透视［J］. 黑龙江高教研究，2005（7）：42-44.

1958 年我国进入了第二个五年计划发展时期。教师教育政策的盲目发展与急于求成，致使我国刚刚复苏的教师教育又遭受了新的困境。1958 年 5 月，中共八大二次会议上通过"鼓足干劲、力争上游、多快好省地建设社会主义"的总路线，9 月中共中央、国务院又发出《关于教育工作的指示》，力求 15 年左右时间基本使全国青年和成年受到高等教育。[①] 于是各级各类学校开始激增。1959 年，我国中等师范学校从 1957 年的 592 所发展到 1365 所，在校学生从 295784 人发展到 540075 人。[②] 到 1960 年，我国高等师范院校达 227 所，比 1957 年增加了 3.9 倍，在校学生数达 204498 人，比 1957 年增加了 55%。[③] 这样急剧增长的发展，显然带有很大盲目性，违背了教育发展规律，导致匆忙建立的师范院校因师资、设备等人力物力上的不足而运行不佳，教育教学质量堪忧，几乎等同于名存实亡，根本无法培养出社会发展真正需要的教师人才。

从 1958 年上半年开始，我国贯彻教育与生产劳动相结合的教育方针，号召学生勤工俭学、半工半读，学校办工厂、农场，各级学校出现了勤工俭学的热潮。从 1958 年到 1960 年间，师范院校进行了教学计划调整和改革，将生产劳动列入教学计划成为必修课。高等学校提出教学、生产劳动、科学研究三结合的方针，即学校、研究机关和工厂相结合，学生、研究人员和工人相结合，教育工作、研究工作和生产实际相结合的方针。[④] 这些"左"的做法使师范院校把生产劳动摆在首要位置，给学生安排参加生产劳动的时间过多，打乱了正常的教学秩序，教学工作基本处于停顿状态。

2. 调整时期教师教育政策的整顿恢复

1961 年 1 月，中共八届九中全会确定了国民经济实行"调整、巩固、充实、提高"的八字方针。从 1961 年起，党中央开始纠正因"左"倾而造成的错误，重申党的知识分子政策和"双百方针"（"百花齐放"与"百家争鸣"方针），紧接着我国各级部门纷纷总结经验教训，制定各种条例、制度和措

---

① 《中国教育年鉴》编辑部. 中国教育年鉴（1949—1981）［M］. 北京：中国大百科全书出版社，1984：688.

② 张乐天. 教育政策法规的理论与实践［M］. 上海：华东师范大学出版社，2009：190.

③ 《中国教育年鉴》编辑部. 中国教育年鉴（1949—1981）［M］. 北京：中国大百科全书出版社，1984：965.

④ 《中国教育年鉴》编辑部. 中国教育年鉴（1949—1981）［M］. 北京：中国大百科全书出版社，1984：91-92.

施，包括《教育部直属高等学校暂行工作条例（草案）》等。从 1961 年到 1965 年，各类师范学校分别采取了停办、合并等措施，对院校的发展进行逐步调整。高等师范院校的学校数目从 1960 年的 227 所减至 1964 年的 59 所，中等师范学校到 1965 年减少至 394 所。师范教育发展过快的状况得到了控制，学校数目也基本恢复到 1958 年"大跃进"前的水平，教学质量也有所提高。①

1961 年 10 月，教育部在北京召开全国师范教育会议，讨论了是否需要办师范教育，如何办好师范教育以及在职教师进修提高等问题，并指出高等师范教育不是要不要办的问题，而是如何办得更好的问题。② 同时，会议还总结了新中国成立以来教师教育发展的经验教训，进一步明确了各级师范院校的培养目标，制定了《三年制中等师范学校教育计划（草案）》《中等幼儿师范学校教育计划（草案）》。本次会议讨论并制定的教师教育政策对消除"大跃进"所产生的不良后果、今后中国教师教育事业的发展起到了显著的积极作用。

1963 年，教育部接连发布《关于颁发高等师范学校教学计划（草案）的通知》《三年制中等师范学校教学计划草案（征求意见稿）》，拟定了高等、中等师范教育中语文、数学等十几个专业的课程设置教学计划（草案）。这些文件建构了新中国成立初期的师范教育基本体系和基本框架内容。至此，到"文化大革命"爆发之前的 1965 年，全国中等师范教育基本恢复了"大跃进"之前的发展水平。③

（三）"十年动乱"时期教师教育政策的倒退

为促进社会主义社会的建设，我国教师教育政策随着社会发展而不断进行调整，教师教育的发展也因政策变动而发生转变。十年发轫探索期中的政策起伏致使我国教师教育事业发展不佳，1966 年起进入"十年动乱"期后，教师教育出现停滞不前，甚至倒退的局面。

"十年动乱"期间，我国的政治、经济、文化、教育、科学等各个方面均受到了极大破坏，教师教育以及整个教育事业都是"十年动乱"中的重灾区。

---

① 《中国教育年鉴》编辑部. 中国教育年鉴（1949—1981）［M］. 北京：中国大百科全书出版社，1984：981.

② 中央教育科学研究所. 中华人民共和国教育大事记（1949—1982）［M］. 北京：教育科学出版社，1984：299.

③ 张乐天. 教育政策法规的理论与实践［M］. 上海：华东师范大学出版社，2009：190-191.

从 1966 年下半年开始，全国师范院校连续五年没有招生，停派留学生近 6 年，停招研究生 12 年；各级师范院校的教学、科研工作基本停顿；中师学校在此期间也大都停课，多数中师学校从 1967 年至 1971 年停止招生。1965 年至 1971 年间，高师院校从 110 所减到 44 所，中等师范学生从 15.5 万人减少到 1969 年的最低谷 1.5 万人[①]，这几年新中国教师教育的历史几乎一片空白。在这期间，师范院校或并或迁或停办，学校校舍被占据，学校器械、图书资料等大都被损毁或遗失，学校数量极度锐减，招生人数也急剧下降，给新中国教师教育的发展带来严重创伤，教师教育事业基本进入停滞状态。

在这一阶段，我国教师教育历经磨难，而后终迎来春天。新中国成立至 1956 年间，我国基本完成了从新民主主义向社会主义的转变，三大改造的完成标志着我国实现了社会变革、全面确立了社会主义制度，对旧中国时期遗留下来的师范教育问题作出针对性的改变，摸索出适合新中国教师教育发展的道路。纵观教师教育在 1957 年至 1966 年十年间的发轫探索，以"大跃进"的结束时间点为界，往前是深受"左"倾思想影响致使教师教育不进而退的发展混乱期，尤其是 1958 年的盲目跟风给整体的教育发展带来巨大损失；往后是在党"调整、巩固、充实、提高"八字方针的指导下，教师教育政策终于回归教育发展本身，促使我国教师教育质量得以恢复的时期。进入"十年动乱"期后，我国教师教育经历了发展史上前所未有的大倒退，但在 1977 年我国中断了十年的高考制度得以恢复，新中国由此重新迎来尊重知识、尊重人才、重视人才培养的春天，教师教育事业得以复苏，前途一片光明。

二、恢复重建阶段（1978—1989）

十一届三中全会的召开，标志着我国社会进入经济快速发展的新时期，教育成为推动社会现代化发展的关键，但当时我国教育发展落后，面临师资紧缺、教师队伍质量良莠不齐的严峻问题。据统计，"文革"结束后，高中教师中为高等学校本科毕业的，由 1965 年的 70.3% 下降到 1977 年的 33.2%；初中教师中为高等专科学校毕业及以上的，从 1965 年的 71.9% 下降到 1977 年的 14.3%；小学教师中为中师毕业及以上的，由 1965 年的 47.4% 下降到 1977 年的 28%。[②] 当时不少教师是中学文化程度教中学，小学文化程度教小

---

① 《中国教育年鉴》编辑部. 中国教育年鉴（1949—1981）［M］. 北京：中国大百科全书出版社，1984：981.

② 南钢. 新中国中小学教师在职培训的回顾和前瞻［J］. 当代教育科学，2003（9）：34-36.

学。到 1979 年底，全国中小学教师队伍的状况依然堪忧。整个教师队伍学历不合格的比例占 1/3 以上，即使是当时的发展先进地区也不例外。小学毕业教小学，中师、中专毕业教中学的现象相当普遍，而且师资队伍两极分化严重，出现青黄不接的局面，这样严峻的情况甚至超越了 20 世纪 60 年代时期。[①] 初中阶段的教师是基础教育阶段教师里学历不合格比例最高的那一部分。除了学历不合格，师资数量也严重不足。20 世纪 80 年代，小学在校生数与教师数之比为 25.3∶1；初中在校生数和教师数之比为 17.6∶5。因此，国家越来越重视教师教育的发展，力求快速突破我国教师教育面临的困境，培养专业的教师队伍，打造数量与质量兼备的师资力量。各级各类学校加快发展速度，扩大发展规模，提高教育质量。[②] 在邓小平改革思想的指导下，我国教师教育事业得以恢复并重建。

（一）拨乱反正，教师教育政策的恢复调整

教育部在 1978 年 10 月颁发的《关于加强和发展师范教育的意见》中总结了"文革"对我国教师教育的影响，提出要在"调整、改革、整顿、提高"方针的指引下，统筹规划，建立包括中等师范学校、高等师范专科学校、高等师范学院在内的多层次的师范教育网。[③] 在该教师教育政策的指导下，全国各地开始恢复以三级师范教育体系为基础的独立的教师教育制度。

1. 恢复与加强师范教育的职前培养功能

1980 年 6 月 13 日至 6 月 28 日，教育部在北京召开了全国师范教育工作会议，这是新中国成立以来召开的第四次全国规模的师范教育工作会议，也是"文革"结束以后召开的第一次全国规模的师范教育工作会议。会议总结了新中国成立以来师范教育的历史经验，分析了面临的新形势，具有重要的现实指导意义，对新时期师范教育的发展和方向问题作出了安排，明确了今后师范教育的地位、作用、发展方针和任务；会议确定我国的师范教育分为三级：高等师范本科学校培养高中教师，高等师范专科学校培养初中教师，中等师范学校培养小学师资和幼儿园师资；会议认为，要高度重视师范教育

---

① 何东昌. 中华人民共和国重要教育文献（1976—1990）[M]. 海口：海南出版社，1998：1852.

② 中央教育科学研究所. 中华人民共和国教育大事记（1949—1982）[M]. 北京：教育科学出版社，1984：495.

③ 张乐天. 教育政策法规的理论与实践 [M]. 上海：华东师范大学出版社，2009：192.

在整个教育体系中的地位与作用。① 此次会议重新确定了我国师范教育三级培养的模式，极大强化了师范教育的职前培养功能。

为了保证大会上达成的共识得到贯彻落实，教育部接连颁布了此次会议上通过的一系列教师教育政策文件，高师包括《关于高等师范学校专业设置的意见》《关于大力办好高等师范专科学校的意见》；中师包括《关于办好中等师范教育的意见》《中等师范学校规程（试行草案）》《中等师范学校教学计划（试行草案）》；教师培训包括《中学教师进修高等师范专科各专业的教学计划（试行草案）》《中学教师进修高等师范本科各专业的教学计划（试行草案）》《小学教师进修中等师范教学计划（试行草案）》《关于进一步加强中小学在职教师培训工作的意见》。在此次会议之后，我国的教师教育基本上扭转了"十年动乱"期间的混乱局面，走上了快速发展的道路。

关于高等师范本科学校的建设。规定高等师范本科学校的学制为四年，并明确了其为高中和中师培养师资的任务；强调进行教育课程的教学与研究，要保持教师队伍的稳定，充分调动广大教师的积极性；要求各级教育行政部门努力创造条件，采取相应的有效政策来改善高等师范院校的办学条件。

关于高等师范专科学校的建设。教育部分别于 1980 年 10 月颁发了《关于大力办好高等师范专科学校的意见》，1982 年 3 月印发了《师范专科学校教学工作座谈会纪要》。这两份文件对我国高等师范专科学校的管理体制、学制、专业设置、教学工作、师资队伍建设以及学校基本设施建设方面作出了具体规定。

关于中等师范学校的建设。教育部于 1980 年 8 月印发了《关于办好中等师范教育的意见》和《中等师范学校规程（试行草案）》，10 月又印发了《中等师范学校教学计划（试行草案）》；在 1983 年 8 月颁发的《中等师范学校学生守则（试行草案）》和《关于办好中等师范教育的意见》中指出，中等师范教育担负着培养小学、幼儿园师资的任务，是教育工作中的基本建设，各级教育行政部门应坚持这个办学方向，努力把中等师范学校办好，扎扎实实为小学培养合格的师资②；必须从中等师范教育的实际出发，明确办学方向，建立和恢复正常的教学秩序。《中等师范学校规程（试行草案）》《中等

---

① 何东昌. 中华人民共和国重要教育文献（1976—1990）[M]. 海口：海南出版社，1998：1850.

② 中央教育科学研究所. 中华人民共和国教育大事记（1949—1982）[M]. 北京：教育科学出版社，1984：589.

师范学校教学计划（试行草案）》则具体规定了我国中等师范学校的培养目标、培养年限、课程设置、教育实习等一系列问题，对提高中等师范教育质量和管理水平起了重要作用。① 这几份文件从一般到具体，对我国中等师范学校的培养任务、学制、教学计划、课程设置、办学条件、管理以及对中师生的要求方面作出规定，保证了正常教学秩序的恢复与建立。

以上教师教育政策文件都表明了国家教育部门重视对师范教育职前培养功能的恢复和强化，为后期师范教育的改革和发展提供了坚实的基础和保障。

2. 初步建立中小学教师的在职培训体系

关于教师在职培训方面的建设。在恢复和强化师范教育的职前培养功能的同时，我国也十分重视中小学教师在职培训体系的构建。1980 年 6 月至 8 月，教育部还颁布了《中学教师进修高等师范专科各专业的教育计划（试行草案）》《中学教师进修高等师范本科各专业的教学计划（试行草案）》以及《小学教师进修中等师范教学计划（试行草案）》，至此，中小学教师的在职培训工作有了制度的规定。② 1980 年 8 月，教育部颁布了《关于进一步加强中小学在职教师培训工作的意见》，强调要制定和完善中小学在职教师培训计划，建立和健全在职教师进修的考核制度，改善教师进修院校办学条件等。同时，文件对处于不同教学水平和层次的教师，分别提出了有针对性的、不同的目标和要求，并明确规定和阐述了在职培训的基地③，这意味着教育学院或教师进修学校也成为培训中小学教师的重要基地。以上文件的颁布对中小学教师在职培训体系的构建具有指导性意义，标志着中小学教师在职培训体系开始初步建立。

1982 年 10 月颁布的《加强教育学院建设若干问题的暂行规定》中提出，教育学院是具有师范性质的高等学校，负责中学在职教师的培训工作。其强调了教育学院在我国教育事业发展中的重要地位，教育学院得到了快速发展，由 1978 年的 17 所发展到 1985 年的 216 所。④ 该文件为中小学教师在职培训

---

① 顾明远. 改革开放 30 年中国教育纪实［M］. 北京：人民出版社，2008：559.

② 中央教育科学研究所. 中华人民共和国教育大事记（1949—1982）［M］. 北京：教育科学出版社，1984：669.

③ 何东昌. 中华人民共和国重要教育文献（1976—1990）［M］. 海口：海南出版社，1998：1832.

④ 张健. 中国教育年鉴（1985—1986）［M］. 长沙：湖南教育出版社，1988：12.

工作的展开提供了相关保障。1983 年颁布的《关于加强小学在职教师进修工作的意见》则对 1980 年提出的小学在职教师培训计划进行了调整与修改。①从该文件中可看出国家对中小学教师在职培训体系的不断完善与发展。

这一阶段我国教师教育的发展呈现出勃勃的生命力。在较短时间内使中小学教师的数量满足基础教育发展的需求，是该阶段教师教育政策的发展核心。这些政策既强调了教师教育的地位与作用，也明确了教师教育发展的目标、任务、计划。该阶段虽然在教师教育的发展规模和中小学教师的素质方面取得了较大成绩，但在如何提高教师综合素质能力方面依然存在局限。

（二）探索重建，教师教育政策的变革发展

1985 年 5 月 27 日发布的《中共中央关于教育体制改革的决定》中明确提出，把发展师范教育和培训在职教师作为发展教育事业的战略措施，要采取特定的措施提高中小学教师和幼儿教师的社会地位和生活待遇，使教师工作成为最受人尊重的职业之一。②这是一个具有深远意义的教育政策，标志着我国教师教育开始进入发展探索的阶段。

1. 中小学教师在职培训开始迈向制度化

在恢复调整时期，我国初步建立了中小学教师的在职培训体系。在我国教师教育政策文件的指导下，中小学教师培训在不断的实践中得到了飞快发展。通过理论与实践的紧密结合，我国中小学教师在职培训体系得以不断完善，并逐渐趋向合理化、规范化、科学化，为制度化发展奠定了基础。

1985 年 6 月，中央书记处、国务院同意了胡耀邦同志《关于挑选机关干部参加中小学教师工作的请示》，决定从党政机关干部中抽出 3000—5000 人到基层去参加培训中小学教师的工作。1986 年 2 月颁布的《关于加强在职中小学教师培训工作的意见》中对师资培训的任务、要求、形式进行了明确规定，并着重强调了对培训质量的保障。③1986 年 4 月通过的《中华人民共和国义务教育法》中规定国家采取措施加强和发展师范教育，加速培养、培训师资；有计划地实现小学教师具有中等师范学校毕业以上水平，初级中等学校的教师具有高等师范专科学校毕业以上水平；国家建立教师资格考核制度，对合格教师颁发资格证书。国家建立教师资格考核制度，标志着教师教育制

---

① 何东昌. 中华人民共和国重要教育文献（1976—1990）[M]. 海口：海南出版社，1998：2067.

② 苏林，张贵新. 中国师范教育十五年 [M]. 长春：东北师范大学出版社，1996：17-18.

③ 何东昌. 中华人民共和国重要教育文献（1976—1990）[M]. 海口：海南出版社，1998：2372.

度化发展的开始。① 同年 9 月 6 日印发了《中小学教师考核合格证书试行办法》，表明中小学教师队伍开始实行教师考核合格证书制度，意味着国家开始将中小学教师的在职培训工作正式纳入标准化、制度化的教师培训体系之中，中小学教师在职培训开始朝着制度化的方向发展与迈进。

1987 年 12 月，国家教委发出通知，决定从 1988 年起有计划地实行中小学教师《专业合格证书》文化专业知识考试。此举意在逐步建立一种适合在职教师自学的考试制度，使不具备合格学历的教师有可能根据自己的具体情况，在自学的基础上自愿申请参加考试。通过考核可以进一步理顺师资队伍的内部关系，提高师资水平，更好地为我国的教育事业服务。② 这一举措极力推进了我国中小学教师在职培训制度化发展的进程。

2. 三级师范教育体系的中国特色化发展

1986 年 3 月，国家教委印发了《关于加强和发展师范教育的意见》，再次强调要把教师教育提到发展教育事业的战略地位上，指出师范教育的层次和分工要适应基础教育的需要，师范教育要坚持为中小学服务的办学思想。随着《三年制中等师范学校教学方案（试行）》《中等师范学校教学大纲（试行）》等方案和大纲的颁布，中等师范教育迅速发展。中等师范教育的发展也得益于义务教育的普及，因为初等教育需要大量的教师。为了明确中小学教师培训的任务、范围和原则，国家教委在 1986 年 3 月印发了《关于基础教育师资和师范教育规划的意见》，对中小学师资和师范教育规划的任务、范围、原则以及实施作出详细的规定。针对高师、中师学校发展颁布的所有教师教育政策，都是在当时的社会背景以及现实需求下产生的，符合我国社会主义现代化的发展趋势，具有中国特色社会主义的性质。

关于高等师范院校的建设。1977 年，我国恢复高考制度后，高等师范教育获得了较快发展。自此以后，我国高等师范学校数量和在校生数量逐年递增，1987 年，全国高等师范学校达到 260 所，招生 189454 人，在校生 507963 人，创历史新高。③ 1987 年 3 月，国家教委师范教育司在北京召开了高师工作座谈会，会上进一步明确了高师办学的指导思想是办好高等师范教育的首要问题，师范院校要坚持为中等教育服务的方向。师范本科院校的任

① 何东昌. 中华人民共和国重要教育文献（1976—1990）[M]. 海口：海南出版社，1998：2415.
② 何东昌. 中华人民共和国重要教育文献（1976—1990）[M]. 海口：海南出版社，1998：2498.
③ 刘英杰. 中国教育大事典（1949—1990）[M]. 杭州：浙江教育出版社，1993：800.

务是为基础教育培养具有大学本科毕业水平的合格教师，主要是为高级中学培养师资。同时要为师范专科班、为初中培养师资，并通过函授、夜大等多种形式更多地负担起现有教师的培训和进修任务。高等师范院校还要开展教育科学研究，完成促进我国教育科学水平提高的任务。

关于师范专科学校的建设。我国在该时期十分重视基础教育的落实，要努力推动九年义务制教育的发展。但由于该时期我国教育水平依然落后，中小学教师依然极度紧缺，师范院校培养的教师数量仍无法满足社会的整体需求。由于供不应求，作为初中师资培养的师专生也被市场需求拉入了高中教师的阵营，大量师专生无法按预期投入初中教育体系，造成初中学校师资紧缺的局面，供需矛盾更加激化。为了满足对初中教师的需求，国家在现有基础上，大力加强师范专科学校的建设，按照市场实际需求扩大招生规模，尽可能满足市场对不同专业、不同类别教师数量的需要，并规定所有师专毕业生不得分配至高中授课。国家教委印发《二年制师范专科学校八个专业教学计划》，对原有的教学计划进行全面修订，进一步明确师专的培养目标，强调对教师素质的培养和基本功的要求。高师专科学校为我国培养了89万初中教师，使我国初中教师的学历达标率由1977年的9.8%上升到1989年的41.3%。①

关于中等师范学校的建设。1986年8月，国家教委下达《关于调整中等师范学校教学计划的通知》，主要针对中师教学中有些学科的课时偏多，学生学习负担较重，自学时间和课外活动时间少，不利于培养学生能力的状况作了一些必要的临时性调整。为了适应和推动中等师范教育的改革和发展，1989年6月，国家教委颁发了《三年制中等师范学校教学方案（试行）》（以下简称《方案》），《方案》根据社会主义现代化建设发展的需要和九年制义务教育对小学教师的要求，规定中等师范学校的课程和教学内容，安排学校的教育教学活动。该《方案》实质上就是最新的中等师范学校的教学计划，其具有以下三个特点：第一，扩大了地方的办学自主权；第二，突出和加强了师范性；第三，进行了整体改革，突破了单一的必修课模式，规定中等师范学校也可以开设选修课。②

1987年5月，国家教委师范教育司在安徽省召开了中等师范学校面向农

---

① 张乐天.教育政策法规的理论与实践［M］.上海：华东师范大学出版社，2009：193.

② 张乐天.教育政策法规的理论与实践［M］.上海：华东师范大学出版社，2009：192.

村培养合格小学师资的座谈会，与会代表一致认为，中等师范学校大部分是为农村小学培养师资的，因此，中师能不能面向农村培养合格的小学师资，是关系到农村地区能否普及初等教育的一个关键，也是衡量中师办学方向是否端正、中师教育是否适应农村社会和经济发展需要的一个很重要的标志。这也是我国发展中国特色社会主义现代化过程中必不可少的关键环节。

在这一阶段，我国教师教育得到了长足的发展。首先，从教师教育政策颁布的目的与获得的成效来看，广大中小学教师的学力得到了提升，在职教师的素质明显提高。其次，国家尤为注重各级各类师范院校的发展问题，力求通过政策制定加强各级各类学校师资队伍的培养与培训，在培养中小学教师队伍的同时提升师范院校自身的素养，这契合了教师教育发展的规律，凸显了我国教师教育政策的科学性与合理性。但是，由于各种各样的因素，国家颁布的教师教育政策也会产生执行偏差，最终没有达到最高的预期效果。

三、提升完善阶段（1990—1999）

毋庸置疑，20 世纪 90 年代是我国教育蓬勃发展的时期，也是我国教师教育发展的历史转折期，是我国教师教育走向规范化、系统化、制度化的关键阶段。步入 20 世纪 90 年代后，我国经济发展取得显著成绩，党的十五大报告中提出实施科教兴国战略和可持续发展战略。国家颁布了一系列教师教育政策来推动教师教育发展，为国家培养优秀人才奠定基础。1990 年 12 月，国家教委下发《全国中小学教师继续教育工作座谈会会议纪要》，指出我国中小学教师培训的重点在于开展继续教育。在这一阶段，中小学教师教育依然面临在师资队伍数量的基础上提高质量的问题；因此中小学教师培训、继续教育等仍然是这一阶段教师教育政策的重点内容之一。同时，国家十分重视基础教育教师改革，通过改革逐步确立了教育和教师的战略地位，使教师教育政策不断得到完善，走出了教师教育法制化、规范化、专业化的道路。

（一）教师教育政策推进教师教育法制化、规范化建设

教师教育的建设关乎国家的科技发展速度与人才培养质量。进入 20 世纪 90 年代以后，国家力求通过教师教育的法制化与规范化建设来推动教师教育的高质量发展。

1. 教师教育法制化、专业化的确立与实施

1993 年 2 月，国务院发布了《中国教育改革和发展纲要》，明确了未来

师范教育发展的方向和目标，提出要"建设一支具有良好政治业务素质、热爱教育事业、结构合理、相对稳定的教师队伍"。该文件表明要进一步加强师资培训工作，同时规定到 20 世纪末，通过师资补充和在职培训，绝大多数中小学教师要达到国家规定的合格学历标准，小学和初中教师具有专科和本科学历者的比重逐年提高。因此，该文件成为这一时期教师教育发展的纲领性的政策文件。

1993 年 10 月 31 日，第八届全国人民代表大会常务委员会第四次会议通过了《中华人民共和国教师法》，这是我国历史上第一次以法律的形式确立了教师的地位和作用，明确了教师的权利和义务，提出建立教师资格和任用制度，对教师的培养和培训、考核、待遇、奖励、法律责任等方面作了明确规定。它的颁布使我国师范教育开始走上标准化、法制化的道路，对我国进一步实现依法治教、维护教师合法权益、加强教师队伍的规范化管理具有重要意义。此后又颁布了《中华人民共和国教育法》（1995 年 3 月 18 日）、《教师资格条例》（1995 年 12 月 12 日）、《教师资格认定的过渡办法》（1995 年 12 月 28 日）等政策文件来促进我国教师教育法制化、专业化的实现。教师资格制度是国家法定的教师职业许可制度，它的确立标志着我国开始建构教师职业规范标准，为教师教育的发展指明了目标、方向。

《中华人民共和国教育法》的颁布标志着我国进入依法治教的时代。《中华人民共和国教师法》《中华人民共和国义务教育法》的出台，是制定师范教育条例的法律基础。《中国教育改革和发展纲要》为师范教育条例和规程的制定提供了政策依据，长期的师范教育实践经验则为构建师范教育法治体系提供了实践基础，而《教师资格条例》的确认实施则是对《中华人民共和国教师法》《中华人民共和国义务教育法》的贯彻落实。至此，我国基本上初步建立了比较完善的教师教育法规体系。

2. 中小学教师继续教育制度的确立

进入 20 世纪 90 年代以后，我国的师资培训工作趋向制度化发展，开始逐渐从"学历补偿教育"向"继续教育"转型。

1990 年印发的《全国中小学教师继续教育工作座谈会会议纪要》中提出，要将中小学教师培训重点有步骤地转移到开展继续教育上来。至此，中小学教师继续教育工作逐渐步入正轨，并开始进行相关的探索，逐渐推进了中小学教师继续教育制度的确立。1991 年 12 月 3 日，国家教委印发了《关于开展小学教师继续教育的意见》，规定了继续教育的机构，包括教师任职学校，乡（镇）师资培训辅导站（组），教师进修学校和中等师范学校师资培训部、省、自治区、直辖市或地市的小学教师培训中心等，逐步形成省、县、乡、校四级培训网。[①] 1993 年印发的《关于加强中等师范学校师资培训工作的通知》中提出，中师继续教育包括三个层次，其中第一层次为新教师见习期培训。这是我国在教师教育政策中第一次提及有关教师职前培训方面的内容。1994 年印发的《关于开展小学新教师试用期培训的意见》中明确了培训对象为新分配到小学任教的中等师范学校、其他中等学校以上层次学校的毕业生。[②] 这些文件明确了我国教师教育要积极开展中师教师的继续教育工作，且明确规定了中师教师继续教育的范围，即进行新教师见习期培训、教师职务培训、骨干教师培训。中师教师的继续教育对我国继续教育制度的建立起到了良好的带头作用。

1997 年 9 月，国家教委批准同意由 22 个省市上报的《中小学教师继续教育区域性实验方案》。1998 年发布的《关于加强中小学教师继续教育区域性实验工作的几点意见》中明确提出，中小学教师继续教育区域性实验的内容包括继续教育政策、模式及保障机制，中小学教师的成长规律与继续教育的课程建设和教育内容，继续教育的评估标准，教师职前培养与职后培训相沟通的继续教育网络建设等。[③] 该文件的颁布与实施极大地推动了中小学教师继续教育制度的探索、发展与形成，随后颁布的《中小学教师继续教育规定》（1999 年 9 月 13 日）则将中小学教师继续教育制度的强化与完善推向了高潮和顶点。到了 1999 年 9 月，在全国中小学教师继续教育和校长培训工作会议上启动了中小学教师继续教育工程，这些实验和工程的实施极大地推动了我国中小学教师继续教育事业的发展。

在以上教师教育政策的指引下，我国各地均开始采取多种多样的方式推进中小学教师继续教育的发展，由骨干教师培训扩展到全员教师培训、由教育教学技能培训提高到实施素质教育的能力和水平的培训，自上而下地形成了一套有关继续教育的法规政策和指导文件，标志着具有中国特色的继续教育制度的初步确立。

3. 道德教育作为教师教育政策的主线

自改革开放以来，我国始终把德育摆在教师教育中的关键位置。1978 年

① 苏林，张贵新. 中国师范教育十五年［M］. 长春：东北师范大学出版社，1996：232-233.
② 何东昌. 中华人民共和国重要教育文献（1991—1997）［M］. 海口：海南出版社，1998：3720.
③ 何东昌. 中华人民共和国重要教育文献（1998—2002）［M］. 海口：海南出版社，2003：102.

10月，教育部发布了《关于加强和发展师范教育的意见》，提出要"建设一支又红又专的教师队伍"①。金长泽在《师范教育改革的方向和任务》的讲话中更是认为，我们不能只是一般地认识德育工作放在首位对师范教育的重要意义，还要深刻认识到德育工作放在首位对师范教育的特殊意义和特殊要求。师范院校加强德育工作，不仅关系到学生本身的成长，使其成为社会主义建设者和可靠的接班人，而且关系到我们国家少年儿童的健康成长，关系到我们祖国的前途和命运。② 原教育部总督学柳斌也曾多次强调德育工作的重要性。因此，德育工作贯穿师范教育的始终，是我国教师教育政策关注的重点主线。

1990年12月15日，国家教委发布《中等师范学校德育大纲（试行）》及《中等师范学校学生行为规范（试行）》，其规定了中等师范学校的德育目标、基本要求、德育内容及德育实施的途径。文件首先明确了德育的内容，德育最基本的方面包括政治教育、思想教育、道德教育、行为规范；提出在继续加强品德教育和行为规范训练的同时，要强调加强政治教育和思想教育，政治教育里面最根本的，一是加强党的领导，一是坚持社会主义制度。德育内容要有一些针对性，如在强调爱国主义教育时，要强调爱社会主义祖国，在进行思想教育时，要针对极端个人主义思想，强调加强集体主义。③ 1991年4月9日，国家教委印发《关于高等师范院校本科政治与思想品德教育专业改革的意见》；1991年6月8日，国家教委印发《高等学校青年教育思想政治工作座谈会纪要》，这两个文件明确了教师教育过程中开展德育工作所需要进行的系统改革以及具备的认识。④ 1998年5月，教育部颁布了新的《中等师范学校德育大纲（试行）》及《中等师范学校学生行为规范（试行）》，在新时期不断推进德育工作在教师教育中的主线任务。

（二）教师教育政策推动中国特色师范教育体系建构

1992年邓小平在南方谈话中强调，我国必须坚定不移地坚持党的"一个中心，两个基本点"的基本路线，解放思想，实事求是，抓住有利时机，加快改革开放步伐。以此为契机，改革又一次席卷了全国各地，中国的改革和现代化建设事业开始进入了一个新的阶段。在这样的历史背景下，我国计划

① 苏林，张贵新. 中国师范教育十五年［M］. 长春：东北师范大学出版社，1996：65-66.
② 苏林，张贵新. 中国师范教育十五年［M］. 长春：东北师范大学出版社，1996：313-314.
③ 苏林，张贵新. 中国师范教育十五年［M］. 长春：东北师范大学出版社，1996：279-288.
④ 苏林，张贵新. 中国师范教育十五年［M］. 长春：东北师范大学出版社，1996：66-67.

经济时期形成的由国家包办教育的体制已明显不能适应发展需求，国家的教育体制迫切需要进行全面深入改革。中共十四大强调把教育摆在优先发展的战略地位，在这种指导思想的引领下，我国教师教育又有了新的发展。

1. 全面推进各级各类师范教育的改革

1996 年同样是我国教师教育发展史上极具意义的一年。1996 年是国家"九五"计划实施的第一年，国家教委印发了《全国教育事业"九五"计划和2010 年发展规划》《关于"九五"期间加强中小学教师队伍建设的意见》，这两份文件规定了"九五"期间我国教师事业发展的目标，提出要推进"两基"工作，调整高校办学结构，适度扩大高校规模，进一步提高教师待遇。1996年，国家教委在《关于师范教育改革和发展的若干意见》中提出了新的师范教育培养和培训体系："健全和完善以独立设置的各级各类师范院校为主体，非师范类院校共同参与，培养和培训相沟通的师范教育体系。"为了积极响应"九五"计划，1997 年国家教委印发《关于组织实施"高等师范教育面向 21世纪教学内容和课程体系改革计划"的通知》，主要针对高等师范教学改革提出了实施办法。1998 年 5 月，教育部师范司印发《三年制中等师范学校课程计划》，体现了国家对中等师范教育的基本要求。从以上政策文件中可以看出教师教育改革的进程在不断深入。

1996 年 9 月 9 日，国家教委在北京召开了第五次全国师范教育工作会议。这次会议回顾了 1980 年以来的师范教育历史，分析了师范教育面临的形势，总结了师范教育发展与改革中需要解决的若干问题，提出了师范教育改革和发展的主要方向，推动师范教育进入发展的新时期。在这次会议中，许多领导发表了相关讲话，如李岚清的《优先办好师范教育，为落实科教兴国战略打好基础》、朱开轩的《大力办好师范教育，加强教师队伍建设，为实现跨世纪教育发展目标而奋斗》、柳斌的《在全国师范教育工作会议上的总结报告》等。这些重要讲话均强调了教师教育改革的重要性，是我国实现科教兴国、人才强国战略必不可少的关键一环。例如，时任国家教委主任的朱开轩直接指出，我国的师范教育"将由以规模数量发展为主要特征，进入以提高教育教学质量，优化学科结构，提高办学效益为核心的改革发展新阶段"①。会议结束后印发的《关于师范教育改革和发展的若干意见》中也指出："振兴

---

① 何东昌. 中华人民共和国重要教育文献（1998—2002）［M］. 海口：海南出版社，2003：4042.

民族的希望在教育，振兴教育的希望在教师。办好师范教育，培养和培训高水平的教师，对发展教育事业，提高民族素质，实施科教兴国和可持续发展战略，推动经济和社会全面进步具有深远影响。"综上可知，此次会议对于我国各级各类师范教育的改革具有引领性的作用。

1997 年 10 月，国家教委印发《关于组织实施"高等师范教育面向 21 世纪教学内容和课程体系改革计划"的通知》。20 世纪 90 年代中期以来，封闭、单一、定向的师资培养机制已无法满足社会对高质量教师提出的要求。因此，1999 年 6 月中共中央、国务院在《关于深化教育改革全面推进素质教育的决定》中提出，要进行师范教育改革，在综合性院校中探索试办师范学院。就这样，我国基础教育师资的培养开始形成开放化的趋势，综合大学开始参与到师资的培养上来，并且得到了迅速发展。同时，师范院校培养机制和培养模式也开始经历转变。在培养模式上，各个国家各有区别，大致有"3＋1"模式、"4＋1"模式、"4＋2"模式等。"3＋1"模式即 3 年学科专业学习再加上 1 年的教师职业培养；"4＋1"模式即 4 年学科专业学习加上 1 年的教师职业培养；"4＋2"模式即 4 年本科专业培养加上 2 年教育硕士培养。美国、英国采用的是"4＋1"模式；在我国，华东师范大学在教师教育培养模式上实施的是"3＋1"模式。为了适应时代发展的需要，教师培养机构需要不断改革培养模式来增强师范毕业生适应环境和竞争的能力，北京师范大学就是践行这方面改革的佼佼者，其推出"4＋X"培养模式，就是在读大学的前三年时间进行专业学习，然后学生根据自己不同的兴趣爱好，选择不同的后期教育。华东师范大学从 1988 年开始采用新的教师培养模式，即为某些专业和兴趣广泛的学生提供条件加修副修专业。

2. 以提高教师质量为政策的根本导向

从我国教师教育发展的脉络趋势来看，我国越来越重视教育的质量，不再仅是注重扩大教师的规模与数量，重心逐渐偏向教师质量的提升。

首先，教师教育政策指向中小学教师学历的不断提升，通过提高教师学历标准来促进教师质量的提高。1993 年颁布的《中华人民共和国教师法》对中小学教师的学历标准进行了规定："取得小学教师资格，应当具备中等师范学校毕业及其以上学历；取得初级中学教师，初级职业学校文化、专业课教师资格，应当具备高等师范专科学校或者其他大学专科毕业及其以上学历；取得高级中学教师资格和中等专业学校、技工学校、职业高中文化课、专业课教师资格，应当具备高等师范院校本科或者其他大学本科毕业及其以上学历。"1998 年颁布的《面向 21 世纪教育振兴行动计划》则在之前的基础上对中小学教师的学历要求又提高了一个层次,规定"2010 年前后,具备条件的地区力争使小学和初中专任教师的学历分别提升到专科和本科层次,经济发达地区高中专任教师和校长中获硕士学位者应达到一定比例"。为了促进以上政策能够被具体地贯彻与落实,国家在 20 世纪 90 年代初开始开展相关的试验工作。如 1991 年和 1992 年颁布《关于进行培养专科程度小学教师试验工作的通知》《关于批准部分省(直辖市)进行培养专科程度小学教师试验工作的通知》,1995 年下发《大学专科程度小学教师培养课程方案(试行)》,1997 年发布《小学教师进修高等师范专科小学教育专业(文科方向/理科方向)教学计划(试行)》。通过这些政策的实施,我国中小学教师的学历确实得到了提升,截至 1999 年,小学、初中、高中教师的学历合格率分别达到了95.9%、85.50%、65.85%。至此,我们可以清晰地看到国家通过提升教师学历标准来提高教师质量的根本导向。

其次,教师教育政策指向中小学教师教学能力的提高。1998 年颁布的《面向 21 世纪教育振兴行动计划》和 1999 年颁布的《关于深化教育改革全面推进素质教育的决定》中都相继提出:"重点加强中小学骨干教师队伍建设。1999 年、2000 年,在全国选培 10 万名中小学及职业学校骨干教师(其中,1万名由教育部组织重点培训)。通过开展本校教学改革试验、巡回讲学、研讨培训和接受外校教师观摩进修等活动,发挥骨干教师在当地教学改革中的带动和辐射作用。""中小学专任教师及师范学校在校生都要接受计算机基础知识和技能培训。"这两份文件为中小学教师提高教学技能指明了方向,明确了发展的重点。

20 世纪 90 年代以来,我国政治经济社会发展稳定,国家综合实力不断提升,逐渐走上了依法治国、依法治教的道路,这为我国教师教育在法制化、制度化轨道上健康有序发展奠定了基础、提供了强有力的保障。为了与时俱进,我国教师教育事业必须不断地改革,原来封闭、定向的教师教育体系越来越不能顺应时代发展对教师教育的要求,需要建立一个开放的、非定向的教师教育新体系,这也是步入 21 世纪之后我国教师教育政策关注的重点。

四、改革突破阶段(2000—2008)

在跨世纪之际,我国颁布的一系列政策文件推动了教师教育事业的发展变革,使教师教育的发展进入改革突破时期。1999 年,国务院批转了教育部制定的《面向 21 世纪教育振兴行动计划》，该计划为我国实现科教兴国战略制定了具体实施措施，是在落实《中华人民共和国教育法》及《中国教育改革和发展纲要》基础上提出的跨世纪教育改革和发展的伟大蓝图。1999 年 6 月，中共中央、国务院作出《关于深化教育改革全面推进素质教育的决定》，为构建新世纪社会主义教育体系指明了方向。同时 2001 年颁布的《基础教育课程改革纲要》也开启了我国基础教育新一轮课程改革的序幕。素质教育改革和基础教育课程改革成为我国在 21 世纪要推行的两项重要的教育改革。从世界各国教育改革的经验以及我国自身教育改革实践出发可知，培养高素质、高标准的教师教育队伍是推动教育改革前进的必不可少的重点内容。

与此同时，随着经济全球化发展以及科学技术的进步，教育信息化成为 21 世纪教育改革与发展的主旋律。经济全球化、教育信息化要求教育走向国际化，而培养国际化人才需要拥有一支国际化的师资队伍，这对教师教育发展提出了更高的要求。教育的信息化、国际化催生了终身教育思潮，在终身教育思潮的影响下，教师教育需要超越并打破职前教育和继续教育的藩篱，就如詹姆斯·波特（James Porter）提出的那样，发展教师教育一体化①，以推动我国教师教育打破封闭、定向的教师教育体系，通过不断实践改革建立开放的、非定向的教师教育新体系。

（一）三大政策成为教师教育发展的导向标

2001 年是实施"十五"计划的第一年，在这一年，我国连续印发了《国务院关于基础教育改革与发展的决定》《全国教育事业第十个五年计划》，紧接着 2002 年又出台了《教育部关于"十五"期间教师教育改革与发展的意见》。这三个政策文件可被称为我国教师教育发展的导向标，为我国教师教育的发展指明了方向与道路。

1. 术语转变："教师教育"取代"师范教育"

"师范教育"一词肇始于 1684 年法国拉萨尔于兰斯首创的师资训练学校，并一直沿用到了 20 世纪。该词主要指教师的职前培养，具有终结性的意思。到了 20 世纪中叶，随着一些发达国家开始发展综合大学来培养师资，"师范教育"一词便慢慢退出历史舞台，并开始被"教师教育"一词所取代。我国在 20 世纪 90 年代末依然使用"师范教育"一词，但进入 21 世纪后，我国教

---

① 吴文侃，杨汉清. 比较教育学［M］. 北京：人民教育出版社，1999：321.

师教育政策把"教师教育"作为正式的政策术语。

《国务院关于基础教育改革与发展的决定》中提出要"完善教师教育体系，深化人事制度改革，大力加强中小学教师队伍建设"，这是我国首次在国家教育政策中使用"教师教育"这一概念。同时，在《教育部关于"十五"期间教师教育改革与发展的意见》中，我国第一次对教师教育进行了相对完整的概括，认为"教师教育是在终身教育思想指导下，按照教师专业发展的不同阶段，对教师的职前培养、入职教育和在职培训的统称"。"教师教育"强调教师的"培养"和"培训"，而原来的"师范教育"只强调"培养"。教师培训是职业专业化的特定标准之一，"教师教育"拓展了教师培养的发展空间。[①] 这不仅仅是一种用词上的变化，而且是有其深刻的意义内涵的；不是出于对国际势态的追逐，而是结合自身实际进行的客观变革。这实际上也是我国推进教师教育一体化改革迈出的第一步，标志着教师教育即将进入一个新的发展阶段。

2. 统筹协调：促进教师教育全方面均衡发展

21世纪，我国将促进教育均衡发展作为教育改革需要突破的难题，包括城乡之间、东西部之间的均衡发展。因此，大力推进农村教育，支援西部教育成为"十五"和"十一五"计划的重点内容。其中师资问题是关键，在21世纪的头十年里促进农村、西部贫困地区的教师教育发展就成为我国教师教育的一条主线。

在《全国教育事业第十个五年计划》中，国家提出要实施"素质教育工程""国家贫困地区义务教育工程""西部教育开发工程""教育信息化工程""一流大学及学科建设和211工程""高校高新技术产业化工程"等六大工程。"素质教育工程"要求"不断提高教师的思想与专业水平，使教师队伍的整体水平适应素质教育的需要"；"国家贫困地区义务教育工程"要求"努力实现地区间教育事业的相对均衡发展"；"西部教育开发工程"要求"采取多种形式加强和扩大对西部教育行政领导干部、校长和教师的培训工作"；"教育信息化工程"要求"重点支持并加快以中国教育科研网和卫星视频系统为基础的现代远程教育网络建设"以及"加强对师范教育专业学生的信息技术教育，加强对中小学专任教师的计算机基础知识技能培训"；"一流大学及学科建设

---

① 朱旭东. 师范教育向教师教育转变的思考：从话语转变到制度转变 [J]. 教育理论与实践，2001（9）：22-26.

和211工程"要求"重点建设一批能够达到国际先进水平的重点学科和人才培养基地"；"高校高新技术产业化工程"要求"加强产学研结合，促进高等学校、科研院所和产业界的合作"。这些工程计划都为教师教育的发展指明了方向。

为了落实"国家贫困地区义务教育工程"，我国在教师教育政策上分别从职前培养、在职培训两个方面支援农村教育事业的发展。

职前培养方面。2004年2月10日，教育部颁布《2003—2007年教育振兴行动计划》，其中提出要重点推进农村教育发展与改革；并于2004年启动了"农村学校教育硕士师资培养计划"；2006年3月、10月又分别颁发了《教育部办公厅关于做好2006年为农村学校培养教育硕士师资工作的通知》《教育部办公厅关于做好2006年"农村学校教育硕士师资培养计划"实施工作的通知》；2007年5月、6月先后颁布了《教育部直属师范大学师范生免费教育实施办法（试行）》《关于做好教育部直属师范大学免费教育师范生招生工作的通知》《关于做好2007级免费教育师范生签订协议工作的通知》等三个文件。

在职培训方面。2004年11月12日，教育部颁布了《关于启动新一轮民族、贫困地区中小学教师综合素质培训项目暨新课程师资培训计划（2004—2008年）的通知》，针对我国农村师资力量薄弱的现状，加大了对农村教师的支援力度。2007年7月，教育部颁布了《关于大力推进师范生实习支教工作的意见》《关于组织实施2007年教育部援助西藏中小学教师培训计划的通知》《关于组织实施2007年教育部援助新疆中小学教师培训计划的通知》等文件，这对于加强西部教师培训，促进义务教育均衡发展具有重要意义。2008年4月印发的《2008年中小学教师国家级培训计划》中，再次把支援西部作为首要内容。

以上政策的颁布与实行在一定程度上促进了我国农村地区、西部地区师资水平的提升，使我国向均衡教育的目标靠近了一步。

（二）由封闭的师范教育体系转向开放的教师教育体系

从马丁·特罗（Martin Trow）的高等教育发展阶段划分理论出发，来衡量一个国家高等教育的发展水平，国家大学适龄青年中接受高等教育者的比率在15%—50%之间时为大众化阶段。我国高等教育改革随着经济、政治和科技体制的改革在不断深化，进入21世纪后，全国都在探索扩大办学规模、提高教育质量和办学效益的改革举措。1999 年印发的《面向 21 世纪教育振兴行动计划》中明确规定了我国高等教育毛入学率在 2010 年要达到 15％的目标，在"十五"规划中这一目标又被提前到了 2005 年。因此，我国高校从 1999 年开始正式连续大规模地扩招，并且在 2002 年迅速步入了高等教育大众化时代。同时随着计划生育政策的实施，学龄人口增长缓慢，中小学在校生人数逐年下降，致使小学、初中教师数量过剩，高质量高中教师紧缺，师资培养结构的调整已刻不容缓。《关于"十五"期间教师教育改革与发展的意见》中便提出要"基本完成教师教育的结构调整，进一步完善教师教育制度。按照基础教育事业发展目标，依据国家有关规定，确定合理的师范院校培养规模、结构，初步形成以现有师范院校为主体，其他高等学校共同参与，培养培训相衔接，体现终身教育思想的开放的教师教育体系"。要通过教师教育体系的开放化、一体化建设来解决师资培养中存在的问题。

从国家颁布的教师教育政策文件来看，我国教师教育要想建立一个开放化、一体化的教师教育体系需要从两大方面入手：一是师范院校自身的改革；二是鼓励其他高等学校参与教师教育，和师范院校共同培养师资。

1. 师范院校的一体化、综合化改革

为了促进我国教师教育一体化的发展，首先从教育机构上就要逐渐实现统一化，要改变职前培养机构和职后培训机构之间相互割裂、各自为政的状态，实现教师教育机构的一体化。早在 1999 年教育部下发的《关于师范院校布局结构调整的几点意见》中便明确提出师范教育的层次结构重心要逐步上移的改革目标，即要从旧三级师范（高师本科、高师专科、中等师范）向新三级师范（高师研究生、高师本科、高师专科）过渡。其中中等师范教育机构招生人数将会逐年减少直至为零，并退出历史舞台。同时，该文件还指出："今后一段时期，重组师范教育资源，调整学校布局……从现在起，我国师范教育的发展趋势是……职前职后教育贯通，继续教育走上法制化轨道……学校布局调整目标：到 2003 年，普通高等师范院校、教育学院、中等师范学校从 1997 年的 1353 所调整到 1000 所左右。……以省、自治区、直辖市统筹为主，在有条件的市（地）推进师范专科学校、教育学院和中等师范学校合并……"从文件中可以看出，我国在实现教师教育机构一体化的同时开始向教师教育一体化发展，借助教师教育机构的一体化建设推动师范院校的一体化改革。时任教育部部长的袁贵仁也指出：教师教育体制改革的重点是推进教师教育一体化，教师教育一体化的关键是教师教育机构的一体化。① 实现教师教育机构一体化已成为教师教育一体化发展的前提条件。

其次，在推动师范院校自身改革的过程中，我国政府还积极鼓励师范院校进行体制改革，通过调整培养目标、课程结构、专业设置，改革教学方法和培养模式来实现自身的变革，使其成为一所综合性的师范大学，而不仅仅是一所纯粹的师范大学。对于一些实力较强的师范大学而言，尽管仍保留着师范大学的名称，但其期望抓住难得的改革机遇，试图通过学科结构、专业设置和人才培养模式的改革向综合大学迈进。如北京师范大学就是在此次改革中抓住了机遇并跻身成为我国一所综合性、有特色、研究型的世界知名高水平大学的。

2. 鼓励并允许其他高校参与教师教育

打破传统封闭、独立的师范教育体系的最关键的一步就是允许其他高校参与到教师的培养和培训中，使教师教育不再被师范院校独揽。教育部在《面向 21 世纪教育振兴行动计划》中就已提出："向社会招聘具有教师资格的非师范类高校优秀毕业生到中小学任教，改善教师队伍结构。"1999 年 6 月 13 日印发的《关于深化教育改革全面推进素质教育的决定》中也指出，要调整师范学校的层次和布局，鼓励综合性高等学校和非师范类高等学校参与培养、培训中小学教师的工作，探索在有条件的综合性高等学校中试办师范学院。以上两份文件为跨入 21 世纪后教师教育的体系建设指明了发展方向。2002 年印发的《关于"十五"期间教师教育改革与发展的意见》中再次强调教师教育改革与发展的主要任务是"基本完成教师教育的结构调整，进一步完善教师教育制度。按照基础教育事业发展目标，依据国家有关规定，确定合理的师范院校培养规模、结构，初步形成以现有师范院校为主体，其他高等学校共同参与，培养培训相衔接，体现终身教育思想的开放的教师教育体系"。为了进一步贯彻、落实上述政策，构建开放灵活的现代教师教育体系，2003 年 11 月 11 日至 13 日，在教育部师范司的倡导支持下，100 多所举办教师教育的非师范院校在厦门参加了第一届"全国非师范院校教师教育工作研讨会"。会议总结了近年来非师范类高校参与教师教育所取得的成就，并得出结论：独立设置的师范院校依然是我国教师教育的主力军，但非师范院校也正在成为教师教育的一支重要生力军，并将在教师教育工作中发挥越来越重

---

① 祝怀新. 封闭与开放：教师教育政策研究［M］. 杭州：浙江教育出版社，2007：310.

要的作用。至此，传统、封闭的师范院校体系逐渐被打破。

（三）推动基础教育新课程改革，加强师资培训

2001 年，教育部印发了《基础教育课程改革纲要（试行）》，我国开始进入新一轮的基础教育课程改革。随着基础教育课程改革的深入开展，对基础教育阶段的师资专业化能力要求也越来越高。很多一线教师反映新课标虽好，但难以操作，可借鉴的经验又少，希望增加实践操作性的指导与培训。[①]面对这一现实状况，2001 年 2 月 23 日，教育部办公厅适时地印发了《关于积极配合和推动基础教育课程改革进一步加强和改进教师培养培训工作的几点意见》，10 月又印发了《关于开展基础教育新课程师资培训工作的意见》，正式启动了新课程师资培训工作。

在基础教育新课程师资培训工作取得良好开端的同时，2004 年 2 月，教育部又印发了《关于进一步加强基础教育新课程师资培训工作的指导意见》，在上一个指导意见的基础上，再次强调了"各级教育行政部门必须进一步提高对新课程师资培训工作重要性和紧迫性的认识，将开展新课程师资培训作为当前和今后一个时期中小学教师继续教育的主要任务切实抓紧抓好"；提出了"边实验、边培训、边总结、边提高"的原则，并要求在认真总结前两年新课程师资培训经验的基础上，针对存在的问题采取有力措施，不断加强和改善新课程师资培训。[②] 该文件的发布，使新课程师资培训有了更强的针对性和科学性，有利于更好地保质保量地完成新课程师资培训任务。

2004 年 11 月印发的《关于启动新一轮民族、贫困地区中小学教师综合素质培训项目暨新课程师资培训计划（2004—2008 年）的通知》，强调了民族、贫困地区的教师和农村教师的素质提升，是教师队伍建设的重点、难点。[③]

综上所述，关于基础教育新课程师资培训的一系列政策，不仅促进了中小学教师素质和能力的全面提高，更加保障了基础教育新课程改革的持续、深入进行。

（四）加快教师教育信息建设，促进教师信息技术水平提高

教师教育信息化是实现教育信息化的关键因素，也是我国实现科教兴国

① 廖其发. 当代中国重大教育改革事件专题研究［M］. 重庆：重庆出版社，2007：471.

② 何东昌. 中华人民共和国重要教育文献（2003—2008）［M］. 北京：新世界出版社，2010：290-291.

③ 何东昌. 中华人民共和国重要教育文献（2003—2008）［M］. 北京：新世界出版社，2010：546.

战略的需要。在 2001 年印发的《国务院关于基础教育改革与发展的决定》《全国教育事业第十个五年计划》中就已经间接提到要推进教师教育信息化。

2002 年 3 月 1 日，教育部印发了《关于推进教师教育信息化建设的意见》，这是进入 21 世纪以来，我国第一次提出有关教育事业信息化建设的意见。这份文件指出了积极推进教师教育信息化的重要性和紧迫性，认为"要实现信息技术在中小学逐步普及和应用，建设一支数量足够、质量合格的具有较高信息素养的中小学师资队伍是关键"；同时明确了"十五"期间教师教育信息化建设的指导思想、原则、发展目标和措施，强调了推进"十五"教师教育信息化应注意的几个问题。[①] 在取得推进教师教育信息化建设的良好开端后，教育部于 2004 年 12 月 15 日，印发了《中小学教师教育技术能力标准（试行）》，明确界定了教学人员教育技术能力标准、管理人员教育技术能力标准、技术人员教育技术能力标准，分别从意识与态度、知识与技能、应用与创新、社会责任四个方面作出了相关规定。[②] 这是我国正式颁发的首个教师专业能力标准，将促使中小学教师教育技术能力和水平的提高，促进教师专业能力的发展，极大地推进教育信息化进程。

2003 年 9 月，教育部下发《关于实施全国教师教育网络联盟计划的指导意见》，并正式启动全国教师教育网络联盟。联盟的建立使教师教育信息化实现了实质性的发展。实施教师网络联盟计划，为教师终身学习搭建了一个优势互补、资源共享的平台，是构建教师终身学习体系、建设学习型社会的迫切需要。借助现代远程教育技术，打破时空阻隔，使不同地区教师共享优质教育资源，是推进教师教育创新发展的迫切需要，是农村教师队伍整体素质提升的迫切需要。教师教育信息化水平已成为掣肘未来教师教育发展水平的关键要素。2008 年 1 月 31 日，教育部师范教育司印发的《师范教育司 2008 年工作要点》中，更是将教师教育信息化作为十三项工作重点之一。

进入 21 世纪后，我国的教师教育政策朝着系统化、全面化、开放化的方向不断发展，在政策的制定、实施等方面也逐渐走向成熟。传统的师范教育模式正在逐渐转变为教师教育模式，职前培养、入职教育和职后培训渐渐走向了一体化的发展道路；师范教育体系开始从封闭转向开放，特别是综合性

① 何东昌. 中华人民共和国重要教育文献（1998—2002）[M]. 海口：海南出版社，2003：1144-1145.

② 何东昌. 中华人民共和国重要教育文献（2003—2008）[M]. 北京：新世界出版社，2010：571-573.

大学开始参与师资的培养,扩大了师资培养的途径和规模;随着中小学教师素质的不断提高及各级教育机构对教师学历要求的不断提高,培养中小学教师的"老三级"培养体制开始转向"新三级"培养体制。在终身学习思潮的影响下,我们正在努力建构一个真正意义上的一体化、现代化教师教育体系,接下来,加快教师教育终身学习观念的形成、创新深化教师教育体制将是我们追求的新目标。

五、创新深化阶段(2009—2022)

进入 21 世纪以来,我国一直立志构建一个真正意义上的一体化、现代化教师教育体系。随着教师教育体系走向开放化,教师教育网联计划、教师教育技术能力建设计划以及基础教育新课程师资培训等工作的深入开展,教师教育取得了辉煌卓越的成就。到了 2008 年,我国基本形成了一个开放的、非定向的教师教育发展体系。进入新时期后,随着中国特色社会主义社会的发展,我国需要完善教师管理制度,建立具有中国特色的教师教育体系,以此提高师德水平和教师专业能力,提高农村教师整体素质,促进中西部地区教师队伍的质量提升,形成一支师德高尚、业务精湛、结构合理、充满活力的高素质专业化教师队伍,形成灵活开放的教师教育体系。

(一)完善师范生公费教育制度

师范生公费教育制度的恢复与完善是实现我国教师教育体系创新发展的关键举措。回顾我国师范教育的发展历程可知,其经历了"免费—收费—免费"的转折变化。1994 年 7 月 3 日发布《国务院关于〈中国教育改革和发展纲要〉的实施意见》之前,我国师范教育一直以来实行的都是免费制度,随着 1996 年《高等学校收费管理暂行办法》的颁布,我国师范教育于 1997 年正式打破了师范生免费教育的状态。进入 21 世纪以后,为培养大批优秀教师、积累大量高素质人才,满足科教兴国、人才强国的发展需要,国务院决定在教育部直属的六所师范大学实行师范生免费教育制度,《教育部 2007 年工作要点》的提出标志着师范生免费教育政策再次回归历史舞台。

2007 年 5 月 9 日,国务院办公厅转发《教育部直属师范大学师范生免费教育实施办法(试行)》(以下简称《办法》),决定在教育部直属的六所师范大学,即北京师范大学、华东师范大学、东北师范大学、华中师范大学、陕西师范大学及西南大学,对 2007 年秋季入学的新生实施师范生免费教育。免费师范生享有许多优惠政策:在校期间,免除学费和住宿费,并补助生活费;

由省级教育行政部门负责落实免费师范毕业生的教育岗位，确保任教有编有岗；允许在职攻读教育硕士，通过论文答辩且考核合格者可获得学位证书和毕业证。在享受政策优惠的同时，免费师范生也需要签署协议，承诺毕业后回到生源所在地从事中小学教育十年以上，到城镇学校工作的免费师范生应先前往农村学校任教两年。未履行承诺的需要退还享有的所有补助并支付违约金，并作记录留档。该《办法》同时对部属师范大学寄予了厚望，要求其培养出拥有先进教育理念、热爱教育事业、能为教育事业长期奋斗的优秀师范生，从而造就优秀的教师乃至教育家。①

至 2007 年恢复免费师范生政策后，我国一直将其放在教师教育发展的重要位置，并不断充实、完善该政策。2012 年 1 月 7 日，国务院办公厅转发《关于完善和推进师范生免费教育的意见》，2012 年 6 月 14 日，教育部印发《国家教育事业发展第十二个五年规划》，提出要"建立免费师范生进入、退出和奖励机制，改进就业办法，确保免费师范毕业生到中小学任教。采取多种形式支持到农村任教的免费师范毕业生的专业成长和长远发展。鼓励地方发展师范生免费教育，采取提前招生、公费培养、定向就业等办法，吸引优秀学生攻读师范专业，为农村学校特别是农村边远地区学校培养大批下得去、留得住、干得好的骨干教师"。免费师范生政策为我国培养了许多中小学教师，大大改善了我国教师队伍师资力量不足的困境，同时促进了教师职业的发展、教师教育的发展。

随着我国教育的不断改革发展，师范生免费教育政策在 2018 年调整为师范生公费教育政策。2018 年 7 月 30 日，国务院办公厅发布《教育部直属师范大学师范生公费教育实施办法》（以下简称《办法》），该《办法》与 2012 年的政策相比有了变化，其规定"公费师范生毕业后一般回生源所在省份中小学任教，并承诺从事中小学教育工作 6 年以上。到城镇学校工作的公费师范生，应到农村义务教育学校任教服务至少 1 年。国家鼓励公费师范生长期从教、终身从教"。该政策的实施是为了更好地贯彻落实《中共中央 国务院关于全面深化新时代教师队伍建设改革的意见》，建立健全师范生公费教育制度，吸引优秀人才从教，培养大批"四有"好教师。2018 年 2 月 11 日印发的《教师教育振兴行动计划（2018—2022 年）》中也特别指出要"推进乡村教师到城镇学校跟岗学习，鼓励引导师范生到乡村学校进行教育实践"，同时

---

① 何东昌. 中华人民共和国重要教育文献（2003—2008）[M]. 北京：新世界出版社，2010：1364.

通过"国培计划"来推动中西部地区乡村教师、校长的培训。为贯彻落实《中共中央 国务院关于全面深化新时代教师队伍建设改革的意见》，推进师范生免试认定中小学教师资格改革，促进师范生就业，教育部在 2020 年 9 月印发了《教育类研究生和公费师范生免试认定中小学教师资格改革实施方案》，从目标任务、改革内容、工作要求等方面进行规划指示，进一步加强了师范生公费教师制度的贯彻落实。

师范生公费教育制度的再次确立与实施，体现了我国对教育事业的高度重视与倾斜。这不仅仅是推动教育事业发展的政策，更是促使我国经济社会转型变革发展的有力举措。它的实施有利于打破我国义务教育阶段教师资源配置不均衡的僵局，促进整个教师队伍综合素质的提升，同时为许多有志青年从事教育工作提供了强有力的保障，为家庭贫困的学子提供了求学机会。在建设社会主义新农村的时代背景下，该政策的实施对于落实科教兴国战略、教育优先发展战略、促进教育公平均衡发展、改革教师教育体制具有重要的现实意义。

（二）创新农村教师补充机制

兴国必先强教，强教必先强师。目前，我国义务教育依然存在发展不均衡的现状，不利于全国各地的中小学生享受公平的优质教育，尤其是农村地区及中西部地区，也不利于国家教育质量的全面提升。为了促进城市与农村义务教育的公平与均衡发展，进一步提高农村教师队伍整体素质，教育部决定在农村义务教育阶段学校实施教师特设岗位计划（简称"特岗计划"）。即通过公开招聘高等院校的毕业生自愿到西部"两基"攻坚县以下农村义务教育阶段学校担任教师，从事农村义务教育的普及和推广工作。以此来解决农村教师总体数量不足和结构不合理的问题，从而提升农村师资力量的整体水平。①

在 2006 年、2008 年颁布的《关于实施农村义务教育阶段学校教师特设岗位计划的通知》《关于做好 2008 年农村义务教育阶段学校教师特设岗位计划工作的通知》两份文件取得了良好的实践效果后，国家总结了"特岗计划"的实践经验，并于 2009 年 2 月 23 日再次发出《关于继续组织实施"农村义务教育阶段学校教师特设岗位计划"的通知》，作出 2009 年继续实施"特岗计划"的决定，随后教育部相继出台一系列有关政策保障农村义务教育阶段

---

① 何东昌. 中华人民共和国重要教育文献（2003—2008）［M］. 北京：新世界出版社，2010：1064.

学校"特岗计划"的顺利实施。如 2012 年 5 月 14 日发布的《关于做好 2012 年农村义务教育阶段学校教师特设岗位计划有关实施工作的通知》，2012 年 12 月 11 日发布的《关于做好 2012 年特岗教师在职攻读教育硕士工作的通知》。其中，2013 年 5 月 6 日发布的《关于做好 2013 年农村义务教育阶段学校教师特设岗位计划有关实施工作的通知》特别强调："要采取切实措施加强特岗教师培训，尤其是针对非师范专业毕业生，做好入职前的师德教育与教学培训工作。"随后的 2015 年、2016 年、2017 年、2018 年、2019 年、2020 年、2021 年、2022 年都对"特岗计划"进行了翔实的安排。随着"特岗计划"的不断深入实施，我国农村教育得到了快速发展。

农村义务教育阶段学校教师"特岗计划"的深入开展与实施，是对教师补充机制的创新，是促进农村教育、教师教育发展的重要改革；是扩大高校毕业生就业渠道、促进青年人才健康成长的有效途径；是推动农村义务教育质量均衡发展的有效措施；是促进我国实现教育质量全面提高必不可少的有效策略。

（三）开展"国培计划"促进培训体系完善

"国培计划"是"中小学教师国家级培训计划"的简称，由教育部、财政部于 2010 年全面实施。该计划旨在提高中小学教师尤其是农村教师的教育教学水平和整体能力素质，其实施对于推进义务教育均衡发展、促进基础教育改革、提高教育质量具有重要意义。

为贯彻落实党的十七大关于"加强教师队伍建设，重点提高农村教师素质"的要求，加大中小学教师培训工作力度，进一步开展基础教育和素质教育，教育部在 2008 年便着手实施中小学教师国家级培训计划。2008 年 4 月 2 日，教育部办公厅印发《2008 年中小学教师国家级培训计划》，主要包括五个方面的内容，即分别对西部边远地区骨干教师、普通高中课改实验省教师、中西部农村义务教育学校教师、中小学班主任和中小学体育教师实施培训计划。[①] 2009 年 7 月 7 日，教育部办公厅又印发了《2009 年中小学教师国家级培训计划》，在以往的基础上，重点提出了为加强中西部地区教师队伍建设，促进基础教育质量提高，重点对中西部地区 11000 名中小学骨干教师进行 60 学时的培训，培训内容主要围绕全面实施素质教育和推进基础教育课程改革的要求，培训重点为实施素质教育的理论与实践，有效教学方式方法，现代

---

① 何东昌. 中华人民共和国重要教育文献（2003—2008）[M]. 北京：新世界出版社，2010：1582.

教育技术的应用，师德教育和教师专业发展。同时还通过充分运用现代远程教育手段对边境民族地区、中西部 100 个县 30 万农村义务教育阶段学科教师进行培训，提高其教育教学能力与水平。2010 年 4 月 27 日印发的《2010 年中小学教师国家级培训计划——示范性项目实施方案》，将中小学骨干教师研修、中小学教师远程培训、班主任教师培训、紧缺薄弱学科教师培训、培训团队研修等五类项目作为计划项目，通过创新培训机制，采取骨干教师脱产研修、集中培训和大规模教师远程培训相结合方式，对中西部农村义务教育骨干教师进行有针对性的专业培训。

此后，随着"国培计划"循序渐进的开展与实施，"国培"逐渐成为教育部每年常规开展的重要活动。教育部办公厅、财政部办公厅于 2011 年 5 月 24 日，发布了《关于做好 2011 年"中小学教师国家级培训计划"实施工作的通知》；2012 年 5 月 17 日，发布了《关于做好 2012 年"国培计划"实施工作的通知》；2013 年 4 月 9 日，发布了《关于做好 2013 年"国培计划"实施工作的通知》；2014 年 4 月 1 日，发布了《关于做好 2014 年中小学幼儿园教师国家级培训计划实施工作的通知》，将"国培计划"范围从中小学教师扩大到了幼儿园教师，提出要做好 2014 年中小学幼儿园教师国家级培训计划示范性项目、中西部项目和幼师国培项目实施工作。同时，各地要针对项目实施中存在的培训内容针对性不强、培训方式单一和培训质量监管薄弱等重点难点问题，切实改进培训课程，创新培训模式，优化项目管理体制，推进"国培计划"综合改革。要有效利用教师网络研修社区，切实推行混合式培训。

教育部于 2014 年 6 月 6 日发布《关于启动实施中小学校长国家级培训计划的通知》，2015 年 4 月 2 日发布《关于做好 2015 年中小学幼儿园教师国家级培训计划实施工作的通知》，2016 年 1 月 12 日发布《关于做好 2016 年中小学幼儿园教师国家级培训计划实施工作的通知》，2017 年 2 月 28 日发布《关于做好 2017 年中小学幼儿园教师国家级培训计划实施工作的通知》，2018 年 1 月 22 日发布《关于做好 2018 年中小学幼儿园教师国家级培训计划组织实施工作的通知》，2019 年 3 月 5 日发布《关于做好 2019 年中小学幼儿园教师国家级培训计划组织实施工作的通知》，2020 年 3 月 4 日发布《关于做好 2020 年中小学幼儿园教师国家级培训计划组织实施工作的通知》，2021 年 4 月 30 日发布《关于实施中小学幼儿园教师国家级培训计划（2021—2025 年）的通知》等政策文件，保障和推进"国培计划"有条不紊地开展与实施。

自"国培计划"实施以来，其培训规模逐渐扩大，覆盖范围越来越广，在促进教师专业发展、促进基础教育和教师教育改革、促进教育公平、促进农村教育均衡发展等方面产生了显著的社会效益，影响深远。其从政策制定的全面性、针对性、科学性、可行性到政策的贯彻落实都得到了各地教育行政部门以及广大教育工作者的高度认可与评价。同时，"国培计划"在具体的实践过程中，催生出一系列优质的教育教学资源，并逐渐形成了科学化、规范化的"脱产置换研修"培训体系。

（四）中西部地区教师培训的大力开展

国家开展各种类型的中小学教师培训，最终目的都是提高各级各类各地区、不同学校不同年级教师群体的整体能力与素质，实现全国教育质量的全面且有质量的提高。重点应放在全面和质量上，"全面"要求各地区都要普遍实现教育质量的提高，"质量"要求各地区都达到质的提升而不仅是量的变化。因此"国培计划"一直注重教育的均衡发展，并且始终关注中西部地区中小学教师的培训工作，给予了更多政策支持与倾斜，尽可能、尽全力地促进全国各地区教育的均衡发展，促进全国各地区的中小学教师培训，在最大程度上实现均衡化、同步化、一体化发展。

中西部地区教师培训在最初就与"国培计划"密不可分。2008年4月2日，在教育部办公厅印发的《2008年中小学教师国家级培训计划》中明确提出：教育部支持西部边远地区骨干教师培训专项计划，采取集中培训与光盘培训、远程培训相结合的方式；同时根据中西部地区农村教师的实际需要，依托"农远工程"对中西部地区农村地区义务教育阶段学科教师进行40学时的专项培训。[①] 同年6月17日，教育部办公厅印发《关于组织实施西部初中骨干体育教师国家级培训的通知》，委托北京教育学院、西北师范大学以"送培下省"集中培训的方式，对西部地区初中专职骨干体育教师进行培训，帮助其学习、掌握中学体育项目基础专业技能与教学技能，提高业务素质，推动西部地区学校体育教学质量的提高。[②] 国家在以上两个文件中明确了对中西部地区教师技能、素质、能力上的要求，对中西部地区教育质量的提高发挥了至关重要的作用。到了2009年7月15日，教育部办公厅发出《关于组织实施中西部中小学体育、艺术骨干教师国家级培训的通知》，通过项目实施

---

① 何东昌. 中华人民共和国重要教育文献（2003—2008）[M]. 北京：新世界出版社，2010：1582.

② 何东昌. 中华人民共和国重要教育文献（2003—2008）[M]. 北京：新世界出版社，2010：1612.

来帮助中西部地区小学专职体育骨干教师学习和掌握体育项目基础专业技能与教学技能、中小学专职艺术骨干教师学习和掌握辅导中小学生合唱的基础专业知识和基本教学技能，推动中西部地区体育、艺术教师培训工作的开展，促进中小学教师队伍建设。同年8月10日又下发《关于组织实施2009年中西部地区中小学骨干教师培训项目的通知》，明确了培训的主要内容，强调要提高中西部地区中小学骨干教师的教育教学能力水平，使他们在推进素质教育、实施基础教育课程改革和大规模教师培训中发挥骨干带头作用。不断下发的文件逐渐细化了中西部地区教师培训项目的细节，使该项目越来越成熟，体现了国家对中西部地区教育发展的决心和信心。

2012年5月17日，教育部办公厅、财政部办公厅发布《"国培计划（2012）"——中西部农村骨干教师培训项目》，其中提出"中西部项目"通过置换脱产、远程和短期培训相结合方式，开展有针对性的专业培训。中西部地区教师培训项目与国培项目的结合，意味着我国教师教育培训体系得到了新的扩张与发展。

2013年2月20日，教育部、国家发展改革委、财政部颁布《中西部高等教育振兴计划（2012—2020年）》，将中西部地区高校骨干教师培养提上议程，扩大了中西部地区培训项目的范围，并明确提出"实施'西部之光'等访问学者项目，支持中西部高校骨干教师到东部高水平大学研修访学。实施'千名中西部大学校长海外研修计划'，进一步开阔中西部地区高校领导国际视野。在对口支援西部高校工作中，支持1万名西部受援高校教师和管理干部到支援高校进修锻炼"。随后几年中西部教师骨干培训项目进展顺利，每年都取得了长足的进步。到了2017年1月10日，国务院颁布了《国家教育事业发展"十三五"规划》，其明确要"落实乡村教师支持计划，努力造就一支素质优良、甘于奉献、扎根乡村的教师队伍。继续实施'国培计划'，集中支持中西部乡村教师校长培训。实施中西部中小学首席教师岗位计划"。随着国家对中西部地区教师培训的不断重视，我国中西部地区农村教育、义务教育发展得到了显著提升。为贯彻落实习近平总书记关于教育的重要论述特别是关于教师队伍建设的重要讲话精神，教育部等九部门在2021年7月印发了《中西部欠发达地区优秀教师定向培养计划》，以此加强中西部欠发达地区教师定向培养，造就一批有理想信念、有道德情操、有扎实学识、有仁爱之心的"四有"好老师，推动巩固拓展教育脱贫攻坚成果同乡村振兴有效衔接。

国家致力于通过教师培训促进全国各地区教师技能与综合素质的提升，

为了尽可能缩小地区之间的差距，国家对中西部地区中小学教师培训在政策上持续倾斜与大力支持，促使中西部地区的教师队伍得到了迅速发展，加速了中西部地区的教育改革与发展进程，也使我国教师教育有了进步与发展，使之更加趋向均衡与合理。

（五）"双师型"教师培养培训体系建立

"双师型"教师是教育教学能力和工作经验兼备的一种复合型人才，对提高职业教育教学水平具有重要意义。为了提高教师队伍的整体素质，我国充分发挥教师在教学改革中的重要作用，完善中等职业学校教师进修和继续教育制度，进一步优化教师的素质结构，大力培养"双师型"教师，促进"双师型"教师培养培训体系的不断完善。

2008年12月13日，《教育部关于进一步深化中等职业教育教学改革的若干意见》中明确提出："进一步优化教师的素质结构，提高'双师型'教师的比例。"国家开始逐渐重视"双师型"教师的地位，并把其作为教师教育培训的要点。2011年10月25日印发的《教育部等九部门关于加快发展面向农村的职业教育的意见》中强调要加强农村、农业职业学校教师培养培训，提出"职业学校教师素质提高计划"，促进农村、农业职业学校"双师型"教师队伍建设。

此后，"双师型"教师培养与培训就一直是国家发展教师教育的重点，每年都会颁布相关的政策文件促进"双师型"教师的培养。2014年6月16日颁布的《现代职业教育体系建设规划（2014—2020年）》中提出完善"双师型"教师培养培训体系；2015年7月27日印发的《教育部关于深化职业教育教学改革全面提高人才培养质量的若干意见》中提出要积极探索高层次"双师型"教师培养模式；2017年1月10日印发的《国家教育事业发展"十三五"规划》中也提出要继续发展与完善"双师型"教师培养培训体系；2018年1月20日印发的《中共中央 国务院关于全面深化新时代教师队伍建设改革的意见》中提出要全面提高职业院校教师质量，建设一支高素质"双师型"的教师队伍；2019年1月24日印发的《国家职业教育改革实施方案》中强调要多措并举打造"双师型"教师队伍，提出"加强职业技术师范院校建设，优化结构布局，引导一批高水平工科学校举办职业技术师范教育。实施职业院校教师素质提高计划，建立100个'双师型'教师培养培训基地，职业院校、应用型本科高校教师每年至少1个月在企业或实训基地实训，落实教师5年一周期的全员轮训制度"。以上文件对更多的细节与关键点进行了补充，促使"双师型"教师培养培训体系发展得更加完善。为贯彻党的二十大精神，2022年10月教育部办公厅发布《关于做好职业教育"双师型"教师认定工作的通知》，就职业教育"双师型"教师认定作出安排，加快推进了职业教育"双师型"教师队伍高质量建设，健全了国家的教师标准体系。

随着各类政策文件的不断发布与实施，"双师型"教师培养培训体系逐渐趋于成熟，培养规模、范围都在不断扩大，大大推动了国家职业教育改革的进程，促进了我国教师教育培养体系的完善与发展。

（六）教师教育质量保障制度的建立完善

我国教师教育在发展完善过程中，有意识、有目的地逐步形成了一系列保障教师教育质量发展的标准、规章、制度。进入教师教育发展的新时期，为了促进教师教育的系统化、规范化发展，我们需要完善这些标准，建立相应的教师教育质量保障制度。2012年6月14日印发的《国家教育事业发展第十二个五年规划》中就明确提出："建立教师教育质量保障制度。制订实施中小学、幼儿园和职业学校教师专业标准、教师教育机构资质认证标准、教师教育质量评估标准、教师教育课程标准，实施师范教育类专业评估，探索教师教育机构资质认证，形成教师教育标准体系和质量保障制度。"教师教育质量保障制度的建立与完善将会加速我国教师教育体系法制化发展的步伐。

1. 师德师风建设是教师教育的首要标准

改革开放以来，师德师风建设就一直是我国教师教育关注的重点内容。进入新时期以后，我国更加强调师德师风的建设，把教师的道德修养、个人作风等作为培养教师的首要标准。在《国家教育事业发展第十二个五年规划》中甚至把师德表现作为教师资格认定和定期注册、绩效考核、职务（职称）聘任和评优奖励的首要依据，实行"师德"一票否决制。师德师风成了教师立命的第一标准。

为了促进师德师风建设，国家把师德教育渗透到职业培养、教师准入、职后培训和管理的全过程，师德师风建设成为教师教育质量保障机制建立的第一道德标准。2008年12月21日，周济在教育部2009年度工作会议上强调要全面提高教师素质，"抓师德建设。贯彻新的《中小学教师职业道德规范》，把师德作为教师资格认定和新教师聘用的重要依据，引导广大教师努力成为受学生爱戴、让人民满意的教师"。2012年1月7日，袁贵仁在2012年全国教育工作会议上指出，要"制定师德规范。推动落实《中小学教师职业道德规范》，研究制定《高等学校教师职业道德规范》，印发《关于切实加强和改进高等学校学风建设的实施意见》"。2017 年 12 月 4 日，教育部印发的《义务教育学校管理标准》中明确规定："坚持用习近平新时代中国特色社会主义思想武装教师头脑，加强教师思想政治教育和师德建设，建立健全师德建设长效机制，促进教师牢固树立和自觉践行社会主义核心价值观，严格遵守《中小学教师职业道德规范》。"2018 年 1 月 20 日印发的《中共中央 国务院关于全面深化新时代教师队伍建设改革的意见》中更是将师德建设摆在了教师队伍建设的首要位置，着力提升教师思想政治素质，全面加强师德师风建设。2019 年 2 月 13 日印发的《加快推进教育现代化实施方案（2018—2022 年）》依然强调加强师德师风建设，把师德师风作为评价教师队伍素质的第一标准。师德师风建设将会长期成为教师教育的首要培养目标。

以上政策文件都是为了切实贯彻落实《中小学教师职业道德规范》《中等职业学校教师职业道德规范》《高等学校教师职业道德规范》，促进师德师风建设成为教师教育质量保障的第一标准。同时，师德表现已经成为教师资格认定和定期注册、绩效考核、职务（职称）聘任和评优奖励的首要依据，实行"师德"一票否决制。

2. 教师资格认定、注册、考核标准的完善

如果说师德师风是教师教育质量保障制度建立需要达到的首要标准，那么教师资格认定、注册、考核标准的完善则是该制度发展的主体内容。教师教育的发展完善离不开教师的培养，教师合格与否是有标准划分的，而标准制定得愈加完善则教师教育培养愈加成熟。我国教师教育发展到今天，已经形成了自己的一系列培养标准、条例或者方案，这些标准、条例、方案的成熟化标志着我国教师教育法制化、规范化建设又向前迈了一步。

2013 年 8 月 15 日，为完善教师资格制度，健全教师管理机制，建设高素质专业化教师队伍，根据《教师法》《教师资格条例》和《国家中长期教育改革和发展规划纲要（2010—2020 年）》，教育部制定了《中小学教师资格定期注册暂行办法》，为教师队伍的建设与考核提供了科学、合理的依据。随后国家同意了江苏、河南、海南、福建进一步扩大教师资格定期注册制度试点工作，充分发挥了国家教师资格考试制度的作用，为国家培养了越来越多的合格教师。2018 年 11 月 8 日，为深入贯彻习近平新时代中国特色社会主义思想和党的十九大精神，深入贯彻落实全国教育大会精神，扎实推进《中共中央 国务院关于全面深化新时代教师队伍建设改革的意见》的实施，进一步加强师德师风建设，教育部印发了《中小学教师违反职业道德行为处理办法（2018年修订）》，规范了教师职业行为，保障了教师、学生应有的权益，基本形成了一套教师教育质量保障制度。

从以上的政策文件中，我们可以清晰地看到我国教师培养逐渐形成了教师资格认定、注册、考核、合格的流程，对于培养过程中出现的、可能出现的问题都尽可能作了相关规定。教师培养发展的教师教育质量保障制度体系正逐渐完善。

在教师教育创新深化发展的新时期，教育部门高瞻远瞩，根据新的形势变化，制定了一系列有前沿性、创新性的政策。随着一系列教师教育政策的颁布和执行，我国教师教育发展愈来愈规范化、法制化，教师教育观念开始发生与时俱进的转变，教师教育体制改革逐渐成熟，教师教育体系更加趋于完善。可以预见，在不远的将来，随着教师教育标准体系的建立，教师教育体制的不断创新，我国最终必将建立一种现代教师教育体系，这种体系与社会经济、政治、文化体制相适应，符合中国特色社会主义社会的发展需求，符合社会、人民群众对优质教师和教育的需求。

第三章 我国教师教育政策的价值取向

自新中国成立以来，我国陆续出台了多类型、多层次的教师教育政策。从 1956 年的《高等师范学校师资培养试行办法》到 1978 年的《关于加强和发展师范教育的意见》再到 2010 年的《国家中长期教育改革和发展规划纲要（2010—2020 年）》、2018 年的《教师教育振兴行动计划（2018—2022 年）》、2022 年的《新时代基础教育强师计划》等，这些政策文件对我国教师教育的发展起着重要的引领作用。毋庸置疑，政策的制定是为了追求价值、创造价值、实现价值与分配价值。价值取向即价值主体依据当前的认识水平，以一定的客观价值标准为依据，在实践过程中所表现出的心理倾向与行为趋向。教师教育政策的价值取向是政策的制定者依据自身的理论水平与实践经验，以一定的客观标准为依据，在制定教师教育政策时所表现出来的心理倾向与行为趋向。不同时期、不同条件和不同任务下，教师教育政策也表现出不同的期待与要求。对新中国成立以来我国教师教育政策进行简要梳理，可以清晰且有效地把握教师教育政策的演进逻辑。

一、规模与内涵的协调统一

规模意指所形成的格局、形式或范围，从根本上来说是一种通过量的增加与上升而达到和实现的。同时，规模也是一种外在的、肉眼可视的状态，更多的是一种横向上的拓宽，追求的是广而宽。在教师教育政策领域，"规模"的内涵更加丰富多样，多指通过教师教育政策的颁布与制定来实现教师培养体系的构建与扩展。

内涵，在这里作为规模的相对概念，原意指事物内部所含有的实质或意义，反映的是事物本质属性的总和，从事物本身的应然状态进行考察与建构，即事物质的规定性。它不是一种量的增加与上升，而是一种深度的挖掘，一种内在的本质的状态。它强调的是纵向上的延展，主要体现了事物内在属性的变化，聚焦事物的结构、规模、质量与效益的统一协调发展。在本章所讨论的教师教育政策中，其所指的是教师教育政策的内涵式发展——从关注教师教育政策的外在维度走向政策的内在本质，从关注教师教育的规模到关注教师的知识结构、能力素养以及师德情怀。其价值追求在于实现教师教育优质化、个性化的发展，提高教师专业素养，落实立德树人根本任务。

从规模到内涵的转变，是时代发展的客观要求，更是教师教育规律的内在要求。它体现的是对教师教育这一"工作母机"的重视与关注，是师范教育从快速发展到高质量发展的过程。当然，规模与内涵并不是对立的两极，关注教师教育内涵建设的同时并不是将规模置于虚无的状态，其同样需要兼顾教师教育规模的扩展以及数量的充实，这是教师教育发展的前提性条件。从规模走向规模与内涵并重且以规模为重点的教师教育才能有效地保障我国教育事业的繁荣发展，促进学生核心素养的落实。新中国成立以来，教师教育政策发展所表现出来的一个显著特征是从注重外延发展到统筹兼顾外延和内涵建设。

（一）不断调整教师教育结构

恢复建立三级师范教育体系，形成独立化的教师培养体系。长期以来，我国师范教育体系由"中师（幼师）—师专—师范大学（学院）"三个层次构成，分别负责培养小学（幼儿园）、初中和高中师资。这一结构在新中国成立初期是符合我国国民教育水平较低、基础教育规模庞大、教师缺口较大的基本国情的。在教育部强有力的指导和支持下，我国自 20 世纪 70 年代末就开始逐步恢复和建立各级师范院校。在改革开放之初相当长的一段时间内，教师教育政策的制定与实施，主要围绕着加快推进教师教育的外延发展进行。1978 年恢复和增设的 169 所普通高等学校中，师范院校有 77 所，占全部新增高校近一半的比例。到 20 世纪 80 年代，各级师范院校在日趋健全的教师教育体系的保障下呈现出一片蓬勃发展之势。1978 年发布的《关于加强和发展师范教育的意见》中，要求各地办好和新建若干所四年制的本科师范学院（大学），使其承担起为本省、市、自治区培养高中、中师教师和培训师专教师的任务，以尽快恢复师范教育的培养体系，扩大师资培养培训的范围和规模。

创办了专门性的师范院校，培养基础教育所需的各种师资。如创办专业师范学院，为中等专业学校培养教师；创办民族师范学校，为少数民族地区培养教师；在有条件的中等师范学校或盲聋哑学校，开设盲聋哑师资班，培养特殊教育所需的师资等。1979 年经国务院批准，在天津、山东、河南、吉林设立四所技工师范学院，为技工学院培养师资，学制四年，开创了我国建立专门培养职业技术学校师资的高等职业技术师范院校的新时代。此后，各类专门性的师范院校如雨后春笋般地陆续建立发展，规模不断扩大。[①] 2018年，教育部等五部门印发的《教师教育振兴行动计划（2018—2022年）》中提出："经过5年左右努力，办好一批高水平、有特色的教师教育院校和师范类专业，教师培养培训体系基本健全，为我国教师教育的长期可持续发展奠定坚实基础。"

（二）不断提升教师教育质量

质量是教育工作的生命线。随着九年义务教育的普及，人们受教育程度的增高，在教师教育外延发展取得了突破性成就后，有关内涵建设的问题日渐凸显出来。为了实现教师教育健康长远的可持续发展，适应不断变化的社会需求，教师教育的高质量发展逐渐被提上日程，教师教育政策的关注点也由此发生了转变。

积极开展教育教学改革，以提升教师教育质量。1978年，教育部印发的《关于加强和发展师范教育的意见》中明确提出，要积极进行教育和教学改革，不断提高师范教育培养质量。1993年，教育部颁布的《中国教育改革和发展纲要》中明确提出：高等教育的发展，要坚持内涵发展为主的道路，努力提高办学效益。该文件的发布为教师教育转向关注内涵建设提供了有力的政策导向。从后期出台的一系列教师教育政策的文本表述中就能看出，教师教育政策开始围绕教师教育内部的更加根本和更加具有实质性、决定意义的因素进行调整与变革。2017年，国务院印发《国家教育事业发展"十三五"规划》，其中提到要不断深化教育综合改革，将顶层设计和实践探索有机结合，充分调动基层特别是广大学校、师生的积极性、主动性和创造性，创新体制机制和人才培养模式；要统筹利用国内国际教育资源，广泛借鉴吸收国际先进经验，进一步提升教育对外开放水平，通过改革创新和对外开放解决难题、激发活力、推动发展。提升教师教育质量已成为教师教育政策的关注焦点。

优化教师教育目标，由"技术型"向"研究型"过渡。1999年发布的《面向21世纪教育振兴行动计划》，针对我国教师学历水平较低的情况，提出要开展对现有的中小学校长与专任教师的全员培训和继续教育，"2010年前

---

① 杜智华. 我国教师教育政策价值取向研究：以改革开放后重要教育政策文献为蓝本［D］. 长沙：湖南师范大学，2010.

后，具备条件的地区力争使小学和初中专任教师的学历分别提升到专科和本科层次，经济发达地区高中专任教师和校长中获硕士学位者应达到一定比例"。进入 21 世纪，随着知识经济进程加快和教师专业化程度提高，教师不再仅仅是现成理论知识的接受者、传播者，而是知识及教育活动的反思者、研究者和创造者。教师不仅要掌握基本的教育教学技能，还必须具有广博的学科知识。2007 年，由教育部办公厅、财政部办公厅发布的《关于组织实施中等职业学校专业骨干教师培训工作的指导意见》中明确了培训的任务与目标，即要通过培训"造就一大批专业理论水平高、实践教学能力强，在教育教学工作中起骨干示范作用的'双师型'优秀教师和一批高水平的职业教育教学专家"[1]。2021 年 4 月，教育部办公厅印发了《中学教育专业师范生教师职业能力标准（试行）》等五个文件，对教师教育目标展开了详细的描述，进一步优化了教师教育的目标体系。

创新人才培养模式，满足对优质教师的需求。2001 年发布的《国务院关于基础教育改革与发展的决定》中规定："制订适应中小学实施素质教育需要的师资培养规格和课程计划，探索新的培养模式，加强教学实践环节，增强师范毕业生的教育教学与终身发展能力。"2002 年印发的《关于"十五"期间教师教育改革与发展的意见》中提出："加大教师教育专业结构调整力度，继续推进培养模式和课程体系改革，提高培养质量，培养适应全面推进素质教育的新型教师。"此外，教育部还提出要研究制定《教师教育课程标准》，这标志着教师教育课程体系改革的展开。在新政策的推动下，各师范大学纷纷开展教师教育培养模式的探索与创新，形成"3＋1"（即在接受一般本科教育时选修教师教育模块课程）、"4＋1"（取得本科学历后再到教师教育机构接受专业训练）、"4＋2"（从应届本科毕业生中直接招收教育硕士学生）等培养模式。教师教育课程也从传统的"教师教育课程"嵌入"学科专业课程"的设置模式转向二者相对分离的独立设置模式。这一变革顺应了世界教师教育模式的发展趋势，强调教师培养的"学术性"与"师范性"并重，体现了我国教师教育事业的创新性发展。[2]

---

① 何东昌. 中华人民共和国重要教育文献（2003—2008）［M］. 北京：新世界出版社，2010：1387-1388.

② 杜智华. 我国教师教育政策价值取向研究：以改革开放后重要教育政策文献为蓝本［D］. 长沙：湖南师范大学，2010.

（三）不断完善教师教育专业标准

2002 年，教育部印发的《关于推进教师教育信息化建设的意见》中提出，为了适应信息化社会的发展要求，以信息化带动教育现代化，促进教师教育跨越式发展，要全面提高中小学教师队伍的信息素养。2005 年，《关于启动实施全国中小学教师教育技术能力建设计划的通知》中提出："建立中小学教师教育技术培训和考试认证制度……全面提高广大教师实施素质教育的能力水平。"其愈加凸显了教师教育政策对教师综合素质和能力的培养，教师教育质量得到了有力的保证。2011 年颁布的《教师教育课程标准（试行）》，是我国教育史上第一部关于教师教育课程的国家标准，旨在规范和引导教师教育课程的设置和运行，切实提高教师教育的质量，为教师的成长提供专业的课程保障。随后，教育部颁布《中学教师专业标准（试行）》，提出了"学生为本""师德为先""能力为重""终身学习"四个基本理念，体现了信息社会背景下对教师素质和专业发展所提出的新要求。2018 年，教育部等五部门印发的《教师教育振兴行动计划（2018—2022 年）》中提出："经过 5 年左右努力……师德教育显著加强，教师培养培训的内容方式不断优化，教师综合素质、专业化水平和创新能力显著提升，为发展更高质量更加公平的教育提供强有力的师资保障和人才支撑。"

综上所述，教师教育政策在 70 余年的发展演变中，经历了由注重外延发展到统筹兼顾外延和内涵建设的过程，使得教师教育的结构更加趋于合理，外延和内涵的发展得到双重提升，并逐渐形成了规模宏大、层次分明、结构完备、开放灵活的培养体系。教师教育的高质量发展必将改革以教师数量满足为目标的粗放式的教师教育发展模式，把我国教师教育的重心由聚焦教师数量短缺转变为保障和不断提高中小学教师的素质和质量。我们要以培养高素质、专业化的高质量教师为目标，重建我国教师教育发展模式。[①] 为此，我们必须建立具有中国特色的、面向新的历史时期的我国教师标准与教师教育标准体系和相应的教师专业化保障制度，建立现代教师教育制度，全面提高教师教育质量。为实现该目标，我们需要建立面向新的历史时期的教师标准和教师专业标准，依据面向新时期的我国教师标准和教师专业标准，建立各级各类学校的多层次的教师资格标准、教学标准和评估标准，建立教师教

① 曲铁华，王美. 近三十年来我国教师教育政策变迁的特点、问题与解决路径［J］. 四川师范大学学报（社会科学版），2016，43（2）：82-87.

育机构的资质标准、教师教育的课程鉴定标准、教师教育质量评估标准等。最后以教师教育质量保障体制为核心建立现代化的教师教育制度，以保障教师教育机构具有符合教师标准和教师专业标准要求的教育品质，适应未来我国教师教育机构多样化的状况。

二、效率与均衡的齐头并进

教师教育政策的价值取向从本质上看是政策主体的一种利益表达，反映的是教育政策主体的价值倾向。而教育政策主体在完善教育政策体制、形成教育政策价值取向时，必须坚持效率与公平的统一，即教师教育政策要努力协调好利益的最大化与利益的均衡化之间的关系。

效率是经济学的范畴。效率是指对某一事项的投入与产出的比值，其基本含义是指单位时间内完成的工作量，在同等时间的情况下实现的效益最大化，也可以表示最有效地使用社会资源来满足人们的愿望和需要。效率有正负之分，正效率说明产出大于投入，是相对积极的结果，且比值越大效率越高。负效率说明产出小于投入，是消极的结果，比值越大效率越低。教师教育政策中的效率是一种目标驱动下的行为倾向，通过一些政策文件来迅速实现预期的目标。从新中国成立到改革开放前夕，我国一直坚持"效率为主，兼顾公平"的政策。在城乡二元结构的影响下，为了充分、有效地利用有限的教育资源，政府在涉及教师职前培养、入职教育、教师职后培训等教师教育资源配置与利益调整过程中，首先立足城市并优先发展城市型的教师教育。这是效率为主在教师教育政策中的集中体现。

均衡，在现代汉语词典中解释为平衡。它可以指时间上的均衡、空间上的均衡以及物质上的均衡等。均衡，不是平均，它不是一刀切的一视同仁，也不是不顾个性的虚假平衡，平均是均衡的重要基础，但平均并不意味着均衡。其各部分之间是一种动态的对等关系，背后蕴含的核心是公正。公正是伦理学中的重要概念，是社会主义核心价值观的重要内容。在教育领域中追求均衡，实现教育公正，既是推进教育事业健康发展的一个关键，也是广大民众对教育利益的基本价值诉求。不论是教育制度的公正，还是教育政策的公正，都涉及对公民基本受教育权利、机会和义务的根本性或基础性的利益分配。如调整教育政策，统筹推进城乡义务教育一体化发展，逐步缩小城乡教育差距，促进教育公平，这些都是教育政策走向均衡的重要表现。

均衡本身并非最终目的，缩小差距并实现各领域和谐共生才是均衡的最终目的。缩小差距并非消除差距，只是一种鼓励适当差距中实现的相对均衡。在这种适当差距范围内的相对均衡状态中，有效协调各种利益关系并确保各相关主体、教育领域各范畴及整个社会发展的和谐，是教师教育政策均衡所追寻的整体效益价值。[①] 教师教育政策的均衡是指在政策的制定与颁布过程中，秉持公正的原则，在保证教师教育整体高效发展的同时，统筹各种教师教育资源，进行均衡化、合理化的分配，进而保障不同区域、不同地域、不同经济状况的教师都能实现自身的专业发展。均衡主要体现在国家制定教师教育政策时，促进少数民族地区与汉族居住区、城市与乡村、中西部地区与东部地区之间的和谐发展。我国的乡村教师振兴计划、免费师范生政策、特岗教师政策以及西部边远地区教师发展等政策文件，都体现了对教师教育政策均衡化的关注与重视。

从效率到均衡是一个持续不断的过程，是一个认识逐渐深化的过程，是一个更加公平的过程。在这个过程中强调的是全员参与、全程融入。其不仅包括教师教育政策在起点上的公平，还包括在过程上的公平以及结果上的公平。

纵观教师教育的政策文本可以发现，早期教师教育政策的目标在于迅速恢复师范教育培养教师的功能，对不合格的教师进行大规模范围内的补偿性学历培训。如1977年印发的《关于加强中小学在职教师培训工作的意见》中提出要尽快建立和健全省、地、县、社和学校的师资培训网络，经过有计划的培训，力争三年内使文化水平较低的初高中教师在所教学科方面，分别达到师专和师院程度。1980年印发的《关于加强高等师范学校师资队伍建设的意见》中指出：各校根据需要与可能制定3—5年的师资队伍建设规划；加强管理，恢复和建立必要的规章制度，切实保证教师的进修时间。1985年颁布的《关于教育体制改革的决定》中强调教育体制改革的根本目的是"提高民族素质，多出人才，出好人才"，教育必须为社会主义建设服务，要争取在5年或者更长一点的时间内，使绝大多数教师能够胜任教学工作。其目的在于提高教师的教育教学专业知识与技能，力争尽快达到国家规定的合格教师最低标准和水平，以为经济建设和社会发展又快又好地培养所需人才。

效率被作为主要的目的与价值，如何在短时间内实现既定的目标成为该

---

① 徐小容，朱德全. 义务教育均衡发展的推进逻辑与价值旨归［J］. 教育研究，2017，38（10）：37-45.

阶段教师教育关注的焦点，而公平均衡在这时仅作为补充性的价值存在。[①]
在这 70 余年的历程中，均衡化俨然已经成为当前教师教育发展的主流性价值
取向。教师教育政策的价值取向从"效率优先"到更加强调"公平均衡"是
逐步转化并推进的，教师教育在不断反思中回归"公平均衡"的道路。

（一）推进中西部地区教师教育发展

新中国成立后，教师教育的重点工作在于巩固和发展初等教育和师范教
育，目的在于稳定和发展小学教育，培养百万人民教师，迅速提升人民群众
的文化水平。1959 年，杨秀峰发表了《积极进行教学改革，多快好省地发展
教育事业》的讲话。"多快好省"深刻地展示了新中国成立之后教师教育政策
的效率倾向。历经"文化大革命"之后，中国社会的方方面面都遭到了严重
的破坏，百废待兴，经济建设成了核心的任务。"让一部分人先富起来"以及
"效率优先，兼顾公平"成为政治、经济、文化领域内众多政策的价值理念和
先行指导思想，这也造成了东部地区与中西部地区的教育差异。

1999 年，中共中央、国务院颁布的《关于深化教育改革全面推进素质教
育的决定》中首次提出"以提升全体教师为目标进行教师教育"的要求，这
一提法实现并推进了教师教育的平等性与全员性。进入 21 世纪以后，国家加
强了对西部地区教师教育工作的重视。如 2000 年印发的《中小学教师继续教
育工程方案（1999—2002 年）》及实施意见，特别强调要加强农村、少数民
族和边远贫困地区中小学教师的培训。2002 年颁布的《关于"十五"期间教
师教育改革与发展的意见》中强调要"加大对西部地区教师教育的支持力
度"。2004 年《关于启动新一轮民族、贫困地区中小学教师综合素质培训项
目暨新课程师资培训计划（2004—2008 年）的通知》、2006 年《农村义务教
育阶段学校教师特设岗位计划实施方案》、2008 年《关于组织实施 2008 年暑
期中西部农村义务教育学校教师国家级远程培训的通知》等政策文件都说明，
国家将教师教育政策的制定着力点，放在平衡中西部与东部之间的差异，实
现教师教育的均衡化发展，保证教师教育的公平和平等上。[②] 2010 年印发的
《国家中长期教育改革和发展规划纲要（2010—2020 年）》中明确提出，把

① 檀慧玲，王晶晶. 近十年我国教师教育政策的调整及未来发展趋势［J］. 湖南社会科学，
2012（4）：204-208.
② 何东昌. 中华人民共和国重要教育文献（2003—2008）［M］. 北京：新世界出版社，2010：
493-499.

促进公平作为国家基本的教育政策。由此我们不难看出，国家在宏观上已经明确遵循教育公平这一根本性的政策指导原则，将公平作为教师教育政策努力之导向，促进教育领域内公平的实现与普及。2020年，教育部等六部门印发的《关于加强新时代乡村教师队伍建设的意见》给予了中西部教师专业发展进一步的政策保障。

（二）统筹规划城乡教师教育发展

实行农村学校发展计划。新中国成立初期的教师教育政策是希望教育能在较短的时间内承担起培养大量的各级各类建设人才的重任，尽快提高教师的学历标准，师范教育体现出强烈的"效率优先"的功能主义倾向，导致效率泛滥，公平缺失。尤其是1997年师范大学逐步实行收费制度以来，优秀生源报考师范学校的数量明显减少，加上受到地区发展不平衡的外部客观因素和传统、现实观念的影响，中小学教师在就职时普遍考虑城市和发达地区，致使教师资源分布极不均衡。面对这一问题，教育部在六所部属师范大学实行免费师范生教育政策规定，其目的是更好地促进教育发展和教育公平，为农村基础教育发展提供优质师资。除此之外，还实行了农村义务教育阶段学校教师特设岗位计划，吸引更多优秀大学毕业生到农村学校任教，大力促进教育公平，推动城乡义务教育一体化发展。如2019年教育部办公厅、财政部办公厅发布的《关于做好2019年农村义务教育阶段学校教师特设岗位计划实施工作的通知》中提出："要采取切实措施加强特岗教师培训，尤其是针对非师范专业毕业生，认真做好入职前的师德教育与教学培训工作。要在'国培计划'实施中统筹安排，开展特岗教师专项培训，帮助特岗教师尽快成长。"2021年，教育部办公厅、财政部办公厅发布《关于做好2021年农村义务教育阶段学校教师特设岗位计划实施工作的通知》，进一步重申了该目标定位。

提升农村教师整体素质。2003年发布的《关于进一步加强农村教育工作的决定》《关于实施全国教师教育网络联盟计划的指导意见》中提出，教师网联计划实施分"三步走"，其中第一阶段要重点面向农村，配合中小学现代远程教育工程的实施，充分发挥教师网联的优势，因地制宜地运用光盘教学、卫星电视教育、网络教育等各种模式，共享优质教育资源，有效地开展各种层次和规格的教师学历教育和非学历培训，大幅度提高中小学教师队伍素质。2007年发布的《关于教育部直属师范大学师范生免费教育实施办法（试行）的通知》把关注点放在提高农村教师队伍的整体素质上。2011年发布的《关于大力加强中小学教师培训工作的意见》中明确提出："以农村教师为重点，有计划地组织实施中小学教师全员培训。全员培训要按照基础教育改革发展的要求，遵循教师成长规律，着力抓好新任教师岗前培训、在职教师岗位培训和骨干教师研修提高。"2017 年 1 月发布的《国家教育事业发展"十三五"规划》中强调统筹规划城乡教育发展，全面提升教育发展共享水平。2017 年 9 月，中共中央办公厅和国务院办公厅印发的《关于深化教育体制机制改革的意见》中指出，要构建政府、学校、社会之间的新型关系，完善义务教育均衡优质发展的体制机制，推进教育治理体系和治理能力现代化。2018 年 1 月，中共中央、国务院出台的《关于实施乡村振兴战略的意见》中提出："优先发展农村教育事业。高度重视发展农村义务教育，推动建立以城带乡、整体推进、城乡一体、均衡发展的义务教育发展机制。"

（三）关注民族地区教师教育发展

自十一届三中全会后，少数民族教育事业面临百废待兴的局面。国家通过政策、法律等各种途径大力扶持少数民族教育事业的发展，积极探索符合少数民族地区特点的民族教育体系，使其逐渐步入正轨。当时，少数民族教师数量严重短缺，培养合格的少数民族师资是少数民族教师专业发展的重要任务。为此，国家采取了两项措施：一项是将边境地区的民办教师转为公办教师；另一项是加强民族师范学校建设。20 世纪 90 年代末，国家明确了民族教育的发展任务和指导方针，民族教育加快了改革的步伐，进入了新的发展阶段。此时，在少数民族教师建设方面关注两点：一方面是继续提升职前培养质量，为民族中小学配备合格教师；另一方面是加大合格汉语教师的培养力度。可以说，在 20 世纪 80 年代初至 90 年代末，民族教育面对的外在诉求还比较单一，双语教育的推行也处于起步阶段。

进入 21 世纪，少数民族教师专业发展已处于纷繁复杂的背景中。2001 年，国务院办公厅在北京召开学校对口支援工作经验交流会，提出要促进贫困地区和少数民族地区义务教育的发展，加强少数民族地区教师队伍建设。2002 年发布的《关于深化改革加快发展民族教育的决定》中提出了一系列加快民族教育发展的政策措施，民族教育质量问题成为关注的焦点。2005 年发布的《关于进一步加强民族工作加快少数民族和民族地区经济社会发展的决定》中提出："加强教育对口支援和师资队伍建设，鼓励和支持大中城市教师、高等学校毕业生到民族地区基层任教。支持民族地区发展科学技术事业，推动科学技术进步，普及科学知识，推广使用先进适用技术。"2011 年印发的《关于做好少数民族双语教师培训工作的意见》中突出强调："加强双语教师培训，提高双语教师教育教学能力，建设一支合格的双语教师队伍，是贯彻落实教育规划纲要、提高双语教师整体素质的重要举措，对提高双语教育教学质量具有重要的意义。"2015 年发布的《关于加快发展民族教育的决定》中提出："民族地区要制定教师队伍建设专项规划，推进师范院校专业调整和教学改革，重点培养双语教师。"少数民族地区的教师教育逐渐得到了关注与重视，其背后体现的是均衡、公平的价值走向。

三、工具与人文的和谐发展

所谓工具性是指在特定的历史条件下，国家制定和颁布教师教育政策方针，引导教师教育发展，其主要目的是使教师教育成为促进国家经济繁荣、社会稳定发展的重要工具，关注的是教师教育政策的社会价值，焦点在于教师能够为国家经济、政治、文化带来何种效益。众所周知，教育具有一定的功能，从不同维度进行划分可以得到不同的分类。其中一项分类便是教育的个体功能与社会功能，也是学者们讨论最多的一种功能分类。其中，社会功能主要表现为经济功能、政治功能、文化功能、人口功能等方面。例如，教育能够促进劳动力的再生产，提升国家综合竞争力，实现文化的传播与延续、创新与发展。在这样的认知取向下，教师成为国家发展的工具，政策是保障该目的顺利实现的外在条件。在工具理性占主导的价值取向指引下，教师教育政策的制定与实施，虽然直接目的是促进经济建设和社会发展，但是政策的颁布与实施在一定程度上为教师教育的发展提供了适宜的条件与土壤，间接地促进了教师教育事业的发展。

人文性是指政策的制定者充分意识到了教师的价值地位、教师教育的重要程度，更多地从教师的主体价值需求出发，遵循教师教育的基本规律，充分利用和整合各种社会资源来促进其科学发展，进而实现教师群体专业素养和专业情意的全面提升。在这个过程之中，政策的落脚点是教师本身，是如何培养出一名有理想信念、有道德情操、有扎实学识和有仁爱之心的高素质教师，是从经师到人师的华丽转变。在这个过程中，更多关注的是教师的内在需求，体现的是"以人为本"的价值追求，并且将教师置于主体位置，追求的是公正、发展与创造。① 而在人文价值取向占主导的情况下，政策更多

---

① 吴遵民，傅蕾. 我国 30 年教师教育政策价值取向的嬗变与反思 [J]. 杭州师范大学学报（社会科学版），2011，33（4）：93-100，128.

地关注教师自身的价值与发展，聚焦教师主体自身，考虑其存在与发展的有效路径，这时教师便是政策的中心与主角。但是，教师的专业发展与需求满足在一定程度上提升了教育教学质量，进而起到了促进经济建设和社会发展的作用，只不过此时的教师教育政策外在的社会性价值，开始成为教师教育自身发展的附属性价值存在，而并非起决定性和主导性的作用。①

工具和人文两种价值取向并不是截然对立和水火不容的关系，更确切地说是相融相生的关系。社会是由个人组成的，从这里出发考虑，政策的工具价值与人文价值在根本上或在很大程度上是一致的，它们之间并不存在多大对立。人是教育的对象，教育是发展人的手段。离开了人，教育本身将不复存在；离开了教育的内在价值，教育就无从反映和促进社会的发展。但另一方面，教育的内在价值受外在价值的制约，脱离了社会历史的发展，就谈不上个体的发展；脱离了教育的外在价值，教育的内在价值就成了无法衡量的抽象的东西了。

教师教育政策价值取向从工具到人文的转变，受时代因素的影响。经济全球化的快速发展，知识经济的到来，使国家间的竞争演变为人才的竞争。若想在世界之林中拥有一席之地，培养具有创新意识和实践能力的学生刻不容缓，而这一目标的实现离不开高素质的教师，离不开高效的教师教育，更离不开科学的教师教育政策的保障。但是，其价值转变更主要地来自对教师角色的深刻认识，对教师专业发展规律的充分尊重，对教师教育本质的进一步把握，对"人"的关注与尊重，是以人为本的教育理念在实践中落实的微妙体现。

新中国成立之初，教师教育政策的工具性倾向十分明显，注重社会需要的外在价值。国家教育政策制定与颁布的主要目标是培养合格的且能够投入生产的劳动者与建设者，教育的发展毫无疑问被置于为国家经济发展服务的总目标之下②，强调教师教育政策为政治、经济服务的政治价值、经济价值。换言之，教育政策的制定者在当时并未意识到教师教育自身的客观规律与其独特性，也没能从其内在规定性上去认识和把握教师教育的本质特征，只是一味地将其作为一种工具进行要求和规定。随着人们对教师教育认识的加深，

① 曲铁华，崔红洁. 我国教师教育政策的演进历程及特点分析：基于（1978—2013）政策文本的分析 [J]. 国家教育行政学院学报，2014（12）：56-62.

② 曲铁华，崔红洁. 我国教师教育政策价值取向变迁的路径与特点：基于1978—2013年政策文本的分析 [J]. 现代大学教育，2014（3）：70-76，113.

教师教育政策已逐渐从单纯注重社会效益的理性工具主义向注重教师专业及教师个人发展的合理方向转变，"以人为本"逐渐成为各领域政策制定与实施的落脚点，成为教师教育政策价值取向在变迁过程中呈现出的最显著特点。教师教育政策的制定，越来越以保障教师利益、提高教师综合素质为出发点，促使"以人为本，和谐发展"的特点在文本中显现。

（一）不断探索教师教育规律

新中国成立后，百废待兴，迫切需要恢复和建立教师教育的正常秩序。1950 年，我国颁布了《北京师范大学暂行规程》和《高等学校暂行规程》，新中国成立以来有关高等教育的正式法令就此问世。1952 年，教育部颁布《关于高等师范学校的规定》《师范学校暂行规程》及《关于大量短期培养初等及中等教育师资的决定》，提出在今后三五年内师范教育以大量短期训练为重点。在这些文件的影响下初等师范教育迅速崛起，发展势头迅猛。随后为了改善中等师范师资短缺的问题，我国先后在 1953 年和 1956 年颁布了《师范专科学校教学计划（草案）》和《高等师范学校师资培养试行办法》。"大跃进"期间，学校数量猛增，教学质量下降。1961 年，《全国高等学校及中等学校调整工作会议纪要》中提出要贯彻"调整、巩固、充实、提高"的方针，纠正之前盲目发展教师教育的激进做法。随后到来的"文化大革命"，给我国教师教育又一重创。在这一时期，我国教师教育处于探索发展阶段，对教师教育的内在规律尚未清晰理解，对教师教育的重要性认识仍然不足，发展教师教育的主要目的在于恢复以往秩序，加快重建步伐，对于教师更多的是外在的规定与约束，处于一个较低水平的发展状态。[①]

2002 年，教育部下发《关于"十五"期间教师教育改革与发展的意见》，首次提出"教师专业发展"的概念，但对于教师作为生命个体的理解还不够透彻，对其发展的内部规律还停留在表层。随后，《教育部关于大力加强中小学教师培训工作的意见》中也提出："围绕教育改革发展的中心任务，紧扣培养造就高素质专业化教师队伍的战略目标，以提高教师师德素养和业务水平为核心，以提升培训质量为主线，以农村教师为重点，开展中小学教师全员培训，努力构建开放灵活的教师终身学习体系，加大教师培训支持力度，全面提高教师素质。"从文件的表述中可以看出，政策的制定者逐渐从教师教育

① 闫建璋，王换芳. 改革开放 40 年我国教师教育政策变迁分析［J］. 教师教育研究，2018，30（5）：7-13.

自身发展的需要与方向着手，尽力制定出一个个符合教师教育发展规律，同时为社会发展与进步服务的政策。

（二）愈发关注教师的主体需求

自 1978 年改革开放以来，国家开始大力发展国民经济。这一年教育部发布了《关于加强和发展师范教育的意见》，其中明确指出要"大力发展和办好师范教育"来满足社会主义革命和建设的需要。随后，1985 年颁布的《中共中央关于教育体制改革的决定》中又明确提出教育必须为社会主义建设服务。1993 年颁布的《中国教育改革和发展纲要》仍采用了类似的表述，提出教育要"更好地为社会主义现代化建设服务"，在论述教育与经济建设的关系时主张教育要服从和服务于经济建设，促进社会的全面进步。从上述三个典型性文件的相关规定中可以看出，改革开放对经济发展的要求直接作用在教师教育的政策文件之中。

20 世纪 90 年代中后期，我国社会发展进入了新的转型时期。随着计划生育政策的有效实施，适龄入学儿童数量随之减少，上学难的问题得到了有效的缓解。这一时期，高等教育大众化时代到来，师范毕业生的数量大幅增加，出现了教师供给量明显大于教师需求量的状况。教师的供求关系，由数量矛盾演变为结构矛盾，对教师综合素质的要求超过了对数量的满足。因为素质教育观念的逐步普及以及国家课程改革的不断酝酿发酵，1998 年之后，这一状况有了明显的扭转与改善。教师教育政策在制定时开始关注教师个体的价值取向，逐渐从工具理性主义向工具与人文并重过渡。2011 年和 2012 年颁布的《国家教师教育课程标准（试行）》和《幼儿园/小学/中学教师专业标准（试行）》中，提出了对教师素质和专业成长的新要求，在一定程度上体现了国家对教师个体发展的尊重，但是由于政策内容较为零散，关注的力度较弱，范围较为局限。进入 21 世纪，在倡导构建"以人为本"的和谐社会背景下，关注教师本位的价值取向成为当今教师教育政策发展的重要价值追求。

新时期的教师教育政策本着"以人为本"的原则，以教师为中心，将培训作为一种服务提供给教师，强调教师作为个体的培训需求，明显体现了教师教育政策重视教师个人需求的特点。长期以来形成的教师教育政策重社会需要轻教师个人需要的现状已经得到改善，且社会需要和教师个人需要开始得到平衡并重。

（三）不断强化教师队伍建设

1999 年颁布的《关于深化教育改革全面推进素质教育的决定》中提出要优化结构，建设全面推进素质教育的高质量的教师队伍，把提高教师实施素质教育的能力和水平作为师资培养、培训的重点，这也标志着第八次基础教育课程改革的正式开始。2001 年颁布的《关于基础教育改革与发展的决定》中提出要"增强师范毕业生的教育教学与终身发展能力"，把终身发展能力写进政策规定之中。2002 年印发的《中小学教师队伍建设"十五"计划》中提出要"建设一支数量适当、分布合理、结构优化、富有活力的高素质、专业化的中小学教师队伍"，相较于以往的政策文件，该文件对教师队伍的理解有了进一步的发展。[①] 2007 年，教育部又印发了《国家教育事业发展"十一五"规划纲要》，进一步指出要培养高素质新型教师、教育硕士、全民教育家，实现教师教育持续发展。同年，《关于组织实施中等职业学校专业骨干教师培训工作的指导意见》中提出培训的主要目标是："为中等职业学校造就一大批专业理论水平高、实践教学能力强，在教育教学工作中起骨干示范作用的'双师型'优秀教师和一批高水平的职业教育教学专家。"这体现了教师教育政策致力于培养教学科研能力更突出、更优秀的新型骨干教师和教育教学专家，以提升教师个体的专业化素质和能力为核心，关注并重视教师自身的全面和谐发展。[②]

《教育部 2016 年工作要点》中再次提出要培养造就高素质专业化教师队伍，"推进教师教育改革，深入实施'卓越教师'培养计划，加快研制中小学教师校长培训课程标准。深入实施全国中小学教师信息技术应用能力提升工程"。2018 年 1 月，《中共中央 国务院关于全面深化新时代教师队伍建设改革的意见》中提出必须深刻认识教师队伍建设的重要意义，"教师承担着传播知识、传播思想、传播真理的历史使命，肩负着塑造灵魂、塑造生命、塑造人的时代重任，是教育发展的第一资源，是国家富强、民族振兴、人民幸福的重要基石"。随后，教育部等五部门印发了《教师教育振兴行动计划（2018—2022 年）》，提出要采取切实措施建强做优教师教育，推动教师教育改革发展，全面提升教师素质能力，努力建设一支高素质专业化创新型教师

---

① 何东昌. 中华人民共和国重要教育文献（2003—2008）[M]. 北京：新世界出版社，2010：423-449.

② 于兴国. 转型期中国教师教育政策研究 [D]. 长春：东北师范大学，2011.

队伍。

总之，我国教师教育政策在 70 余年的流变中人文价值的意味日益增加，逐渐以科学、合理的政策价值选择来指导教师教育政策的制定与执行，使教师教育政策内容中的培养目标、培养任务、教育体制、职业发展性质真正体现对教师的关心、尊重、解放和满足，真正以促进教师个体全面发展和专业化为逻辑起点和最终归属，改变教师教育政策中工具理性的强势地位，使工具理性与价值理性处于一种较为平衡的状态。① 在此基础上，我们还需要建立健全教师的利益表达机制和民主参与制度，提供教师参与政策决策的途径，实现教师教育政策的程序伦理，从而确立教师教育政策的公平运行机制，为教育公平的真正实现提供精神动力和有效支撑，调动教师的积极性与创造性，使教师以饱满的热情投入工作当中，自觉担负起教育改革和发展的重要使命，在实现科教兴国的伟大战略目标中贡献自己的力量。

四、系统与开放的相融相生

通过解读新中国成立以来的教师教育政策文本，我们可以发现教师教育政策的发展历经了制定、调整、变革、再调整、再变革的纷繁复杂的过程，而在这一过程中，教师教育政策也开始由最初的一元化、系统化的价值取向转向多元化、开放化的价值取向。

系统性的价值取向表现在两个方面，具有双重内涵。一方面是教师的培养集中在不同层级的师范类高等院校。这种一元化的教师培养模式，虽然具有针对性，各级各类师范院校培养不同水平的教师，分工明确，但是随着经济社会的发展，对高素质、全面发展的教师需求越来越大，传统单一化的三级师范院校教师培养模式，就显得有些力不从心，难以适应当下时代对专业化教师的内在需求。此外，各个层次之间的教师教育被人为地割裂分离开，使得教师教育的实施失去了内在的顺序性。

另一方面，教师的培养集中在职前阶段。1897 年，盛宣怀在上海创办了中国近代第一所师范学校——南洋公学师范学院，宣告了中国近代师范教育正式建立，拉开了师范教育漫长发展史的帷幕。中国的师范教育，从诞生之日起，始终沿袭着历史的轨迹前进和发展。传统意义上的师范教育就是培养教师的活动，所以在相当长的一段时间内，从形式上来看，师范教育主要指

---

① 杨跃. 论我国教师教育政策研究 [J]. 南京师大学报（社会科学版），2018 (1)：60-66.

在师范院校进行的有关教师职前培养的教育教学活动，即师范大学、高等师专、中等师范学校分别培养高中、初中、小学和幼儿园教师。这就导致早期的师范教育，主要集中在教师的职前培养阶段，或者说只注重教师的职前培养，对于教师走向岗位之前的入职教育和走向岗位之后的在职培训很少关注。这种局面割裂了教师作为专业化人员经历成长、成熟、完善等一系列发展阶段而所应具备的职前培养、入职教育、职后培训之间完整连续、一体化的联系。①

随着时代的发展，知识经济与人工智能到来，传统的教师教育体系开始表现出独立封闭的弊端，其培养的教师学术水平较低、缺乏竞争意识，难以适应我国基础教育发展的需要。为了顺应经济社会及教育发展的新形势，我国及时调整教师教育发展策略，通过一系列政策创新引导教师教育体系由单一走向多元，由系统转向开放。多元表现在师资培养由师范类高等学校扩展为师范类学校与综合类学校并存的状态，让综合性大学参与到教师教育的培养培训体系中，与师范院校共同培养培训教师，提升教师专业素养，顺应社会发展潮流和趋势。② 同时拓宽和丰富教师教育的内涵和外延，逐渐将教师的职前培养、入职教育和职后培训，都纳入教师教育的体系之中，让教师教育成为一个连续化的过程、不间断的进程、终身学习的事业。

（一）建构灵活开放的教师教育体系

师范院校为教师教育主体。新中国成立后，在苏联师范教育模式的影响之下，我国逐步建立起独立定向的师范教育体系，借此为基础教育培养大批师资，为教育事业的发展作出贡献。20 世纪 90 年代之前，我国的教师教育制度一直坚持着一元化的培养模式。具体反映到政策文本上，如 1978 年印发的《关于加强和发展师范教育的意见》中指出，要"大力发展和办好师范教育"，对师范生实行统一的"国家分配"，这表明当时的教师教育政策采取的是定向培养的单一化培养模式，具有师范教育封闭化的典型特点。1980 年，在第四次全国师范教育会议上，确定了我国的师范教育分为三级，即高师本科、师范专科、中师，分别培养高中、初中、小学及幼儿园教师。由此，我国一元化的三级师范院校培养教师体系开始形成。1986 年开始生效的《中华

---

① 崔红洁. 改革开放以来我国教师教育政策研究 [D]. 长春：东北师范大学，2014.

② 檀慧玲，王晶晶. 近十年我国教师教育政策的调整及未来发展趋势 [J]. 湖南社会科学，2012（4）：204-208.

人民共和国义务教育法》第十三条规定："有计划地实现小学教师具有中等师范学校毕业以上水平，初级中等学校的教师具有高等师范专科学校毕业以上水平。"其正式确立了分工明确、各有侧重的院校教师培养体系。这种一元系统的教师培养模式是将各个阶段、各个层次的教师教育进行了人为的限制与割裂。这在一定程度上，不仅造成了教育资源的浪费，也不利于教师的终身发展。由于教师的数量基本满足了当时教育的需要，国家对于教师的要求不再仅仅是学历合格，而是教师整体素质的提升。

高水平综合大学积极参与。1993 年 10 月通过的《中华人民共和国教师法》第十八条提出："非师范学校应当承担培养和培训中小学教师的任务。"但这只是建议性的意见，并未在全国范围内凭借法律的强制手段得以保证实施。1999 年 3 月印发的《关于师范院校布局结构调整的几点意见》中提出"从我国国情出发，坚持独立设置师范院校主体作用，同时进一步拓宽中小学教师来源渠道，鼓励一批高水平综合大学参与培养中小学教师"，建立独立师范院校和非师范类院校共同参与培养教师的教育体系，由此开放共通的教师教育格局初显端倪。同年，《关于深化教育改革全面推进素质教育的决定》中提出要调整师范学校的层次和布局，鼓励综合性高等学校和非师范类高等学校参与培养、培训中小学教师的工作，探索在有条件的综合性高等学校中试办师范学院。2003 年，《非师范院校积极参与教师教育的行动宣言》正式宣告了综合性大学介入教师教育，这表明我国的教师教育体系发生了显著的变化。[①] 此后，彰显多元融合和教育资源整合宗旨的教师教育政策纷纷出台，初步建立起以师范院校为主体、综合性高校和非师范类院校共同参与的灵活性、开放式教师教育网络体系。[②] 2022 年 4 月，教育部等八部门印发的《新时代基础教育强师计划》，进一步强调了高水平综合性大学在教师教育中的重要地位。

整合多元化的教师教育资源。国家教育发展的纲领性文件中不断强调变革教师教育体系的重要性，从法律与政策上明确了"构建开放灵活的教师教育体系"的改革发展目标，确立了"形成以师范院校为主体，综合性高等学校及其他非师范类高等院校共同参与的灵活开放的教师教育体系"的教师教

① 全国非师范院校教师教育协作会. 非师范院校积极参与教师教育行动宣言［J］. 中国高等教育，2003（23）：37.

② 曲铁华，王美. 近三十年来我国教师教育政策变迁的特点、问题与解决路径［J］. 四川师范大学学报（社会科学版），2016，43（2）：82-87.

育发展的基本政策。其中包括 2001 年的《关于基础教育改革与发展的决定》、2002 年的《关于"十五"期间教师教育改革与发展的意见》、2004 年的《2003—2007 年教育振兴行动计划》及 2007 年的《国家教育事业发展"十一五"规划纲要》等。这些政策的出台和实施，明确了新时期我国教师教育改革创新与发展的基本思路与战略取向，构成了我国开放性教师教育体系的合法性基础。在此之后，整合多元化的教育资源进行教师培养在有关的教师教育政策文本中频繁出现。如建立培养与培训相互衔接配合的开放型教师教育体系，鼓励综合性大学积极参与和开展教师教育，构建以师范院校为主体、综合大学参与的开放灵活的教师教育体系等。这些政策的出台，强有力地展现了教师教育政策从一元化逐渐转向多元化的价值取向。

（二）逐步实现职前职后一体化

职前教育与在职培训相衔接。由于对教师教育长期以来的认识局限，改革开放初期的教师教育，仍然集中在教师的职前培养阶段，即仅在师范院校进行准教师的职前培养与教育活动，较少关注教师走向岗位阶段的专业化适应与发展的职后培训问题。1985 年，国家出台了《关于教育体制改革的决定》，在内容中出现培训在职教师和分期分批次轮训教师等文字陈述，但对于如何把教师职前教育与在职培训有效衔接起来，仍没有明晰要求，只是作为一种指导性的口号提出而已。1993 年，中共中央、国务院印发《中国教育改革和发展纲要》，也提出促进教师特别是中青年教师不断进修提高，但此政策内容也只是宏观的设想，对解决当时教师职前职后教育的分离局面，现实观照不足。此后，针对贯穿职前培养与职后进修全过程的教师教育的内容表述，在一系列政策文件中层叠出现。虽然以上政策文本中开始提及教师在职培训、教师进修等内容，但是与教师的职前培养还是处于分离割裂的状态，对于如何将教师的职前培养与入职教育、职后培训有机整合，尚未有足够的重视，从而也就缺乏明确的教师教育政策措施加以保证。教师职前培养与职后培训相分离的状态，一直持续到 20 世纪末、21 世纪初才开始得到改变和突破。

探索建立教师教育的新体系。1998 年印发的《关于加强中小学教师继续教育区域性实验工作的几点意见》中明确表示，要实现教师职前培养与职后培训相沟通的继续教育网络建设，通过实验树立终身教育思想，探索和改革中小学教师继续教育的模式。同年，《面向 21 世纪教育振兴行动计划》提出实施"跨世纪园丁工程"，要求以"不同方式对现有中小学校长和专任教师进行全员培训和继续教育"。从诸多已出台的教师教育政策文本中，我们可以看出教师教育政策价值取向在变迁过程中呈现出明显的均衡化、一体化的特点，这也成为教师教育政策发展的必由之路。再到 2003 年 9 月 4 日，教育部下发《关于实施全国教师教育网络联盟计划的指导意见》，其对于实施计划的具体步骤进行详细说明，要求分"三步走"，实现教师职后培训的有序顺利进行。这一系列的举措，改变了之前教师教育阶段分离的状态，逐步建立起职前培养与职后培训有机整合的良性的教师教育发展格局。[①] 在之后的教师教育政策文本中更是频繁出现"建立教师教育的新体系"，推进"教师职前培养、职后培训一体化"等表述。

（三）创新一体化教师培训方式

2011 年，教育部出台《关于大力加强中小学教师培训工作的意见》，不仅关注到职前职后教师培训一体化的问题，而且在培训内容、培训方式上进行了创新改革，如"充分发挥师范院校在教师培训方面的主体作用。鼓励和支持有条件的综合大学特别是高水平大学培训中小学教师。支持建设一批高水平的教师培训基地。鼓励具备资质的社会教育机构参与教师培训。积极开展教师培训国际合作项目。构建开放灵活的教师终身学习支持服务体系"。2017 年，国务院印发的《国家教育事业发展"十三五"规划》中提出要加强县级教师培训机构能力建设，整合高等学校、县级教师发展中心和中小学校优质资源，建立中小学教师校长专业发展支持服务体系。2018 年印发的《教师教育振兴行动计划（2018—2022 年）》中强调要支持建设一批由地方政府统筹，教育、发展改革、财政、人力资源社会保障、编制等部门密切配合，高校与中小学协同开展教师培养培训、职前与职后相互衔接的教师教育改革实验区，带动区域教师教育综合改革，全面提升教师培养培训质量。教师教育是在终身教育思想指导下，按照教师专业发展的不同阶段，对教师的职前培养、入职教育和在职培训的统称，必须通过制定政策引导教师职前培养与职后培训的双轨制改革。[②] 具体而言，这一体系不仅包括主要从事全日制教师职前培养的师范大学、师范学院、师范专科学校和中等师范学校，同时包括从事教师职后培训的教育学院和教师进修学校，由此实现了师范教育由"定向型"体制向"非定向型"体制的转变，真正建立起职前与职后相互沟

---

① 于兴国. 转型期中国教师教育政策研究 ［D］. 长春：东北师范大学，2010.

② 覃丽君，陈时见. 欧盟教师教育政策及其发展走向 ［J］. 比较教育研究，2013，35（12）：1-5，22.

通、相互衔接的一体化的教师教育体系。

总之，回顾我国教师教育政策的演变历史，梳理教师教育政策的变迁与发展，我们初步总结出其从规模走向内涵、从效率走向均衡、从工具走向人文、从系统走向开放的价值转变。但是这不是在追求一个终极的结果，而是一种结果被打破以后，再形成另一种结果，如此循环上升，实现教师教育的优质化发展。

第四章　我国教师教育政策的时代表征

　　新时代的中国，无论是考虑国家振兴还是对世界的贡献，都要求我们坚持把教育摆在优先发展的战略地位。决胜全面建成小康社会、开启全面建设社会主义现代化国家新征程、实现中华民族伟大复兴的中国梦，必须优先发展教育。实施人才强国战略的关键是教育创新，人才是知识的创造者、传播者和使用者，是创造财富最重要的资源。只有把教育搞上去，建设教育强国，才能化人口压力为人才优势，化人口大国为人才强国。教师是教育事业发展的第一资源，教师的水平决定着人才的水平，教师的质量反映出教育的质量。建设一支数量充足、结构合理、素质优良的教师队伍，是落实国家战略的重要基础。进入新时代以来，我国基础教育在硬件环境和基础教学资源方面，已经基本实现了均衡发展的目标，由外延式发展向内涵式发展转变，教育改革发展逐步向高质量发展阶段迈进。高质量发展意味着高质量的供给、高质量的需求、高质量的配置、高质量的投入产出、高质量的收入分配和高质量的经济循环。在教育方面则表现为通过精准的供给、高质量的师资等教育资源配置，开展高质量的教育活动，以追求高质量教育发展，培养高素质的人。对于教育发展来说，教师队伍的素质和质量依然对其具有决定作用。因此，必须主抓教师队伍建设，提高教师队伍的整体专业水平。我国把教师队伍建设作为一项重大政治任务和根本性民生工程，发展教师教育有其时代诉求与现实需要。自 2012 年以来，我国连续出台了多项有关教师教育的政策、法规、意见、实施办法等文件，为教师教育的快速发展指明了方向。总体来看，新时代的教师教育政策具有重师德、重质量、重公平、重创新等几方面的特征。

一、重师德，承传统，重塑师道

　　重视教师的职业道德是中华民族的教育传统，为师者必须为范，教师的身教价值远远重于言教，这一思想在当今时代依然有重要的意义。

（一）德为先，中国教师的传统精神

2019 年，中共中央、国务院印发《中国教育现代化 2035》，针对师德师风建设强调"以德为先"，将"建设高素质专业化创新型教师队伍"列为面向教育现代化的十大战略任务之一。习近平总书记在党的十九大报告中指出，要"加强师德师风建设，培养高素质教师队伍，倡导全社会尊师重教"；在2018 年的北京大学师生座谈会上提出，"评价教师队伍素质的第一标准应该是师德师风"，强调师德师风建设的重要性。2018 年 12 月，教育部专门召开全国师德师风建设工作视频会议，其中时任教育部部长的陈宝生指出加强师德师风建设需要提高政治站位，将师德建设作为教师队伍建设的首要任务，加大对师德建设的时间投入、精力投入、资源投入，健全师德工作体系和架构；需要夯实主体责任，将师德建设工作责任落实情况、师德问题整治成果纳入教育督导考核，坚持失责必问、问责必严；做好宣传解读，坚持全覆盖、无死角，推动学习宣传不断往心里走、往深里走、往实里走，维护教师职业形象，提振师道尊严。

中华民族一直以来都有尊师重道的传统，对教师的道德要求更加严格。学高为师，身正为范，只有自身正，行为符合圣贤之道，才能作为他人的表率，才能为人师表。在相当长的历史时间里，中国的教师就是道德楷模的化身，备受尊重和信任。

（二）尊师道，教师形象的正面重塑

教育大计，教师为本；教师大计，师德为本。师德师风是评价教师队伍素质的第一标准。自 2012 年以来，教师的师德建设越来越受到重视，在各种文件和领导讲话中频繁出现"第一""首要"这样的字眼，这说明在国家层面已经将师德建设提升到前所未有的高度，在当前及今后相当长一段时间内，师德建设问题都是我国的政策热点。各级教育行政部门和学校要大力树立和宣传优秀教师典型，配合做好包括"人民教育家"在内的国家功勋荣誉表彰工作，做好全国教育系统表彰奖励，完善新时代人民教师荣誉表彰体系，印发新时代教师职业行为准则系列文件，选树优秀教师典型，维护人民教师良好社会形象。2018 年 1 月印发的《中共中央 国务院关于全面深化新时代教师队伍建设改革的意见》是新中国成立以来党中央出台的第一个专门面向教师队伍建设的里程碑式政策文件，文件中将"突出师德"列为教师队伍深化改革的五项基本原则之一，提出了三项举措——"加强教师党支部和党员队伍建设""提高思想政治素质""弘扬高尚师德"，还提出要"开展教师宣传国家重大题材作品立项，推出一批让人喜闻乐见、能够产生广泛影响、展现教师时代风貌的影视作品和文学作品，发掘师德典型、讲好师德故事，加强引领，注重感召，弘扬楷模，形成强大正能量"，推行"师德考核负面清单制度"，建立"教师个人信用记录"。

在全国教育大会上，提倡教师要执着于教书育人，有热爱教育的定力、淡泊名利的坚守等。这些论述为深化新时代教师队伍建设改革指明了方向，也对师德师风建设提出了新的更高要求。另外，国家重要领导人率先垂范，习近平总书记在教师节前往学校看望师生或致信祝贺问候，为全党作出尊师重教的表率，呼吁全社会形成尊师重教的良好氛围。同时，在舆论上重视教师正面积极形象的塑造，大力宣传好教师的感人事迹，如郑德荣、李芳、钟扬、张玉滚等成为全国优秀教师典型，宣传他们，使社会大众更了解教师的付出与贡献，更尊重教师的劳动，给予教师应有的师道尊严。

（三）定标准，为师责权的底线规约

2013 年印发的《教育部关于建立健全中小学师德建设长效机制的意见》，围绕建立健全教育、宣传、考核、监督与奖惩相结合的中小学师德建设长效机制提出七项意见：创新师德教育，引导教师树立远大职业理想；加强师德宣传，营造尊师重教社会氛围；严格师德考核，促进教师自觉加强师德修养；突出师德激励，促进形成重德养德良好风气；强化师德监督，有效防止失德行为；规范师德惩处，坚决遏制失德行为蔓延；注重师德保障，将师德建设工作落到实处。自此，国家逐渐加强师德师风建设，并发布了一系列专项政策文件（详见表 4-1），将师德师风建设机制落实、细化、完善。

表 4-1 关于中小学教师师德师风建设的专项政策文件

时间	发布者	文件名称
2013 年 9 月	教育部	《教育部关于建立健全中小学师德建设长效机制的意见》
2014 年 1 月	教育部	《中小学教师违反职业道德行为处理办法》
2014 年 7 月	教育部	《严禁教师违规收受学生及家长礼品礼金等行为的规定》

时间	发布者	文件名称
2016 年 7 月	教育部	《教育部办公厅关于开展治理中小学有偿补课和教师违规收受礼品礼金问题自查工作的通知》
2018 年 11 月	教育部	《中小学教师违反职业道德行为处理办法（2018 年修订）》
2018 年 11 月	教育部	《教育部关于印发〈新时代高校教师（中小学教师/幼儿园教师）职业行为十项准则〉的通知》
2019 年 12 月	教育部等七部门	《关于加强和改进新时代师德师风建设的意见》
2020 年 1 月	教育部	《教育部办公厅关于公布教育部师德师风建设基地名单的通知》
2020 年 7 月	教育部	《中小学教师培训课程指导标准（师德修养）》
2020 年 12 月	教育部	《教育部关于成立全国师德师风建设专家委员会的通知》
2021 年 4 月	教育部	《教育部关于在教育系统开展师德专题教育的通知》
2021 年 5 月	教育部	《教育部办公厅关于召开教师思想政治和师德师风建设经验交流暨师德专题教育启动部署会的通知》
2021 年 7 月	教育部	《教育部办公厅关于开展中小学有偿补课和教师违规收受礼品礼金问题专项整治工作的通知》
2021 年 11 月	教育部	《教育部办公厅关于召开师德专题教育总结交流暨师德师风建设重点工作落实推进会的通知》

　　基于幼师虐童、教师"冷暴力"、教师收受礼品等重大教育舆情事件频频曝光于社会的现象，国家于 2014—2018 年间，连续发布了五个文件，详细规定了教师职业行为的底线规范，对于有偿补课、收受礼品礼金等教师失德失范行为，提出了明确的惩处办法，甚至还提出了师德"一票否决制"，对触碰红线的失德教师给出了严厉惩罚。2014 年印发的《中小学教师违反职业道德行为处理办法》中明确了十种违反职业道德的行为及处理对象、处理原则与处理权限等，以规范教师职业行为，保障教师、学生的合法权益。2016 年印发的《教育部办公厅关于开展治理中小学有偿补课和教师违规收受礼品礼金问题自查工作的通知》中包含四项主要内容：各地治理中小学有偿补课、教

师违规收受礼品礼金实施方案和处理规定的制定情况；开展专项治理的主要举措、突出成效、存在的问题，开展专项督导检查的重点内容、方法，发现的问题及处理情况；监督方式、问题受理、案件查处以及责任督学督导工作等情况；开展严禁中小学校和教师有偿补课、违规收受礼金等方面内容的宣传教育工作情况，包括举措、反响和成效等。2018 年，教育部对《中小学教师违反职业道德行为处理办法》进行修订，增加了学校及主管教育部门不履行或不正确履行师德师风建设管理职责的六种行为。

在教师职业行为规范奖惩制度明晰后，国家于 2019—2021 年间，连续发布多个文件，以加强师德师风建设，落实重点工作内容，逐步完善师德师风建设机制。2019 年，教育部等七部门印发《关于加强和改进新时代师德师风建设的意见》，除总体要求外，围绕加强和改进新时代师德师风建设提出五项意见：全面加强教师队伍思想政治工作；大力提升教师职业道德素养；将师德师风建设要求贯穿教师管理全过程；着力营造全社会尊师重教氛围；推进师德师风建设任务落到实处。2020 年发布的《教育部办公厅关于公布教育部师德师风建设基地名单的通知》《中小学教师培训课程指导标准（师德修养）》《教育部关于成立全国师德师风建设专家委员会的通知》等三个文件，在师德师风建设基地考察遴选、新时代师德培训课程体系建设、全国师德师风建设专家委员会组建等方面作出重要指示。2021 年发布的《教育部关于在教育系统开展师德专题教育的通知》，推进实施《关于加强和改进新时代师德师风建设的意见》，面向广大教师组织开展师德专题教育，强化以党史学习教育为重点的"四史"学习教育，引导广大教师坚定理想信念、厚植爱国情怀、涵养高尚师德。同年，教育部办公厅发布《关于召开教师思想政治和师德师风建设经验交流暨师德专题教育启动部署会的通知》《关于开展中小学有偿补课和教师违规收受礼品礼金问题专项整治工作的通知》以及《关于召开师德专题教育总结交流暨师德师风建设重点工作落实推进会的通知》，通过部署组织全体教师开展师德专题教育、依法依规进行专项整治、发掘师德专题教育中的典型经验和做法等方式，进一步部署推进教师思想政治和师德师风建设重点工作。

（四）重评价，师德考评的常态监测

国家明确指出要"健全师德建设长效机制，推动师德建设常态化、长效化"。教育部于 2013 年和 2014 年分别印发了《关于建立健全中小学教师师德建设长效机制的意见》《关于建立健全高校师德建设长效机制的意见》，并从

师德教育、师德宣传、师德考核、师德表彰、师德督导、惩处制度、领导责任等七个方面构建了师德建设的长效机制，致力于实现师德监测的常态化。师德成为教师专业素养要求的重要部分，长期督导实施，最终促使所有教师都拥有高尚的职业情操，成为真正为师为范的榜样。

我国的教师职业道德要求在爱岗敬业、关爱学生、为人师表、教书育人方面表现出所有教师的共性；但在诚实守信、廉洁自律等方面，结合教师的不同表现、存在的问题及差异性，提出不同要求，更具有针对性。2011 年印发的《高等学校教师职业道德规范》，特别强调严谨治学和服务社会两项要求，提出"秉持学术良知，恪守学术规范。尊重他人劳动和学术成果，维护学术自由和学术尊严。诚实守信，力戒浮躁。坚决抵制学术失范和学术不端行为"。2018 年，《教育部关于印发〈新时代中小学教师职业行为十项准则〉的通知》中指出教师不得歧视、侮辱学生，严禁虐待、伤害学生；不得组织、参与有偿补课，或为校外培训机构和他人介绍生源、提供相关信息。其针对教师职业行为的主要问题、突出问题进行了规范。

二、提质量，谋发展，深化改革

进入 21 世纪以来，世界教师教育呈现出高层次化、专业化、开放化等新的发展趋势。高质量发展是新时代鲜明的主题，教师教育政策在教师的起点、过程和结果方面都强调了高质量发展，通过深化改革使教师的职前培养与职后培训实现一体化，培养更多卓越教师。

（一）来源：延揽优秀人才

教育部负责人就《中共中央 国务院关于全面深化新时代教师队伍建设改革的意见》答记者问时提出："研究制定师范院校建设标准和师范类专业办学标准，重点建设一批师范教育基地。鼓励各地适时提高师范专业生均拨款标准，提升师范教育保障水平。改革招生制度，提高生源质量，鼓励有志于从教的优秀学生进入师范专业。"我国教师职前培养采取了多种措施，力图构建多元参与、逐步开放、提升质量的师范教育体系，以期在教师职业生涯发展中把好入口关。

我国倡导职前培养要形成以师范大学为主体，高水平非师范院校和有实力的综合大学共同参与教师教育研究的教师培养体系；加强师范教育，从源头上保证教师质量，同时提升学历教育；创新教育模式，培养卓越教师；加快师范专业认证评估工作；采取到岗退费或公费培养、定向培养等方式，分类推进中小幼教师培养改革；遴选乐教、适教、善教的优秀人才进入教师队伍，提升教师队伍质量。

另外，国家推动了教师资格考试改革、教师准入资格考试制度改革，用更加合理的方式筛选出合格的教师进入教师队伍。

表 4 - 2 关于教师资格考试改革的政策文件

时间	文件	内容
2013 年 8 月	《教育部关于扩大中小学教师资格考试与定期注册制度改革试点的通知》	新增山西、安徽、山东、贵州 4 个省为试点省，从 2013 年下半年开始参加中小学教师资格考试，选择 1 个地级市开展中小学教师资格定期注册试点。
2013 年 8 月	《中小学教师资格考试暂行办法》	规定教师资格考试的报考条件、考试内容与形式、考试实施、考试安全与违规处罚等内容。
2013 年 8 月	《中小学教师资格定期注册暂行办法》	规定教师资格的注册条件、注册程序和罚则等内容。
2014 年 7 月	《关于进一步扩大中小学教师资格考试与定期注册制度改革试点的通知》	新增吉林、江苏、福建、四川、陕西 5 个省为试点省，选择 1—2 个地级市开展中小学教师资格定期注册改革试点。
2015 年 7 月	《教育部办公厅关于进一步扩大中小学教师资格考试与定期注册制度改革试点的通知》	全面实施中小学教师资格考试与定期注册制度，新增 13 个省（区、市）为试点省份。
2019 年 1 月	《关于港澳台居民在内地（大陆）申请中小学教师资格有关问题的通知》	在内地（大陆）学习、工作和生活的港澳台居民，凡遵守《中华人民共和国宪法》和法律，拥护中国共产党领导，坚持社会主义办学方向，贯彻党的教育方针，根据自愿原则，可申请参加中小学教师资格考试，认定中小学教师资格。

续　表

时间	文件	内容
2020 年 9 月	《教育类研究生和公费师范生免试认定中小学教师资格改革实施方案》	招收教育类研究生、公费师范生的高等学校从 2021 年起，可参加免试认定改革。实施免试认定改革的高等学校应根据培养目标分类对本校教育类研究生、公费师范生开展教育教学能力考核，考核合格的 2021 届及以后年份毕业生可凭教育教学能力考核结果，免考国家中小学教师资格考试部分或全部科目。
2021 年 1 月	《关于做好 2021 届教育类研究生和公费师范生免试认定中小学教师资格改革工作的通知》	及时组织师范生教师职业能力测试，认真做好《师范生教师职业能力证书》颁发工作，高度重视人员信息报送工作。
2022 年 1 月	《关于推进师范生免试认定中小学教师资格改革的通知》	扩大免试认定改革范围，2017 年及以前加入国家中小学教师资格考试改革试点省份的高等学校相关师范类专业，自 2022 年起可以参加免试认定改革；建立健全师范生教育教学能力考核制度，考核制度包含培养过程性考核和师范生教师职业能力测试。

2011—2015 年，我国全面实施了中小学教师资格考试与定期注册制度，通过严把教师队伍入口关，不断提高教师队伍整体素质。《中小学教师资格考试暂行办法》和《中小学教师资格定期注册暂行办法》作为扩大改革试点工作的政策指导文件，对中小学教师资格考试和定期注册制度进行了全面的政策规定。教师资格考试改革与定期注册试点的顺利推进，为下一步逐步推开此项改革奠定了坚实基础。2019—2022 年，我国不断细化中小学教师资格考试与定期注册制度，精准认定教师资格，为建设创新型高质量教师队伍打好基础。《教育类研究生和公费师范生免试认定中小学教师资格改革实施方案》不仅让进入教师队伍的人员更加专业，而且为办好高水平师范院校和师范专业提供了支持。

（二）培育：建构专业认证

时任教育部部长的陈宝生在 2019 年全国教育工作会议上提出："实施好教师教育振兴行动计划，以专业认证重塑师范体系，以公费教育延揽优秀人才，以卓越教师引领素质提升，提高师范专业生均拨款水平，重点支持、切实办好一批师范院校和师范专业，支持一批高水平综合大学开展教师教育。"

表 4 - 3　关于教师培养的政策文件

时间	文件	相关内容
2012 年 8 月	《国务院关于加强教师队伍建设的意见》	完善师范生招生制度；发挥教育部直属师范大学师范生免费教育的示范引领作用，鼓励支持地方结合实际实施师范生免费教育制度；提高教师培养质量，扩大教育硕士、教育博士招生规模；创新教师培养模式，建立高等学校与地方政府、中小学（幼儿园、职业学校）联合培养教师的新机制；落实师范生教育实践不少于一学期制度。
2015 年 6 月	《国务院办公厅关于印发乡村教师支持计划（2015—2020 年）的通知》	鼓励地方政府和师范院校根据当地乡村教育实际需求加强本土化培养，采取多种方式定向培养"一专多能"的乡村教师。
2017 年 1 月	《国家教育事业发展"十三五"规划》	办好师范院校和师范专业，探索建立教师教育质量监测评估制度，做好师范类专业认证试点工作；继续实施卓越教师培养计划，扩大教育硕士招生规模，培养高层次中小学和中等职业学校教师。
2018 年 1 月	《中共中央 国务院关于全面深化新时代教师队伍建设改革的意见》	加大对师范院校支持力度，建立以师范院校为主体、高水平非师范院校参与的中国特色师范教育体系；吸引优秀青年踊跃报考师范院校和师范专业；完善教育部直属师范大学师范生公费教育政策；改革师范生招生制度；加强教师教育学科建设，教育硕士、教育博士授予单位及授权点向师范院校倾斜；支持高水平综合大学开展教师教育。
2018 年 2 月	《教育部等五部门关于印发〈教师教育振兴行动计划（2018—2022 年）〉的通知》	加大义务教育阶段学校本科层次教师培养力度；增加教育硕士学位授权点；探索普通高中、中等职业学校教师本科和教育硕士研究生阶段整体设计、分段考核、有机衔接的培养模式。

时间	文件	相关内容
2018 年 9 月	《教育部关于实施卓越教师培养计划 2.0 的意见》	分类推进卓越中学、小学、幼儿园等学校教师培养改革；提高实践教学质量，建立"双导师制"；深化教师教育国际交流与合作，拓展师范生国际视野；落实《普通高等学校师范类专业认证实施办法》。
2018 年 11 月	《教育部关于完善教育标准化工作的指导意见》	教师队伍建设标准：健全教师资格标准、教师编制或配备标准、教师职业道德标准、教师专业标准、教师培养标准、教师培训标准、教师管理信息标准等。研制双语教师任职资格评价标准。
2019 年 6 月	《中共中央 国务院关于深化教育教学改革全面提高义务教育质量的意见》	按照"四有好老师"标准，建设高素质专业化教师队伍，大力提高教育教学能力，优化教师资源配置，依法保障教师权益和待遇，提升校长实施素质教育能力。
2019 年 9 月	《教育部等五部门印发〈关于加强新时代中小学思想政治理论课教师队伍建设的意见〉的通知》	准确把握中小学思政课教师队伍建设时代要求；切实加强中小学思政课教师队伍配备管理；全面提升中小学思政课教师素质能力；不断创新中小学思政课教师评价激励机制；全力确保中小学思政课教师队伍建设取得实效。
2020 年 7 月	《教育部等六部门关于加强新时代乡村教师队伍建设的意见》	准确把握时代进程，深刻认识加强新时代乡村教师队伍建设的重要意义和总体要求；加强师德师风建设，激发教师奉献乡村教育的内生动力；创新挖潜编制管理，提高乡村学校教师编制的使用效益；畅通城乡一体配置渠道，重点引导优秀人才向乡村学校流动；创新教师教育模式，培育符合新时代要求的高质量乡村教师；拓展职业成长通道，让乡村教师获得更广阔的发展空间；提高地位待遇，让乡村教师享有应有的社会声望；关心青年教师工作生活，优化在乡村建功立业的制度和人文环境；强化组织领导，确保各项政策措施落到实处。

续　表

时间	文件	相关内容
2020 年 12 月	《教育部等六部门关于加强新时代高校教师队伍建设改革的指导意见》	准确把握高校教师队伍建设改革的时代要求，落实立德树人根本任务；全面加强党的领导，不断提升教师思想政治素质和师德素养；建设高校教师发展平台，着力提升教师专业素质能力；完善现代高校教师管理制度，激发教师队伍创新活力；切实保障高校教师待遇，吸引稳定一流人才从教；优化完善人才管理服务体系，培养造就一批高层次创新人才；全力支持青年教师成长，培育高等教育事业生力军；强化工作保障，确保各项政策举措落地见效。
2021 年 7 月	《教育部等九部门关于印发〈中西部欠发达地区优秀教师定向培养计划〉的通知》	从 2021 年起，教育部直属师范大学与地方师范院校采取定向方式，每年为 832 个脱贫县（原集中连片特困地区县、国家扶贫开发工作重点县）和中西部陆地边境县（以下统称定向县）中小学校培养 1 万名左右师范生，从源头上改善中西部欠发达地区中小学教师队伍质量，培养造就大批优秀教师。
2021 年 9 月	《教育部关于实施第二批人工智能助推教师队伍建设行动试点工作的通知》	强化顶层设计，统筹推进试点工作；坚持问题导向，确定试点主攻方向；完善工作机制，形成协同推进合力；强化组织保障，确保试点工作成效。
2022 年 2 月	《教育部办公厅关于实施师范教育协同提质计划的通知》	协调高水平师范大学以组团形式，在骨干教师培养、高水平人才引进、学科专业建设、基础教育服务能力建设、学校规划与管理能力提升等方面对中西部欠发达地区薄弱师范院校进行重点支持，加强信息化建设，促进学校间管理、课程、平台、专家等优质资源共享。

续　表

时间	文件	相关内容
2022年4月	《教育部等八部门关于印发〈新时代基础教育强师计划〉的通知》	以习近平新时代中国特色社会主义思想为指导，坚持师德为先、质量为重、突出重点、强化保障的基本原则，到2025年，建成一批国家师范教育基地，形成一批可复制可推广的教师队伍建设改革经验，培养一批硕士层次中小学教师和教育领军人才；到2035年，构建开放、协同、联动的高水平教师教育体系，建立完善的教师专业发展机制，形成招生、培养、就业、发展一体化的教师人才造就模式，教师数量和质量基本满足基础教育发展需求，教师队伍区域分布、学段分布、学历水平、学缘结构、年龄结构趋于合理，教师思想政治素质、师德修养、教育教学能力和信息技术应用能力建设显著加强，教师队伍整体素质和教育教学水平明显提升，尊师重教蔚然成风。

（三）机制：倡导一体规划

1993年，《教师法》将《义务教育法》中规定的"建立教师资格考核制度"升级为"国家实行教师资格制度"，全面规定了各级各类教师的资格条件，确立了教师资格的考核等制度。2018年发布的《中共中央　国务院关于全面深化新时代教师队伍建设改革的意见》中对教师的学历提出了新的要求："逐步将幼儿园教师学历提升至专科，小学教师学历提升至师范专业专科和非师范专业本科，初中教师学历提升至本科，有条件的地方将普通高中教师学历提升至研究生。"时任教育部副部长的孙尧在《努力建设新时代高素质教师队伍》中提出："严格资格准入，提高入职门槛，新入职教师必须具有教师资格证，从源头上保证教师质量。"教育部教师工作司司长任友群强调深化教师管理改革，要严格资格准入，改革聘用制度，遴选乐教适教善教的优秀人才进入教师队伍。

国家不仅在政策倡导上和任职要求上对教师资格进行了规定，而且在具体执行的规则方面也进行了探索与尝试。根据国务院的决策，在教育部的精心部署下，中小学教师资格考试改革和定期注册试点于 2011 年在浙江、湖北两省率先启动，2012 年扩大到河北、上海等 6 省（区、市）。改革试点的主要工作：一是统一教师资格考试标准和考试大纲；二是完善考试科目设置，突出对教育教学实践能力的考查；三是将考试命题和考务组织交给专业化的教育考试机构承担；四是师范毕业生不再直接认定教师资格，统一纳入考试范围；五是破除教师资格终身制，实行五年一周期的定期注册，加强对教师师德表现、培训学时和工作业绩的考核。

党的十八大以来，国家根据教师队伍现状，针对一线教师、班主任、校长等不同的教师群体开展中小学骨干教师培训、名师培训、班主任培训、骨干校长和名校长培训，强化培训的层次性和针对性。2012 年印发的《国务院关于加强教师队伍建设的意见》中提出"实行五年一周期不少于 360 学时的教师全员培训制度"。2018 年印发的《中共中央 国务院关于全面深化新时代教师队伍建设改革的意见》中再次重申"开展中小学教师全员培训"，教师培训覆盖全部教师，尤其强调教师培训要向乡村教师倾斜，集中支持中西部乡村教师校长培训。培训的层次还包括校本、区县、省级、国家级等各级培训，力图使全国的教师和校长都能接受培训。

培训结构趋于合理，培训要求科学规范。国家对于中小学和幼儿园教师培训的层次、学时数、参训周期、学习内容、学习方式、反馈评价等方面都提出了要求，培训结构越来越合理。2017 年，教育部下发的《教育部办公厅关于印发〈中小学幼儿园教师培训课程指导标准（义务教育语文学科教学）〉等 3 个文件的通知》中提出要分层、分类、分科组织实施教师培训。培训的内容是基于学科教师的教学工作与需求来设定的，如语文学科，就设定了语文课程与教学的认识、识字与写字教学、阅读教学、写作教学、口语交际教学、综合性学习的组织与指导等六项培训目标主题。同时开发了义务教育语文教师教学能力自我诊断量表，根据量表来分层分类设计培训课程，满足不同能力水平、不同学习目的的教师的需求，提升教师培训的针对性和实效性。

三、补短板，治薄弱，关注均衡

2019 年全国教育大会系列讲话中表明要提升教师素质能力和提高教师地位待遇，尤其要深入实施乡村教师支持政策，乡村教师队伍作为乡村教育的重点和薄弱环节得到了关注。教育投入向农村倾斜，优化义务教育教师资源配置，教育硕士招生计划向农村倾斜，教师职后培训将继续围绕强化"国培计划"并集中支持农村教师等系列举措，表明国家对乡村教师队伍建设的高度重视。

（一）以财政倾斜弥补硬件落差

2018 年，习近平总书记在全国教育大会上强调，"教育投入要更多向教师倾斜"，着力提高教师待遇，让广大教师能够安心从教。工资制度具有分配、保障、激励的职能和杠杆作用。[①] 2013 年印发的《关于全面改善贫困地区义务教育薄弱学校基本办学条件的意见》中提出："要落实对在连片特困地区的乡、村学校和教学点工作的教师给予生活补助的政策。"

国家财政性教育经费占国内生产总值的比例始终保持在 4% 以上，为教育事业全面发展奠定了基础；在教师资源配置方面，通过公费师范生教育、"特岗计划""国培计划"等推进教师队伍建设，补充基础教育教师数量，提高教师队伍质量，弥补区域间、城乡间教师差距；在学校硬件建设方面，2013—2016 年，我国"新增校舍面积 3.4 亿平方米，新增实验室、功能室 697 万间，新增教学仪器设备价值 2839 亿元，新增图书 11 亿册，新增计算机 966 亿台"[②]，"全面改薄"成效显著。《2016 年全国义务教育均衡发展督导评估工作报告》中指出，截至 2016 年底，我国有 1824 个县通过国家的义务教育均衡发展督导评估认定，占全国总数的 62.4%。可以说，我国基础教育在硬件环境和基础教学资源方面已经基本实现了均衡发展的目标，由外延式发展向内涵式发展转变，教育改革发展逐步向高质量发展阶段迈进。

（二）以专项计划补偿特殊人群

在教育方面，我国基础教育通过精准的供给、高质量的师资等教育资源配置，开展高质量的教育活动，以追求高质量教育发展，培养高素质的人。教师是教育活动的组织者、参与者和指导者。只有高质量的教师队伍，才能组织高质量的教育活动，才有可能培养出高质量的学生。对于教育发展来说，教师队伍的素质和质量依然对其具有决定作用。因此，必须主抓教师队伍建设，提高教师队伍的整体专业水平。

---

① 杜屏. 完善中小学教师工资制度和保障机制，推进高素质教师队伍建设［J］. 华东师范大学学报（教育科学版），2018，36（4）：40-42.

② 教育部教育督导局. 2016 年全国义务教育均衡发展督导评估工作报告［EB/OL］. http：//www. moe. gov. cn/jyb_xwfb/xw_fbh/moe_2069/xwfbh_2017n/xwfb_170223/170223_sfcl/201702/t20170222_297055. html.

2015 年 6 月，《国务院办公厅关于印发乡村教师支持计划（2015—2020年）的通知》中强调"提高乡村教师生活待遇"。2015 年 11 月，《国务院关于进一步完善城乡义务教育经费保障机制的通知》中列出"巩固落实城乡义务教育教师工资政策"。时任教育部部长的陈宝生在 2019 年全国教育工作会议上指出："财政教育经费更多向教师倾斜，725 个集中连片特困地区乡村教师生活补助政策全覆盖，依法保障教师福利待遇。"

根据《中国农村教育发展报告 2017》中的数据可知，2016 年全国集中连片特困地区乡村教师生活补助共投入补助资金 44.3 亿元，比 2015 年增加了9.9 亿元，提高了 28.8%。乡镇教师、乡村教师的月收入分别达到 3965.23元、3550.38 元，高于县城教师的 3446.37 元，效果较为显著。根据《中国农村教育发展报告 2019》中的数据可知，2017 年乡村教师生活补助首次实现了集中连片特困地区县的全覆盖，2017 年中央投入的乡村教师生活补助资金占 91.67%。2018 年印发的《国务院关于全面加强乡村小规模学校和乡镇寄宿制学校建设的指导意见》中强调"提高乡村教师待遇"；《中共中央 国务院关于全面深化新时代教师队伍建设改革的意见》中提出"大力提升乡村教师待遇"。

表 4 - 4　关于提升乡村教师待遇的政策文件

时间	文件	相关内容
2015 年 6 月	《国务院办公厅关于印发乡村教师支持计划（2015—2020 年）的通知》	落实集中连片特困地区乡村教师生活补助政策，实行差别化补助标准；落实教师住房、医疗、保险等政策。
2015 年 11 月	《国务院关于进一步完善城乡义务教育经费保障机制的通知》	继续对义务教育教师工资经费给予支持；省级政府需加大财政的转移支付力度，县域义务教育教师工资按时发放；绩效工资向艰苦边远贫困地区和薄弱学校倾斜。
2016 年 7 月	《国务院关于统筹推进县域内城乡义务教育一体化改革发展的若干意见》	收入分配向乡村教师倾斜，乡村教师实际工资收入水平不低于同职级县镇教师工资收入水平；县域内义务教育教师平均工资收入水平不低于当地公务员的平均工资收入水平。

续　表

时间	文件	相关内容
2018 年 1 月	《中共中央 国务院关于全面深化新时代教师队伍建设改革的意见》	落实艰苦边远地区津贴政策，提高补助标准；加强教师周转宿舍建设；关注乡村青年教师。
2018 年 4 月	《国务院办公厅关于全面加强乡村小规模学校和乡镇寄宿制学校建设的指导意见》	落实和完善乡村教师工资待遇政策，抓好绩效工资、生活补助、住房、交通等四方面的举措。
2020 年 6 月	《教育部办公厅关于进一步做好乡村教师生活补助政策实施工作的通知》	落实中央要求，提升乡村教师待遇；聚焦重点区域，统筹协调补助政策；健全工作机制，规范开展政策实施；加强宣传引导，增强乡村教师荣誉感。
2021 年 5 月	《教育部等四部门关于实现巩固拓展教育脱贫攻坚成果同乡村振兴有效衔接的意见》	巩固拓展乡村教师队伍建设成果，继续实施农村义务教育阶段学校教师特设岗位计划、中小学幼儿园教师国家级培训计划、乡村教师生活补助政策，优先满足脱贫地区对高素质教师的补充需求，提高乡村教师队伍整体素质；在脱贫地区增加公费师范生培养供给，推进义务教育教师县管校聘改革，加强城乡教师合理流动和对口支援，鼓励乡村教师提高学历层次。切实保障义务教育教师工资待遇。

（三）以教师均衡推动教育公平

国家通过乡村教师定向培养机制、特岗教师计划、三支一扶计划、银龄讲学计划等多种途径加大乡村教师补充力度，以缓解乡村教师缺岗缺人的问题。不断提高乡村教师生活待遇，落实乡村教师生活补助政策，尤其保障乡村教师的住房与保险问题，让乡村教师"留得住"。建立县区乡村教师专业发展的支持服务体系，加强教师职后培训，注重新课标新教材和教育观念、教学方法培训，提高培训的实效性，提升教师的专业水平，为教师"教得好"助力。

针对乡村教师的素质提升，国家还专门出台了系列指南、意见、规划等，促进乡村教师职后培训的开展（详见表4-5）。

表4-5 关于乡村教师培训的专项政策文件

时间	文件	内容
2016年1月	《送教下乡培训指南》	分学科组建结构合理的高水平送培团队；分阶段开展主题鲜明的送教下乡培训；现场指导乡村学校开展校本研修；提升乡村教师课堂教学能力；加工生成一批本土化培训课程资源；完善乡村教师专业发展支持服务体系。
2016年1月	《乡村教师网络研修与校本研修整合培训指南》	大力推行网络研修与校本研修整合培训，有效利用教师网络研修社区，为乡村学校持续提供专家指导和优质课程，建立校本研修常态化运行机制。
2016年1月	《乡村教师工作坊研修指南》	遴选骨干教师并培养成为工作坊主持人；依托工作坊主持人建立一批乡村教师工作坊；工作坊主持人带动一定数量的乡村教师进行工作坊研修；持续提升乡村教师教育教学能力；推动工作坊主持人从优秀迈向卓越；完善乡村教师专业发展支持服务体系。
2016年1月	《乡村教师培训团队置换脱产研修指南》	省级教育行政部门遴选高等学校、远程培训机构、市县教师发展中心和优质中小学幼儿园协同承担培训任务，组织高年级师范生（城镇教师）顶岗支教，置换出中小学幼儿园骨干教师教研员，进行为期4—6个月的脱产研修。
2016年5月	《国务院办公厅关于加快中西部教育发展的指导意见》	加大乡村教师培训力度，"国培计划"集中支持乡村教师培训。
2016年12月	《教育脱贫攻坚"十三五"规划》	国培计划优先支持贫困县乡村教师校长培训；提高农村教师信息素养，强化信息技术应用能力，转变教育教学方式。

续　表

时间	文件	内容
2019 年 3 月	《关于做好 2019 年中小学幼儿园教师国家级培训计划组织实施工作的通知》	加强中小学重点领域培训，落实中央关于学前教育的决策部署，加大幼儿园教师、园长培训力度；实施乡村教师培训扶贫攻坚行动，优先支持集中连片特困地区县、国家级贫困县、"三区三州"等深度贫困地区县，通过国培、省培等各级培训，确保 2020 年前完成对贫困地区乡村教师培训全覆盖。
2021 年 5 月	《教育部等四部门关于实现巩固拓展教育脱贫攻坚成果同乡村振兴有效衔接的意见》	启动实施中西部欠发达地区优秀教师定向培养计划，组织部属师范大学和省属师范院校，定向培养一批优秀师资。加强对脱贫地区校长的培训，着力提升管理水平。

新时代教师职后培训将继续围绕强化"国培计划"并集中支持农村教师，健全培训公共服务平台，增强信息化管理，加强名师名校长工程建设等方面深入推进。

新一轮科技革命和产业革命正在兴起，互联网、人工智能等新技术的发展正在不断地重塑教育形态。受此影响，教与学的关系也在发生着深刻的变化，人民群众对教育的需求也更为多样。在此背景之下，教师作为教育发展的第一资源，需要得到必要的关注与重视。进入新时代以来，国家为提升教师待遇与促进职业发展颁布了众多利好政策，如为教师提高工资、完善教师评聘体系、加强师德师风建设、强力建设乡村教师队伍等，以提升教师的政治地位与社会地位，使教师成为令人羡慕的职业。在国家政策的引导下，我国教师教育的进一步改革和教师的专业发展提升值得期待。

四、抓队伍，促融合，突出特色

新时代的中国坚持把教育摆在优先发展的战略地位。教师是教育事业发展的第一资源，实现教育高质量发展的前提是教师的高质量发展。建设一支素质优良、独具特色、持续发展的教师队伍，是落实国家战略的重要基础。教师素养是教师发展的关键，关注教师素养可以赋予我国教师队伍建设以

"新动能"，满足教师教育的时代诉求与现实需要。

（一）方向牵动：形成具有时代特色的教师素养表达

具有时代特色的教师素养表达为我国教师队伍建设和教师教育发展指明了方向。教师素养包括职业道德、知识、能力、理念等方面，要建立具有中国特色的教师教育体系，培养中国好老师，首先要凝练出中国教师的特色表达。

习近平总书记先后用"筑梦人""引路人""大先生"等表现力极强的称谓表达了对广大教师的殷切期望。2014 年 9 月，习近平在同北京师范大学师生代表座谈时提出："今天的学生就是未来实现中华民族伟大复兴中国梦的主力军，广大教师就是打造这支中华民族'梦之队'的筑梦人。"2016 年 9 月，习近平回八一学校拜访师生时指出，教师要做学生学习知识的引路人。同年 12 月，习近平在全国高校思想政治工作会议上强调，教师不能只做传授书本知识的教书匠，而要成为塑造学生品格、品行、品味的大先生。

另外，习近平总书记也提出"四有好老师""四个引路人""四个相统一"，在师德师风、教书育人素质等方面提出了时代要求。2014 年 9 月，习近平在同北京师范大学师生代表座谈时提出，做好老师要有理想信念、道德情操、扎实学识、仁爱之心。2016 年 9 月，习近平回八一学校拜访师生时指出，广大教师要做学生锤炼品格的引路人、做学生学习知识的引路人、做学生创新思维的引路人、做学生奉献祖国的引路人。同年 12 月，习近平在全国高校思想政治工作会议上强调，要加强师德师风建设，坚持教书和育人相统一，坚持言传和身教相统一，坚持潜心问道和关注社会相统一，坚持学术自由和学术规范相统一，引导广大教师以德立身、以德立学、以德施教。

在教师职业发展的梯度上，我国提出了骨干教师、卓越教师、教育家型教师等说法，尤其是第一次提出了教育家型教师，为广大教师提升自身的专业素养指明了方向。

（二）目标带动：重拾具有中国特色的教师素质要求

具有中国特色的教师素质要求为我国教师队伍建设和教师教育发展明确了目标。《中共中央 国务院关于全面深化新时代教师队伍建设改革的意见》中提出：到 2035 年，教师综合素质、专业化水平和创新能力大幅提升，培养造就数以百万计的骨干教师、数以十万计的卓越教师、数以万计的教育家型教师。并且在各级各类教育中给出了明确的教师队伍培养目标：在幼儿园教育阶段，建设一支高素质善保教的教师队伍；在中小学教育阶段，建设一支高素质专业化的教师队伍；在高等教育阶段，建设一支高素质创新型教师队伍；在职业教育方面，建设一支高素质双师型教师队伍。

表 4 - 6　关于教师素质的政策文件

时间	文件	内容
2012 年 2 月	《教育部关于印发〈幼儿园教师专业标准（试行）〉〈小学教师专业标准（试行）〉和〈中学教师专业标准（试行）〉的通知》	《专业标准》是国家对幼儿园、小学和中学合格教师专业素质的基本要求，是教师实施教育教学行为的基本规范，是引领教师专业发展的基本准则，是教师培养、准入、培训、考核等工作的重要依据。
2018 年 1 月	《中共中央 国务院关于全面深化新时代教师队伍建设改革的意见》	推进教师培养供给侧结构性改革，为义务教育学校侧重培养素质全面、业务见长的本科层次教师，为高中阶段教育学校侧重培养专业突出、底蕴深厚的研究生层次教师。大力推动研究生层次教师培养。加强中小学校长队伍建设，努力造就一支政治过硬、品德高尚、业务精湛、治校有方的校长队伍。
2018 年 2 月	《教育部等五部门关于印发〈教师教育振兴行动计划（2018—2022 年）〉的通知》	开展"互联网＋教师教育"创新行动；建设教师教育改革实验区；建设高水平教师教育基地。
2018 年 9 月	《教育部关于实施卓越教师培养计划 2.0 的意见》	推动人工智能、智慧学习环境等与教师教育课程融合；推动高等学校与中小学师资互聘，建立健全高校与中小学等双向交流长效机制。

2012 年，我国颁布的《教师专业标准》中具体提出了四大基本理念和十三个方面的专业素养维度，为我国教师专业发展指明了方向、明确了要求。除了教师专业素养外，还特别提出教师在思想政治素质、理想信念方面，社会主义核心价值观认同方面，中华优秀传统文化、革命文化、师德师风方面都要努力学习、强化自身，这样才能成为学生锤炼品格、学习知识、创新思维、奉献祖国的引路人。

（三）任务驱动：提升具有发展特色的教师信息素养

具有发展特色的教师信息素养为我国教师队伍建设和教师教育发展提供了动力。素质教育、新课程改革、核心素养等教育改革以及互联网、人工智能等新技术的发展不断地重塑着教育形态，也对教师专业素养提出了新的要求。

信息化时代要求教师具有与时俱进的信息化教学能力。教育部负责人就《中共中央 国务院关于全面深化新时代教师队伍建设改革的意见》答记者问时指出："到 2035 年，教师综合素质、专业化水平和创新能力大幅提升，培养造就数以百万计的骨干教师、数以十万计的卓越教师、数以万计的教育家型教师。教师管理体制机制科学高效，实现教师队伍治理体系和治理能力现代化。教师主动适应信息化、人工智能等新技术变革，积极有效开展教育教学。"

另外，教师信息素养对教师的可持续发展具有关键作用。关于教师教育的政策文件中以"互联网＋教师教育创新行动""深化信息技术助推教育教学改革"等专题强调加强教师信息素养的必要性。在师范生培养阶段要研究制定"师范生信息技术应用能力标准"，针对一线教师的教育教学实际，实施新一周期的教师信息技术应用能力提升工程，推动信息技术与教育教学融合创新，是促进学生核心素养发展的时代要求。

第五章　我国教师教育一体化实践探索[①]

伴随教师教育理念的更新和教师教育体系的变革，世界各国不断推进教师教育在专业标准、组织机构、课程体系等方面的改革，教师教育逐渐发展为由教师职前、入职和职后教育构成的延续不断和相互支持的整体。教师教育一体化是在终身教育思想和教师专业发展理论的影响下伴随教师教育的不断变革而逐渐发展的一种趋势。它坚持把教师的职前教育、入职教育和职后教育进行有效的统整，形成一个连续不断而又相互支持的教育体系。它带来了教师教育从"一次性教育"向"终身教育"的华丽转型，为教师专业成长提供了必要的环境支持，在教师质量提升和学习型社会建设的过程中发挥着重要作用。围绕我国教师教育一体化的实践探索，厘清其内涵、梳理其发展脉络、剖析现存的问题并总结未来的实践路向，有助于加快我国教师教育一体化实践步伐，推进教师专业化发展进程。

一、教师教育一体化本体认识

教师教育一体化是教师个体专业化尤其是教师职业专业化的历史要求，是当前我国教师教育改革与发展中的重大战略主题之一。对教师教育一体化的本体认识是推进其在实践中落地生根的重要前提。教师教育一体化主要包括内部一体化和外部一体化两个方面。

（一）教师教育内部的一体化

教师教育内部一体化，就其本质而言是终身教育思想在教师教育领域中的具体贯彻和体现，并表现为教师教育的"整合"或"一体化"（integration）的特征，主要包括如下三个方面的内容。

1. 纵向意义上的一体化

教师教育一体化始于终身教育思想和教师教育三阶段论的启发。所以有

[①]　本章部分内容选自孟繁胜的博士学位论文，内容有改动。

学者认为，"教师教育一体化"指的是为了适应学习化社会的需要，以终身学习与终身教育思想为指导，根据教师专业发展的理论，对教师职前、入职和在职教育进行全程的规划设计，把基础教育师资的培养和在职教师的培训渠道打通、融合，建立起既各有侧重又有内在联系的教师教育体系。一体化实现了教师教育过程的连续、形式的统一、阶段的衔接、内涵的扩大和功能的完善。① 教师教育是终身性的，职前教育、入职教育和在职教育在职能定位和课程设置上需要优化与有效衔接，其任务就是在尊重教师发展主体性的前提下，对教师终身专业学习与发展予以促进和协助。对各机构或教育阶段进行整合与合作，首先要明确功能定位和职责分工，这是有效一体化的前提。②

2. 横向意义上的一体化

教师教育横向一体化要求教师教育机会是广泛的，实现正规化学习机会与非正规化学习机会一体化：既有大学、教育学院、进修学校等正规教师教育机构所提供的教育机会，又有图书馆、因特网、博物馆、工作环境等具有教育潜力的教育资源所蕴含的学习机会；既有教师教育者指导下的"正规化学习"或"控制学习"，又涵盖自我导向性学习、互助性学习，以及类似的"非正规化学习"。教师教育横向一体化以混合学习作为自己的理念支撑，以教师职业实际和学习经历、工作经验为基础，以多种学习方式途径相结合、资源整合与共享为侧重，多样化、个性化、针对性培养方案为抓手，满足学员对知识学习、能力提高等多样化的需求。学习机会的整合过程中，尊重教师发展的自主性、主体性至关重要。③ 这种教师教育的一体化与教师教育从师范教育封闭定向培养教师，到通过专业培训培养教师，再到通过实施教师职业证书制度来培养教师的国际趋势比较吻合，反映了教师教育开放化的特征。

3. 深度意义上的一体化

深度一体化的教师教育，要求将教师的知识、技术、能力等认知层面的发展与情感、意志、态度等社会情感的发展有机结合起来，以保证教师具有终身学习的意愿和能力。教师不仅仅是知识的传授者、知识的享有者，更重

---

① 刘捷. 专业化：挑战 21 世纪的教师 [M]. 北京：教育科学出版社，2002：170.

② 汪义凤. 教师教育一体化趋势下免费师范生网络学习平台的设计与开发 [D]. 武汉：华中师范大学，2008.

③ 张贵新，饶从满. 关于教师教育一体化的认识与思考 [J]. 课程·教材·教法，2002（4）：58-62.

要的是情感的表达者、意志的传递者和态度的影响者。培育优质教师、发展教师教育迫切需要实现教师教育深度意义上的一体化。不仅要培养教师的学科知识、教育理论知识、实践知识，还要注重影响教师的情感、意志和态度，培养教师高尚的品格和良好的精神面貌。教师要坚持立德树人的根本任务，积极践行社会主义核心价值观，为祖国培育合格的社会主义建设者和接班人。

（二）教师教育外部的一体化

教师教育外部一体化主要指教师教育与学校改善的一体化。教师教育的目的固然要促进教师的发展，但最终目的在于促进教育质量的改进、学校的改善和发展，它决定了教师教育内部一体化的意义。当代世界教育改革与发展，不仅表现出通过重视教师的发展来达到学校改善的目的的特征和趋势，还表现出以学校为中心的特征和趋势。影响学校教育质量问题的因素是复杂的，这也使学校场域内发生的活动成为教师发展和教学质量改善的关键。

20 世纪 80 年代，学校中的协作得到国际教育界，特别是欧美发达国家教育界的空前关注。这种协作，既包括学校内教师同事间的"协作"（即教师作为一个集体的"协作"），也涵盖学校与家庭、社区等外部机构的"协作"，进而也涉及教师与学生的"协作"。教师同事间的"协作"是学校中"协作"的中心。人们希望在通过各学校内作为一个集体的教师（teacher as a group）间的协作来促进教师发展的同时，谋求学校的改善，即实现教师发展与学校改善的一体化。这样就使当代教师教育的发展呈现出由重视作为个体的教师的成长向强调学校内教师作为集体的发展转变的特征和趋势——教师作为一个集体的发展更能够促进学校改善。当然，教师教育、教师发展与学校改善之间的关系是复杂的，这一复杂性要求我们不能对教师教育的外部一体化进行直线性思维而将之简单化。

除了以上关于教师教育一体化的内涵理解，还存在一种理解是中小学教师教育的一体化，即把中小学教师的培养视为高等教育中不同的学科专业，中小学教师都由大学进行培养。这是 20 世纪 40 年代以后开始在国际上出现的教师教育模式。① 教师教育一体化是一个渐进形成、逐步建立、动态发展与完善的过程，是进行时态的。研究教师教育一体化需要将逻辑法和历史法结合起来，因为逻辑就包含在历史的脉络中。从教师教育纵向一体化和终身教育理念的角度来看，我国教师教育当然也包括作为职前培养的师范教育、

---

① 潘启富. 教师教育发展趋势及广西教师教育一体化的对策［J］. 学术论坛，2004（3）：161-167.

入职引导和在职培训。我国的在职培训起步较晚，所以若想对我国教师教育一体化有一个较为全面宏观的印象，就需要结合师范教育概念沿革，重点加强对教师在职培训发展的考察。

二、教师教育一体化发展历程

我国教师教育一体化的产生经历了不同的发展阶段，存在明显且清晰的发展脉络。梳理教师教育一体化的发展历程，有助于明晰教师教育一体化从何而来，以及未来可能前往何处，从而更好地促进教师教育一体化的蓬勃发展。

（一）我国教师教育一体化的起源

我国的师范教育早于正规在职培训而出现，一直发展存在至今，并在学术性与示范性的学术争论中表现出较强的生命力。后来居上的教师在职培训成为教师教育一体化健康发展的借鉴和拉动因素，置于教师专业成长规律之下，走上科学、开放办学的轨道。

1. "教师教育"的提出和"师范教育"外延窄化

概念界定是研究与讨论的基础，要了解我国教师教育一体化思想的起源，我们不妨从"教师教育"这一提法在我国的出现着眼进行考察。我国的师范教育始于 1897 年（光绪二十三年），当时清政府大理寺少卿盛宣怀经奏准在上海创办南洋公学，内设师范院为其他各院培养师资。1902 年京师大学堂内设师范馆，培养中学师资，从此建立了师范教育体系。中国的师范教育起先是学习日本的经验，中华人民共和国成立以后，根据苏联封闭、定向的教师培养模式加以改造，师范教育几乎全部从综合大学中分离出去，建立了中等师范学校（培养幼儿园和小学教师）、高等师范专科学校（培养初中教师）、师范学院和师范大学（培养高中教师）的师范教育体系，并一直延续。20 世纪 50 年代末，一些师范院校改制为综合大学，但仍负有一定的师范教育任务。

需要说明的是，师范教育转为教师教育在中国经历了一段过程，而且教师教育一词具有特殊的意义。最初，"师范"两字是从日本引进的，而日本的师范教育体系在明治初年是效法法国的。法国的"师范"一词源于拉丁语，意为评价事物所依靠的标准，本意为"木匠的尺规"。日本在 20 世纪 80 年代开始进行第三次教育改革，为了提高教师的任职资格，加强教师职后培训，才有了教师教育的提法。然而，英美等国一直沿用教师教育（teacher education）一词至今。①

自20世纪50年代初以来，我国经多年发展已经形成了县级教师进修学校、地（市）教育学院和省级教育学院分别负责培训小学、初中和高中教师的职后教育体系，但是倡导使用"教师教育"取代"师范教育"是20世纪90年代末的事情，最典型的提法是在马立的《走向21世纪的中国师范教育——在全国中小学教师继续教育实验区工作会议上讲话摘要》中。②在这里，"师范教育"的内涵与外延窄化了，从原来涵盖职后教师教育开始倾向于专门指称教师职前培养阶段，而"教师教育"则用来指称教师职前培养、入职和在职培训三种教育形式。"教师教育"是一个总括性的概念，既体现了拉动教师教育改革的终身教育思想，也昭示着教师教育一体化思想的内涵。

2. 终身教育思想的提出

终身教育思想的提出，推动了教师教育的变革，也直接促动了教师教育一体化思想的最终形成。为此，我们需要了解终身教育思想的提出情况。终身教育思想的提出，源于对社会变化的适应。

第二次世界大战以后，伴随着经济复苏、国际竞争和第三次科技革命（以计算机的发明和人类进入信息社会为标志）的发展，知识、技术、信息以惊人的速度向前跃进，科学发现与大规模应用之间的时间间距也在逐渐缩短，产业结构不断调整，人类生活日新月异，这既使得西方发达国家的科技、政治、经济等方面都在迅速发生变化，又对教育产生了深刻影响。20世纪50年代之后的以美苏为代表的两大阵营之间的冷战，引发了科技之战、教育之战；人力资本理论和功能主义理论的提出与发展，助长了各国对教育的空前关注和投资；20世纪60年代末70年代初，面对经济危机，教育发展速度虽然放缓，但教师教育质量却得到空前关注，教师教育成为许多国家教育改革和教育政策扶持的重中之重，教师教育理论研究和改革创新也成为世界各国普遍关注的焦点。

知识信息的无限增长，向人们提出了"活到老，学到老"的终身学习的要求。1965年，"终身教育"思想由法国的保罗·朗格朗在巴黎召开的国际

① 李延安. 基于网络环境的教师培训模式研究［D］. 济南：山东师范大学，2005.

② 马立. 走向21世纪的中国师范教育：在全国中小学教师继续教育实验区工作会议上讲话摘要［J］. 中小学教师培训，1999（X1）：5-17.

成人教育会议上正式提出并迅速传播开来。它以强调教育的连续性与终身性为主旨，成为 20 世纪 60 年代世界教育改革与发展的主流思想，从而使信息社会成为一个学习化的社会，一个广义的教育的社会。它要求学生"学会求知，学会做事，学会共处，学会发展"，要求每一位社会成员抛弃学校教育一劳永逸的观念，终身学习，不断发展，以适应变化不定的社会的要求。

3. 教师教育一体化思想的形成

教师作为人类文明薪火的传承者，面对终身学习的时代要求自然不能例外。在这知识飞速更新、信息无限增长的社会中，教师短短的职前培养对他们余生的工作和发展来说是远远不够的。所以，教师必须在整个职业生涯过程中不断更新知识，改进教学技能，即教师必须作为发展中的个体，树立终身教育、终身发展的观念，在整个职业生涯中不间断地接受继续教育，这样才能胜任教学专业的发展与要求，不至于被迅速演变的社会所淘汰。可以说，这一时期的科技进步与社会发展使教师的培养和发展成为终身性事业。教师的培养需要摒弃以往只注重一次性职前养成的传统师范教育观念，代之以统合教师职前教育与在职教育的终身发展的新视角。

20 世纪 70 年代，终身教育思想在一些国家的教师教育报告中得到了更鲜明的体现。如法国 1972 年发表的《关于初等教育教师终身教育基本方针的宣言》中明确指出：教师培养是一个整体概念，它由职前和在职培养两部分组成。[①] 而英国 1972 年发布的《詹姆斯报告》中则提出了著名的教师教育新模式——"师训三段论"，即把教师教育分为连续的三个阶段：职前、入职、在职教育阶段，并从教师成长的观点出发，重视教师教育三阶段的连续性，即追求教师职前、入职、在职的贯穿整个职业生涯的连续发展，从而更加全面地贯彻了教师终身发展的观点。[②]

以上就是我国教师教育一体化发展的国际教师教育理论背景。正是终身教育思想在教师教育领域的影响与发展，促进了教师终身教育体系的建立。我国的教师教育有自身成长轨迹，但其发展符合国际大趋势。我国教师教育一体化的思想缘起，既得益于我国教师教育教学需求和国家对教师在职教育的推动，又得益于终身教育思想的提出及其对国际教师教育发展的促进；而终身教育思想的提出则源于科技进步和社会发展。一言以蔽之，教师教育一

---

① 苏真. 比较师范教育 [M]. 北京：北京师范大学出版社，1991：128.

② 梁忠义，罗正华. 世界教育大系：教师教育 [M]. 长春：吉林教育出版社，1998：480-484.

体化的形成与发展，是教师教育适应科技发展、社会信息化、经济全球化的产物。教师教育一体化的目的是培养能够适应社会变化的教师以及解决教师教育中的质量与效益问题。[①]

（二）我国教师教育一体化的进展

新中国成立以来，教师教育一体化在我国大体经历了酝酿时期、形成时期和发展时期三个历史阶段。这三个阶段构成了一条逐渐发展的历史主线，展现了教师教育一体化的历史脉络与内在逻辑。

1. 酝酿时期（1949—1999 年）

从 1949 年新中国成立到 1999 年《中小学教师继续教育规定》颁布，具有教师继续教育性质的中小学教师培训体系逐步形成，使终身教育思想在教师教育领域逐步得到贯彻，为我国教师教育纵向一体化奠定基础。我国教师终身教育体系的最终形成以《中小学教师继续教育规定》的颁布为标志。在此时期，我国中小学教师培训体系的发展与变革大体经历了三个阶段：新中国成立至"文革"前，中小学教师培训体系初步形成；"文革"后至 20 世纪 80 年代末，以教材教法过关和学历补偿性为主的培训体系继续完善；20 世纪 90 年代，继续教育性质的中小学教师培训体系开始形成。

（1）初步形成中小学教师培训体系

新中国成立初期，师范教育根本不能满足当时教育的实际需要。据统计，1951 年至 1955 年间至少需要增加各类学校教师 128 万人，而每年师范院校毕业生仅 1.3 万人。为此，教育部于 1951 年 8 月 27 日召开了第一次全国初等教育会议和第一次全国师范教育会议，讨论如何解决师资问题。会议决定采取"正规师范教育与大量短期训练相结合"的方针，以期迅速有效地培养大量师资。可以说，短期师资培训班是新中国有组织的教师培训的开始。[②]这为教师教育最终向纵向一体化发展提供了基本的政策指导和教育模式。

1952 年秋，教育部向全国发出了"加强中小学教师在职学习的领导，建立系统的教师进修制度"的号召，并指示各大行政区选择一座适当的城市筹办教师进修学院，各省也可以选择有条件的县筹办教师业余学校，省市教育厅、局直接筹办或委托师范学校举办函授学校一所。1953 年，教育部限定了

---

① 张贵新，饶从满. 关于教师教育一体化的认识与思考［J］. 课程·教材·教法，2002（4）：58-62.

② 李延安. 基于网络环境的教师培训模式研究［D］. 济南：山东师范大学，2005.

中小学教师在职学习的主要对象（不及专科毕业程度的中学教师），并确定了在职培训的目的（提高其文化水平，使其能胜任教学工作）。可以说，这种在职培训就是补偿性的胜任培训。1954 年，在总结前三年教师培训经验基础上，教育部确定了中学教师培训的几种有效组织形式（教师进修学院、函授学校、教学研究会以及定期报告等）。其中，东北师范大学创立和实施的函授教育是解决教师在职学习问题的一种有效形式，能够适应我国社会主义建设人才需要高质量教师培养的要求。1957 年，国家对函授师范学校（师范学校函授部）、业余师范学校（小学教师业余进修学校）的任务、学制、教学内容、领导机构、人员编制、经费开支作出规定。通过几年的建设和发展，我国中小学教师培训体系粗具规模，形成了固定的培训机构。无疑，这为后来的教师教育一体化体系中在职培训部分提供了与当时实际相吻合的办学目标、招生范围、组织体系和办学模式，并积累了一定的经验。

（2）完善以教材教法过关和学历补偿性为主的培训体系

"文革"对我国社会、经济造成了巨大创伤，教育事业遭受重创，教师培训工作基本停滞。"文革"后，随着各项建设事业的逐步恢复，教育又开始步入正轨。面对满目疮痍的学校教育，面对合格师资严重短缺的问题，这一阶段的教师教育主要以学历补偿性的教师培训为主。

1978 年，教育部提出"力争在三五年内，经过有计划的培训，使现有文化业务水平较低的小学教师大多数达到中师毕业程度，初中教师在所教学科方面大多数达到师专毕业程度，高中教师在所教学科方面达到师范学院毕业程度"的目标。1980 年，教育部印发的《关于师范教育的几个问题的请示报告》中指出，师范教育是教育事业的工作母机，是造就培养人才的基地。"各级教师进修院校是培训中小学在职教师和学校行政管理干部的基地，是我国师范教育体系中的有机组成部分。"中小学教师在职培训在师范教育体系中被提到与教师职前培养同等重要的位置上。1985 年 5 月，中共中央颁布的《关于教育体制改革的决定》中指出，建立一支有足够数量的、合格而稳定的师资队伍是实行义务教育、提高基础教育水平的根本大计，要把发展师范教育和培训在职教师作为发展教育事业的战略措施，更加突出了在职教师培训工作在整个教育事业发展中的重要地位。[①]

在此阶段实施的培训，主要在于解决很多教师在教学业务能力、学历层

---

① 李延安. 基于网络环境的教师培训模式研究 [D]. 济南：山东师范大学，2005.

次方面存在的不达标问题。"文革"之后 1983 年之前，我国开展了以教材教法过关为重点的中小学教师培训工作，旨在帮助教师过好教材教法关。1983—1989 年开展了以学历补偿教育为重点、能力补偿教育与学历补偿教育兼顾的培训，帮助各级学校教师达到应有的合格学历标准，即小学教师达到中师（或高中）毕业，初中教师达到师专毕业，高中教师达到大学本科毕业的标准。

通过职前培养和职后培训共同加强教师队伍建设的教师教育体制逐渐形成。此时，教师教育的任务在数量满足与质量提高上是并重的。此时的教师教育，其职前阶段与职后阶段分属于不同的机构，尚缺少沟通。对于贯穿教师职业生涯的教师成长规律的研究还很缺乏，没有贯彻到教师教育中来。但此阶段，教师教育横向一体化的趋势开始出现，不同的机构、部门开始参与教师培训工作，各级师资培训网开始建立和健全；任职学校、函授学校、巡回辅导和讲座、业余大学、广播电视教育等形式被广泛应用于教师培训工作中。各级师资培训网和广播电视教育的应用，为后期教师教育一体化建设中网络培训模式的构建提供了"人网"和"天网"的模式基础。

（3）开始形成继续教育性质的中小学教师培训体系

1990 年 10 月，全国中小学教师继续教育工作座谈会在四川自贡召开，会上提出在"中小学教师达到国家规定的学历以后，不失时机地将培训工作的重点逐步转移到开展继续教育上来"①。会议论证了开展中小学教师继续教育的必要性，提出了中小学教师继续教育的目标、任务、遵循原则、教学形式等。1991 年，国家教委印发了《关于开展小学教师继续教育的意见》，对小学教师继续教育的内容、原则、任务、形式、方法、网络建设等都进行了规定。1993 年，中共中央、国务院在《中国教育改革和发展纲要》中提出各级政府要努力增加投入，大力办好师范教育，把大力开展岗位培训和继续教育作为重点。从此，继续教育在我国被确定为一种新型的教育制度。1995 年《中华人民共和国教育法》第一次从法律上明确了中小学教师有接受继续教育的权利。师范教育司于 1996 年 10 月、1997 年 1 月两次召开会议，专门研究开展中小学教师继续教育的问题，提出了开展中小学教师继续教育的区域性试验工作。1997 年 7 月，国家正式批准、确立 45 个国家级中小学教师继续

---

① 柳斌. 国家教委副主任柳斌同志在全国中小学教师继续教育工作座谈会上的讲话［J］. 中小学教师培训，1991（1）：3-5.

教育实验区，然后又组织进行《中小学教师继续教育课程开发指南》和部分共同课的编写工作。[①]

1998年，教育部在《面向21世纪教育振兴行动计划》中，提出实施"跨世纪园丁工程"，该工程中一项很重要的内容就是为提高教师队伍的整体素质，对现有中小学校长和责任教师进行全员培训和继续教育。同年12月全国中小学教师继续教育实验区工作会议在青岛召开，师范司决定将中小学教师继续教育作为"跨世纪园丁工程"的一项重要的子工程来抓，即开始实施"中小学教师继续教育工程"，这使中小学教师继续教育开始走向规模化和规范化。1999年9月，教育部颁布了《中小学教师继续教育规定》，从总则、内容和类别、组织管理、条件保障、考核与奖惩等方面对中小学教师继续教育进行了规定。这是我国开展中小学教师继续教育的第一个有指导意义的行业规范性文件，标志着我国教师终身教育体系最终建立。之后，在全国中小学教师继续教育和校长培训工作会议上，教育部明确提出了全面推进中小学教师继续教育的思路和措施，指出全面推进中小学教师继续教育要以提高实施素质教育的能力和水平为重点。这次会议标志着我国中小学教师继续教育工作进入全面推进、全方位推进的新阶段。[②]

在这个阶段，教师教育（教师培训）的中心任务已经从教师教学能力胜任化的教材教法过关培训、教师学历合格化的学历补偿教育向全面提高教师素质的继续教育转轨。根据终身教育思想和国际教师教育及管理经验，我国初步建立了中小学教师继续教育制度，使中小学教师培训工作的开展自此有了制度上的依据。以上所有都为教师教育内部一体化意义上的教师教育纵、横向一体化奠定了基础。

2. 形成时期（1999—2004年）

在这段时间里，鉴于前一阶段存在的问题，教师教育开始追求纵向、横向和深度一体化。教师教育不仅关注理论与实践之间的一体化，也开始关注教师认知因素以外素质如师德素质、心理素质等方面的发展，还基于教师教育效益而开始进行教师教育机构改革撤并、重组与整合。在此期间许多省级教育学院被撤并，与当地师范院校进行整合，实现了职前教育与职后教育的

① 马立. 走向21世纪的中国师范教育：在全国中小学教师继续教育实验区工作会议上讲话摘要[J]. 中小学教师培训，1999（X1）：5-17.

② 李延安. 基于网络环境的教师培训模式研究[D]. 济南：山东师范大学，2005.

机构整合。

国家开始将教师培训纳入教育发展规划。教师培训形成了强调全员、突出骨干的层级培训和专项培训相结合的立体培训格局。这两个五年期的教师培训和各种专项培训围绕教师综合素质提高展开，在培训目的、培训形式、培训范围、培训内容以及培训机构设置方面都与补偿教育时期的教师培训有显著差异。2000年印发的《中小学教师继续教育工程方案（1999—2002年）》要求完善与加强国家、省、市（地）、县、乡、校等各级培训机构建设，全国形成了众多机构广泛参与教师培训的教师教育体系。2001年印发的《国务院关于基础教育改革与发展的决定》中进一步提出，要"完善以现有师范院校为主体、其他高等学校共同参与、培养培训相衔接的开放的教师教育体系"。而以计算机互联网技术为代表的科学技术的发展使中小学教师培训形式发生了较大变化，补偿教育时期的"三沟通"模式发生改变，建立了以教育信息化带动教师培训现代化的崭新培训形式。

2002年，教育部印发了《关于加强县级教师培训机构建设的指导意见》，决定由县级教师培训机构来承担本地区义务教育阶段教师、幼儿园教师和小学校长的继续教育任务，承担本地区基础教育新课程、教材和教法培训等，其成为本地区开展中小学教师继续教育工作的培训、研究和服务中心，并为本地区中小学校开展教师校本培训提供指导和服务。2003年9月，教育部启动实施"全国教师教育网络联盟计划"，运用远程教育手段，整合优质教师教育资源，高质量、高效益地培训教师，迈出了大规模以网络形式培训教师的一步。2004年，教育部印发的《关于加快推进全国教师教育网络联盟计划组织实施新一轮中小学教师全员培训的意见》中提出"新理念、新课程、新技术"和以师德教育为重点的教师培训目标。2004年12月颁布的《中小学教师教育技术能力标准（试行）》中又对教师的现代教育技术素质提出了更高要求。

3. 发展时期（2004年至今）

21世纪初期，教师教育进入全面一体化时期。基于现代远程教育，职前与职后教师教育机构融合，学历与非学历沟通，理论与实践并进，资源共享的立体化、开放化的一体化教师教育体系于2004年形成，并在新时期得到进一步发展。在观念上，2005年度全国教师教育工作会议在科学发展观的指导下明确提出，要正确处理教师培养和教师培训的关系。2006年以来，师范教育司一直以科学发展观统领教师教育和教师工作，围绕建设德才兼备教师队伍的根本目标开展工作，这一阶段的教师教育发展主要表现在以下几个方面。

第一，建立全国教师教育网络联盟。在这一阶段，国家着力构建教师网联教学管理平台和公共服务体系，大力推进区域性教师网联体系建设，推进县级教师培训机构改革和建设，构建区域性教师学习与资源中心。建立有效机制，开发核心课程，加强教师远程培训优质课程资源建设，促进课程互选和优质教师教育资源共享。国家从整个教师队伍的战略性发展出发，仍然把骨干教师培训作为重点来抓，组织实施了中小学骨干教师示范性培训项目、培训者培训项目。在此阶段，教育部积极关注农村教育，大力加强农村地区师资队伍建设。同时，充分利用教师教育网络联盟中的各级教师教育机构（人网）、卫星电视系统（天网）、计算机互联网（地网）的人力、物力，有效共享各地优质资源，在国家统一领导下，发挥各地主观能动性、创新性，开展了各种形式、各种内容的培训。

第二，创新教师教育模式。实施"农村学校教育硕士师资培养计划"，即在具有推荐免试研究生资格的大学中，选拔部分优秀应届本科毕业生，为中西部地区扶贫县高中培养教育硕士师资。随着该计划实施的范围、规模不断扩大，培养模式也不断得到创新和改革。教育部启动实施"农村义务教育阶段学校教师特设岗位计划"，公开招募高校毕业生到西部"两基"攻坚县县以下农村义务教育阶段学校任教。该计划的实施，不仅拓宽了大学生就业渠道，提升了农村教师学历层次，缓解了师资匮乏的矛盾，还创新了农村教师培养和补充机制。除此之外，还实施了大学与中小学合作培养教师的模式，并建立了综合改革实验区。这种培养模式较好地兼顾了教师教育外部一体化，即理论与实践的一体化，能对中学教育教学及学校发展有很好的促动。为了提高学生教育教学实践能力，该模式要求学生在教师教育基地以教育见习、微格教学、教育实习等多种方式进行教育实践。

第三，加强教师教育一体化制度建设。2005 年度全国教师教育工作会议提出，要促进教师教育的法制化、制度化。为此，一是抓紧研究修订《中华人民共和国教师法》、《教师资格条例》和《〈教师资格条例〉实施办法》等现行法律法规。二是研究制定《教师教育条例》《教师资格考试暂行办法》《教师专业标准》《教师教育质量标准》等新的规章，规范教师教育过程，建立教师教育准入制度，构建教师教育标准体系，形成教师教育质量控制机制。①2007—2009 年，教育部对《中小学教师继续教育规定》进行了多版修订，以

---

① 袁贵仁. 全面落实以人为本的科学发展观 努力造就让人民满意的教师队伍：2005 年度教师教育工作会议上的讲话 [J]. 中小学教师培训，2005（5）：3-8.

期建立健全教师培训的激励和保障机制，试行培训学分制。在制度建设中，为了严把教师入口关，国家对教师资格制度的完善格外关注。事实上，实施此制度，对于教师教育实现开放化和一体化，拓宽教师来源渠道，严把教师队伍入口关，促进教师终身学习和发展，引导教师教育改革，努力造就高素质专业化的教师队伍已经产生了重大影响。2006 年以来，为了进一步严格、规范教师资格准入制度，教育部研究修订了《〈教师资格条例〉实施办法》，建立教师资格定期认证制度，制定教师资格定期注册办法，并组织试点，将教师培训学分与定期注册相结合；强化教育教学能力要求，研究制定教师教学能力考试考核的标准和办法；建立适应信息化和政务公开要求的教师资格认定信息系统。

第四，强化教师教育课程建设。师范教育在课程设置上更加关注学术性和示范性的提升与结合，在教学设计和实施中加强教师教育课程的实践性，倡导案例教学、课例分析、观课研讨等教学形式。这正是实现教师教育外部一体化，使高校教师培养有效促进中小学教育教学质量提升的有效措施。另外，教师培训关注教师素质的全面发展，强化师德建设。在这一阶段，国家始终把师德建设放在教师队伍建设的首位：不断完善教师职业道德规范和考核管理制度，进一步加强和改进师德教育；大力弘扬模范教师高尚师德、展示新时期人民教师的精神风貌，激励广大教师自觉践行"四点希望"，让其努力成为受学生爱戴、让人民满意的教师。关注教师心理健康教育及其自我调节能力的发展。提高教师的心理健康教育能力和自我调节能力成为新时期教师教育的重要任务。除此之外，还要加强教师教育技术能力建设。

三、教师教育一体化建设困境

从我国现代教师教育发展史来看，新中国成立以来存在两种偏差：新中国成立后至"文革"期间，中小学教师的地位、作用及其教育问题受到忽视；"文革"结束到 20 世纪 90 年代初，职前培养得到重视和比较充分的发展，而在职培训基本处于"补课"阶段——教材教法过关培训和学历补偿培训。20世纪 90 年代至今，职后培训才真正将工作重点转移到继续教育上来，也开始受到重视，并规范地、大面积地开展起来。在教师教育发展的不同阶段，有不同的成就，也存在着不同的问题。纵观中小学教师职前培养和职后培训，其在一体化的方向上还有很长的路要走。目前，主要存在以下问题。

（一）整体设计和实施中未能观照教师的专业发展规律

教师是一个终身持续不断主动发展的个体，关键事件在其发展中对其发展轨迹和发展质量起着决定性的作用。教师的专业发展有规律可循，教师专业发展具有阶段性、周期性和主动性，在每一个发展阶段都有自己的发展重点与需求。然而，目前还存在诸多问题。

1. 假"教师专业发展"之名，行被动专业化之实

随着全球经济的发展、知识经济的出现和科教兴国战略的深入实施，国家对教师教育空前重视。然而，我国的教师教育远未达到尽善尽美的境地。从教师教育的历史实践来看，教师专业化的重点正从群体转向个体；教师个体的专业化，也从强调教师个体的被动专业化，转向强调教师个体的主动专业化。[①] 在理论研究领域这种趋势比较明显，在实践领域总体上也表现为这种趋势，但从各地出现的情况看，教师教育在学习动机与组织者意志上并未实现一体化。在影响教师教育质量的繁杂因素中，最根本的莫过于教师参与培训学习的积极性和主动性。一些地区宣传动员和调研沟通不到位、工学矛盾未能得到有效解决，致使培训的针对性不强、教师参训条件不足，教师参加培训学习的积极性也就不足，其迫于行政压力和制度规约而被动参训，疲于应付，培训走过场，培训效益不高。教师教育未能对教师素质提高进而对学校教学质量改进起到有效的推动作用，导致教师教育外部一体化难以实现。

2. 教师教育一体化制度尚未形成

教师教育与教师专业发展规律应该契合。在英国，为了使职前、职后教师教育有效衔接与贯通，其推行了教师职业"入职简介"制（Career Entry Profiles）。英国政府规定，新教师被雇佣和进入工作岗位时都要持有"入职简介"。这种"入职简介"制将教师教育的职前培养和在职培训融为一体，强化了职前和在职教育的衔接和过渡，注重从教师成长的整个历程来推动教师教育的改革。反观我国，虽然国家已经着手确立课题鼓励广大教师教育研究者开展教师专业标准研究，并已经取得了一定成果，但是将相关成果应用于实践来大规模指导教师教育还需要一段时间。目前，各地的职后教师教育机构包括高师院校继续教育机构只是根据自己对于教师专业标准的理解，结合对教师需求调研的情况来开设课程实施培训。此外，单纯依据教师需求开设

---

① 叶澜，白益民，王枬，等. 教师角色与教师发展新探［M］. 北京：教育科学出版社，2001：208.

课程而忽视基于教师成长规律的专业引领、根据教师成长规律或国家政策设计课程而忽视教师实际需求的偏执现象比比皆是。这种顾此失彼，缺乏教师教育一体化思维观念的培训无疑是不成熟的教师教育。

（二）管理粗放，培训缺乏针对性

成人学习具有追求实用性、有效性的特点，要求学习内容有较强的针对性。目前，各地普遍都在实施分学科、分层次的培训，这是我国当前中小学教师培训的趋势和主流。在北京、上海、长春、石家庄、厦门等地，还出现了细分学科、由导师带教的学科带头人、特级教师以及专家型教师培训。

虽然如此，在职后培训中，由于培训工作任务量较大、财力有限等问题，不考虑学员发展状况、新老教师一起进行的"全员"培训还在各地大量存在。全员培训是要使每一位教师都在自己的原有基础上得到最大程度的发展，而非不考虑基础一起发展。对于观念性的培训来说，个别培训采取了学科内的全员培训甚至不分学科的"一锅煮"的方式，这无疑会影响非针对性学科教师对于培训内容的吸收程度，至多算是借鉴启发课。[①] 教师所教科目不同、教师的发展水平有异、不同学校具备的教育教学资源条件不同，这些都导致教师的需求有所区别，非差异性培训悖逆了按需培训的原则，培训内容的设计缺少层次，培训手段或措施的采用缺乏针对性。这样做的结果是有的学员吃不了，有的学员吃不饱，有的学员没得吃，所有学员都吃不好，学员的专业发展受到影响，培训效益低下。因此，这种培训对于教师任职学校的发展和教学质量的改善自然是功效不高的，教师教育作用被边缘化，严重影响了教师教育外部一体化。

（三）教师培养、聘任与使用制度不完善

虽然经过《中华人民共和国教育法》《中华人民共和国教师法》《教师资格条例》及其实施办法、《中小学教师继续教育规定》等相关法规制度的建设，教师继续教育制度不断完善，但教师聘任制度并未与之有效协调起来。主要表现在中小学尤其是在人口居住分散的边远落后地区的复式学校，教师编制相对紧张，教师工学矛盾突出，外出培训几乎不可能，这极大制约了教师的在职进修。为此，2009 年教育部在特岗教师政策中对教师编制问题尤其是农村教师编制问题比较关注，但由于国家财力问题，若为教师进修留有余

---

① 孟令欣. 中小学教师教育技术能力培训策略研究：基于教师教育一体化视野 [D]. 长春：东北师范大学，2013.

编恐怕还是奢求。教师在面对在职培训任务时因无人代课会产生工学矛盾，教师要想参加集中脱产培训，学生就得放假或上自习，这使教师脱产参加培训受到制约。[①] 然而，受教师继续教育制度的约束，教师不得不按规定拿到一定的学分，于是有些教师干脆让他人顶替参加培训，或签完到就走人，或在课上批作业、备课，这些行为在低效课堂上时有发生。可以说，这些教师参加在职培训只是为了完成任务，学习效果可想而知。教师的培养、聘任制度不统一、不完善，严重制约了教师教育一体化进程。

（四）培训管理者的观念需要进一步发展

许多中小学管理人员逐渐接受了新的办学理念，开始关注学校自身长远的、富有生命力的发展，也开始把教师的充分发展作为学校发展的核心力量，并把教师的发展与学校教学质量改善紧密结合起来。然而，笔者暑期参与东北师范大学承担的"教育部援助内蒙古自治区中小学骨干教育培训项目"期间调研发现，基层地方和学校教师教育管理者的思想还有待解放，对教师校本培训的理解还有待深化。

无疑，这种模式为教师教育横向一体化和外部一体化积累了宝贵的经验。而东北师范大学在国家师范生免费教育政策实施后积极探索教师教育改革新路，提出了"4+2"人才培养模式，坚持为基础教育服务的办学宗旨与传统，在 20 世纪"长白山之路"经验基础上，审时度势，开拓创新，于 2007 年 12 月创建了"教师教育创新东北实验区"。根据协议，东北师大与东北三省教育厅将开展师范生教育实习、中小学教师培训、基础教育课题研究、教育硕士支教服务、信息平台共享等合作。在师范生教育实习方面，双方强调由师范大学、地方政府和中小学三方共同担负师范生毕业实习任务。实验区实行"大学—地方政府—中小学"合作的教师教育模式，使得学生在成为准教师前就有机会在教学第一现场进行全面的教学体验。同时，借助大学为中小学提供培训服务、开展课题合作研究等方式，地方的中小学也得到了大学专业理论的有效引领。至 2008 年 9 月，东北师大在东北三省 17 个县的实验区建立了 83 个实习基地，这无疑是教师教育一体化的有效实践形式。

（五）教师专业情意有待进一步发展

受唯智论的影响，一直以来，教师培训和传统教育一样，倾向于突出智

① 钟祖荣. 教师教育一体化的反思与教育学院发展的选择 ［J］. 教师教育研究，2011，23（6）：9-13.

力与技能素质的发展，对于其他情意素质的发展关注不够。随着新课改中教育目标向"知识与技能、过程与方法、情感态度与价值观"转变，教师教育未能跟上教育形势的发展。教师情感、意志等非智力因素的发展，不仅需要直接的助力与培训，还可以从参与培训的方式和场景中习得与实现。人类并非纯粹的理性动物，人类还是情绪与情感的动物，情绪与情感是影响学习的重要因素。我们要使学习成为教师的自然习惯，成为自觉、自为、自主的行为，成为教师全部实践活动中最经常、最活跃、最自然的组成部分，学习不应该成为苦役，而应是一种物质和精神的享受。那么，就要关注教师与时俱进的自然性、理性、德性和社会性的发展，既要顺应教师人性发展的特点，又要使教师在培训、进修和自我导向性学习中获得发展。

为此，基于网络的校本教研、参与式学习、开放性导师制、案例教学、课例研讨、头脑风暴等成为我们在教师培训工作中需要广泛采用的培训方式。[①] 这些方式不仅本身就给教师提供了自主自为、主动参与、资源共享的机会以及获得专业引领与榜样示范的机会，还能使教师之间形成合作发展的机制和氛围，在理论与实践的结合中获得提升和发展。[②] 这种发展将是全面的、有深度的，从教育教学技能的提高、教育教学思想和教学风格的形成，到专业生活习惯与发展方式的习得，再到合作意识与能力的发展和情意素质的形成与成熟，使教师专业素质全面提升，使教师人性不断张扬与丰满。只有这样，教师教育深度一体化才能实现。

四、教师教育一体化政策建议

教师教育一体化是一项长期的改革任务。无论是教师教育的内部一体化还是外部一体化，都必须在改革实践中逐步实现。如何进一步推进当前的教师教育一体化改革呢？笔者认为可以尝试从以下几方面进行。

（一）加强教师教育体制改革

要实现教师教育一体化首先要转变观念，形成新形势下科学的教师教育观念。树立教师教育的新观念，即职前和职后教育对教师而言是一个整体，应统一到教师专业发展的整个过程中，教师职后教育的重要性不会比教师职

---

① 刘义兵，付光槐. 教师教育一体化发展的体制机制创新［J］. 教育研究，2014，35（1）：111-116.

② 高艳. 职教教师教育一体化体系构建研究［D］. 秦皇岛：河北科技师范学院，2014.

前教育低，在某种程度上甚至要高一些；改变将职前教育与职后教育看成两个互不相关的二元结构的观点，树立开放的教师教育观念，将新世纪教师职前职后教育看成一个开放的、多元的、多层次的一体化教师教育体系。另外，我们要加强教师教育体制改革，由定向型、封闭型的单一师范教育体制向非定向型、开放型的教师教育体制转变，通过改革现有教师教育机构，实现机构一体化。① 要实现机构一体化，首先要鼓励综合性高等学校和非师范高等学校参与中小学教师职前、职后教育工作，探索在有条件的综合性高等学校中试办教育学院，拓宽教师职前、职后教育的渠道，保持教师队伍的生机与活力，培养出质量更高的教师。② 其次，要重组教师教育机构，将原来从事职后教育的教育学院与其他院校合并或通过转型改制为普通高等学校，新改制而成的普通高校通过在学校内部设立职前教师教育机构和职后教师教育机构，转化为职前职后统一教师教育机构。最后，师范院校也要积极探讨建立职后教育机构，统筹管理教师职前职后教育，充分利用教师职前教育的师资和设施资源。

（二）优化教师教育课程设置

课程设置是教师教育改革的核心内容，职前教育和职后教育一体化最关键的就是课程的一体化。教师教育课程可分为通识课程、学科专业课程和教育类课程。通识课程重视为未来教师打下比较广博的文化基础。学科专业课程重视学科的基本结构和前沿成果，使学生既掌握该学科的基本概念、原理和规律，又把握学科发展的新动向。教育类课程重视未来教师教育教学基本素养的养成。教师职前和职后教育阶段，课程设置的重心应有所不同。职前教师教育的主要目标是使未来教师有着广泛的文化基础知识、掌握系统的学科知识、具备从教的基本理论知识和教育教学基本技能，为其在以后的教育教学实践中成长为成熟教师打下坚实的基础。

针对当前教师职前教育类课程比较单一的现状，应增加教育类课程门类，建构起包括教育基本理论、课程论、教学论、教育研究方法、教育心理学、教育管理学等在内的丰富的课程体系。职后教育的目的是提高教师的专业知识、技能和改善态度。在学校教育教学这个实践平台上，教师要不断提高自己的知识水平与能力。职后教育通识课程应重视基础文化知识的更新、加深

① 刘义槐，付光槐. 教师教育一体化发展的体制机制创新［J］. 教育研究，2014，35（1）：111-116.

② 陈时见，王雪. 教师教育一体化课程体系的构建与实施［J］. 教育研究，2015，36（8）：109-112.

和发展。学科专业课程应讲解学科新的发展态势和成果，加强对学科知识的探讨。教育类课程应是职后教师教育的重点和中心。因为职前教育缺乏足够的教育教学实践，而在职后教育中教师能真正从事具体的教育教学实践活动，在活动中，教师亲身实践、感悟，能够发现自己教学中的优缺点，进而深刻思考如何将自己的学科专业知识与教育教学能力更好地结合起来，如何提高自己的教育教学水平，并且教育理论也是不断发展的，这些都需要教师通过教育类课程的学习加以完善。

（三）完善教师资格制度和继续教育制度

教师资格制度，是国家对教师实行的法定的职业许可制度，它规定了国家对专门从事教育教学的工作人员的最基本要求，是公民获得教师岗位的法定依据。教师资格认证应严把教师入职标准，为职前教育提供有效的质量验收依据。要继续改革和完善教师资格制度。教师资格认证应对教师资格申请者在学历、学科专业课程和教育专业课程上应达到的学分、水平以及教育教学实践的能力、资格证书有效时限等方面作出严格的规定；应考虑教师水平的差异与开放化教师教育体系的要求，严格划分资格证书的层次，细化教师资格的学科类别。就目前我国的教师资格制度来看，其主要应对教育教学实践能力提出更为具体的标准。另外，教师资格制度还应规定在职教师获得更高一级或者其他学科教师资格的要求及途径，为教师专业发展提供机会。

为保证教师职后教育的有序开展，要把继续教育制度化、规范化、经常化。建立定期的不同层次的教师接受继续教育的制度，加强继续教育课程和培训方式改革。教师继续教育要根据教师不同的任教年限分为不同的培训项目，将培训内容细化，使培训更有针对性。在管理上，要把教师继续教育与教师资格证书的更换结合起来，在职教师必须在规定的时间内参加一定学时的继续教育，才能更换教师资格证书，取得继续任教的资格；要把教师继续教育与晋级、升职和加薪联系起来。教师资格制度和教师继续教育制度将教师的职前教育与职后继续教育紧密联系在一起，完善教师资格制度和继续教育制度将为教师职前教育和职后教育一体化提供制度保证。

总之，教师教育一体化不仅要在组织形式上实现一体化，更要在培训方案、课程设置上真正实行一体化。设置教师教育一体化的课程，是使一体化落到实处的前提条件。探索建构教师教育一体化课程的理论与实践，对于促进我国教师专业发展，真正实现教师教育一体化具有非常重要的现实意义。

第六章　我国教师队伍建设的政策建议①

新中国成立以来，党和国家高度关注中小学教师队伍建设。《国家中长期教育改革和发展规划纲要（2010—2020 年）》中明确提出，要"努力造就一支师德高尚、业务精湛、结构合理、充满活力的高素质专业化教师队伍"。中小学教师队伍在多次改革中砥砺前行，教师队伍规模不断扩大，教师队伍结构不断改善，教师队伍专业化水平越来越高。虽然中小学教师队伍建设在整体上呈现不断向前发展之势，但其在发展过程中仍面临着一些挑战。深入探讨教师队伍在发展过程中取得的成就和产生的问题，从而提出更具针对性的解决策略，对我国中小学教师队伍的建设发展具有重要的现实意义。

一、中小学教师队伍建设的主要成就

（一）教师队伍结构渐趋合理，教师数量稳步上升

教师队伍建设逐年向好，规模不断扩大，结构不断改善，专业化水平越来越高。某研究这样描述新中国成立后教师队伍的整体状况：目前我国各级各类教师人数是新中国成立初期的 17.9 倍，改革开放初期的近两倍。教师数量基本满足了基础教育的师资需求，教师学历层次不断提高，教师队伍结构（学历结构、年龄结构等）不断改善。从最初的 20 世纪 50 年代师范教育的初师、中师、师专、本科四个层次提升到 21 世纪的专科、本科、硕士甚至博士，不断向高质量的方向迈进。② 此次调研也发现，2012—2017 年，我国普通中小学教职工总数增加 44.84 万，平均增长率为 0.73%；专任教师增长 58.27 万人，平均增长率为 1.07%，表明教师队伍发展在数量上呈现稳中上升的趋势。同时，中小学教师队伍在性别结构、年龄结构、职称结构、学历

---

① 本章部分内容发表于《华南师范大学学报（社会科学版）》2020 年第 6 期，内容有改动。
② 龙红霞. 新中国成立 70 年基础教育教师队伍建设的成效及展望 [J]. 中国教育学刊，2019（10）：68-72.

结构、师生比结构和学科结构等方面的发展均取得了重大成就，如年龄结构和职称结构总体上呈现较为合理的"倒U形"的分布形态、整体学历水平逐年提高、"小学科"教师比例呈现增加趋势等，这些都表明我国中小学教师队伍发展在结构上逐渐优化。从数据分析中不难看出，我国的中小学教师队伍发展在总体上呈现出动态上升的趋势，取得了优秀的成绩。

（二）教师队伍软实力不断提升，师德建设成效显著

新中国成立以来，党领导下的师德建设成效显著。党的十八大以来，以习近平同志为核心的党中央开始从全局角度考虑教育和教师问题，把人民对更好教育的期盼付诸提高教师师德水平，从实现中华民族伟大复兴中国梦的战略高度来思考和谋划教师队伍建设。[①] 2018年，习近平总书记在北京大学师生座谈会上强调："评价教师队伍素质的第一标准应该是师德师风。"近年，一些研究对新中国成立以来师德建设的发展历程进行了梳理，并从中总结经验，这对于新时代教师深入落实立德树人根本任务，建设党和人民满意的高素质专业化教师队伍，具有重要的理论价值和实践意义。本研究牢记时代精神，密切关注学术界的研究动向，从"职业理解与认识""对学生的态度与行为""教育教学的态度与行为""个人修养与行为"四个维度对教师师德修养整体状况进行了细致调研。首先，绝大多数教师都有正确的职业理解与认识。据调查数据统计，21.73%的教师受教师职业的吸引而选择这一职业，20.09%的教师是因为家庭的影响等因素选择这一职业；66.23%的教师非常认同教师职业的专业性和独特性特点，28.25%的教师表示比较认同这一观点。从这些数据来看，绝大多数中小学教师热爱教师职业，虽然他们在进行职业选择时动机各异，但大多数教师对于为什么从事教师行业有清晰的认知。其次，绝大多数教师有以生为本的学生观，有正确的学生发展理念。调查结果显示，71.5%的教师以学生的全面发展作为评价学生的重要依据，且大多数教师能够充分了解学生的身心发展特点并尊重学生的个体差异，进行适当的教育。最后，教师自身修养水平较高。调查发现，多数教师具有爱心和责任心，自我提升意识较强，对待工作和生活态度乐观，尤其是在自身仪表和言行方面，77.1%的教师认为自己在教学中衣着整齐、行为得体。整体而言，大多数中小学教师的师德修养处于理想水平，我国中小学教师队伍软实力不

---

① 秦苗苗，曲建武. 新中国成立70年师德建设回顾总结和展望［J］. 现代教育管理，2019（10）：21-26.

断提升。

（三）教师核心能力日益增强，教学能力整体提升

教师教学能力一直是学界关注的热点问题。教师的教学能力是教师进行有效教学的核心能力。关于教师教学能力所包含的维度，学者们有着不同的见解，譬如王光明等认为教师教学能力是"教师核心能力"之一，其包括教学设计能力、教学管理能力、教学实施能力、教学评价能力、课程开发能力等维度。[①] 结合各位学者的研究成果，本研究对教师教学能力进行了界定，包括教学设计能力、教学实施能力、教学调控能力、课程资源开发能力和教学研究能力五个维度，并以此为基准进行了调研，采用李克特量表对五个选项赋值，"完全不符合"赋值为1，"比较不符合"赋值为2，"不确定"赋值为3，"比较符合"赋值为4，"完全符合"赋值为5，分别计算上述五个维度和每个维度下具体指标的均值，通过比较均值大小的方式，分析得出我国中小学教师教学能力的整体现状。首先，教师教学能力整体表现较好，教师教学设计能力较强。调查数据显示，教师教学设计能力的均值为4.44，高于五个维度的总均值。其次，教师教学能力的五个维度发展势态良好。调查数据表明，教学设计能力、教学实施能力、教学调控能力、课程资源开发能力和教学研究能力各维度的均值分别为4.44、4.30、4.23、4.33和3.59，虽然教师在教学研究能力方面有待提高，但是其中的创新能力较强，均值为4.13。最后，教师教学能力呈现地域差异，其中中部地区教师能力（均值为4.51）与城市教师能力（均值为4.21）水平较高。

（四）教师职业吸引力水平提高，社会声望相对较高

在已有的职业声望研究中，学者们所研究的维度各不相同，譬如有的学者从职业道德声望、职业能力声望和职业贡献声望三个维度对教师的职业声望进行分析[②]，本研究则从教师职业声望评价、教师职业魅力、教师职业认同三个维度展开调查。研究团队通过自主开发的教师职业声望调查问卷（教师卷克隆巴赫α系数为0.84，社会人士卷克隆巴赫α系数为0.94）收集数据，发现社会人士比较认可教师这一职业。首先，社会人士对中小学教师社会声望的评价相对较高。在社会人士卷中，基于"您身边的朋友都很敬重教

---

① 王光明，张永健，吴立宝. 教师核心能力的内涵、构成要素及其培养 [J]. 教育科学，2018，34（4）：47-54.

② 董新良. 中小学教师职业声望调查研究 [J]. 教师教育研究，2011，23（6）：56-61.

师"和"您觉得当教师在社会上很受人尊重"两题的数据统计，认为社会各界对中小学教师尊重程度高的社会人士占 47.15%，尊重程度低的占 27.78%。相对教师群体的自我感知而言，社会人士认为中小学教师这一职业在社会上更受人尊重。其次，在职业认同方面，教师整体表现出较高的职业认同感，具体体现为较为良好的角色价值观、较强的职业归属感以及较高的职业自尊感。调查表明，89% 的教师高度重视自己的职业声誉，仅有 4% 的教师持相反态度，7% 的教师表示重视程度一般。最后，关于教师职业魅力层面，社会人士相对教师而言对教师的职业魅力给予了更高评价。根据调查，46% 的社会人士认为中小学教师职业具有高水平的吸引力，而只有 25% 的教师认为中小学教师职业具有高水平的吸引力。

二、中小学教师队伍建设面临的挑战

（一）代课教师渐增，教师队伍结构有待巩固

教师的专业发展一直是教师教育改革中的重点，但是教师队伍的数量、结构等非专业结构水平也十分重要，这是教师队伍专业水平提升的基本前提。教师队伍规模的壮大和教师队伍的稳定发展，可以为教师专业发展提供良好的环境。周晔在其研究中认为教师队伍的非专业结构水平也是十分重要的，它虽不直接反映教师队伍能力水平和教育教学质量，但能影响教师队伍的质量、稳定性、活力和可持续发展的其他结构，主要包括数量、年龄和性别等结构。[①] 调研数据显示，我国中小学教师队伍发展在数量与结构上仍存在一些问题。首先，虽然专任教师数量稳步上升，但仍存在一定数量的代课教师。2017 年全国中小学仍有 23.34 万代课教师，且中小学代课教师数量在 2015 年后均呈现上涨趋势。其次，教师队伍在结构上存在失衡问题，譬如教师性别结构失衡状况愈加严重、老龄教师比例逐年上升、高学历教师比例有待提高等。再次，乡村教师队伍建设虽得到加强，但城镇学校的生师比较高，并且随着近年来学生不断进入城镇，导致乡村生源较少、城镇班额过大等诸多问题。最后，教师队伍区域间发展不均衡，主要表现为教师数量东部稳定增长，西部快速增长，但中部发展缓慢。

---

① 周晔. 西北农村地区中小学教师队伍结构失衡问题与破解政策体系 [J]. 教育科学研究，2018 (11)：93-96.

（二）职业理想弱化，师德师风建设有待加强

2018 年，教育部印发的《新时代中小学教师职业行为十项准则》中指出：以有力措施坚决查处师德违规行为，对于发生准则中禁止行为的，要态度坚决，一查到底，依法依规严肃惩处，绝不姑息。本研究在调研过程中发现，中小学教师需要在以下几个方面注重自身师德修养的提升。首先，一些教师职业理想不坚定。调查显示，60.5％的教师如果可以重新选择职业的话，愿意放弃教师职业而考虑从事其他职业，这体现了教师职业理想在一定程度上有弱化倾向，部分教师只是把教师职业当成一个生存的工具。其次，一些教师欠缺保护和尊重学生的意识。调查显示，27.46％的教师认为体罚是一种必要的教育手段；24.73％的教师认为体罚是因为教师生气，这种做法在所难免，可以原谅；47.81％的教师认为体罚是对学生人格的不尊重，应该坚决避免；还有极少数教师因为对体罚定义的不确定，所以没有回答这一问题。再次，一些教师教育教学观念相对滞后。比如，有少数教师缺失全面发展观念，仍然以学生的成绩作为评价学生的主要依据，还有部分教师对个性发展教育观重视度不够。最后，一些教师职业修养不足。部分教师欠缺自我修炼，主要表现在教师专业素养、心理素质和个人形象三个方面。譬如对于"教师能否与时俱进设定专业发展目标并努力实现"这一问题，仍有将近10％的教师持不确定的态度。

（三）专业发展失衡，教师教学能力有待提升

教学能力是教师专业发展的重中之重，但本研究在分析调研数据时发现，我国中小学教师教学能力仍存在发展不均衡等问题。首先，区域教师教学能力发展不均衡，且西部地区的问题较为明显，主要问题有教师的职称相对偏低、教师培训机制不健全等。其次，与城市教师相比，乡村教师教学能力相对较弱。通过访谈发现，部分乡村教师对职称评聘、薪酬待遇以及家长态度等方面的不够满意影响了他们提升教学能力的积极性，并且乡村教学资源有效应用程度较低。再次，国家"特岗计划"教师教学能力较弱。经过调查发现，国家"特岗计划"教师教学能力的均值（3.78）较低，他（她）们多为刚毕业的大学生，缺乏教学的实践经验，并且部分"特岗计划"教师在服务期满后离开了当前的工作岗位，责任感不强。最后，教师教学研究能力较为薄弱。调研发现目前主要存在教学研究课题不由教师自主选择、部分教师对教学研究的流程和方法不够明确、部分教师缺乏对教学研究的正确认识这三

个问题，仍有待进一步研究和思考。

（四）工作压力过大，教师工作强度有待调整

近年来，学术界越来越关注教师工作满意度的影响因素研究，多数研究都发现教师的工作强度尤为重要，譬如武向荣通过其研究中的调查数据发现，教师对工作压力的感受得分最低。[①] 本研究对教师工作强度的调研结果进行了分析，发现我国中小学教师的工作强度很大。首先，教师工作烦琐，非教学工作量偏高，教师工作任务结构不合理。调查结果表明，教师不仅在校工作时间长，还普遍存在加班的情况，通常教师在下班后仍需完成其他非教学工作。另外，班主任工作压力问题比较突出。在现实教学环境中，教师不仅要承担所任学科与教学相关的任务，还要为应对各类检查、考核、评比活动耗费大量时间，增加了教师的职业倦怠感，这种工作压力的增大使教师不能把重心放在教学上。其次，教师工作的成就感、价值感与获得感不强。在访谈中，很多教师反映这几年当教师体会不到自豪的感觉，关于教师工作成就感和意义感的调查结果也证实了这一点。

（五）薪酬机制缺失，教师保障体系有待完善

在教育领域，教师薪酬激励成为全球教育改革的重要内容之一。无论是发达国家还是发展中国家，都旨在通过改革工资制度提升教师工资水平，激发教师工作积极性，促进学生发展和学校建设。[②] 总体来看，调研数据表明我国中小学教师的薪酬待遇仍存在一些突出问题。首先，教师工资收入总体偏低，地区间差异大，尤其是班主任津贴总体偏低，缺乏增长机制。根据调查，约有四分之一的教师班主任津贴不超过 100 元，超过十分之一的教师没有班主任津贴，虽然各地在班主任津贴上有所提升，但提升的比例不大，导致班主任津贴总体偏低。其次，教师对工资的满意度不高，工资制度缺乏激励作用。调查数据显示，现有教师工资制度对高学历人才缺乏激励作用，高学历教师的平均年龄在 30—35 岁，正处于家庭、事业的建设阶段，对薪酬的满意度较低可能会直接导致高学历人才的流失。最后，存在教师工资政策执行不到位的情况。一是教师对工资调整政策的及时了解度不高，二是教师感

---

① 武向荣. 义务教育教师工作满意度影响因素的实证研究 [J]. 教育研究，2019，40（1）：66-75.

② 杜屏，谢瑶. 中小学教师薪酬满意度影响因素实证研究：基于公平理论的视角 [J]. 华中师范大学学报（人文社会科学版），2018，57（2）：168-177.

到工资政策的落实度不高，三是教师工资政策的执行效果存在群体间偏差，譬如教师对工资政策的了解度随着教师所教学段的升高而降低、城市教师在工资兑现方面的积极感知要高于农村教师等。

（六）职业认同削弱，教师社会声望有待改善

教师的职业声望不但对教师及其他社会成员的（再）择业具有重要影响，而且对教师的工作态度、积极性等也会产生影响。关注教师的职业声望，是实现教育的可持续发展、构建和谐社会的举措之一。[①] 本研究通过分析相关调研数据发现，中小学教师的社会声望日渐式微。一些教师认为社会对教师的职业形象期待过高，似乎在以"圣人"标准对教师予以道德绑架，而在某些教育事件中真正的弱势群体实质上是教师本身。然而，中小学教师的社会声望受多方面因素影响：教师的经济地位、教师队伍的整体师德水平、媒体的新闻报道以及尊师重教的文化氛围。如果从个别事件或过高期待中评价教师，就会让教师群体对自己的职业丧失信心，感到孤立无援。譬如在调查中，80.12%的教师认为媒体对教师的负面报道降低了教师的职业声望，且教师在访谈中表示，一些事件只是个别现象，大多数教师具备良好的个人素养，在教育事业上兢兢业业，恪尽职守。

三、中小学教师队伍建设的政策建议

（一）完善中小学教师队伍治理体系，制定长期发展规划

教育改革发展不能一蹴而就，也不可朝令夕改。中小学教师队伍建设需要在时代变迁中不断调整，其治理体系的完善是目前的重中之重。首先，加强中部地区专任教师队伍建设。中部地区教师队伍中专任教师发展较为缓慢，中小学代课教师数量明显高于东西部地区，且在 2015 年后中部地区代课教师数量呈现上升趋势，因此要采取多种举措妥善解决代课教师问题。教师队伍结构的差异严重影响着一个地区的教育质量，如何对实施情况进行跟踪调查并加强指导，仍然需要时间去改进和完善。其次，解决中小学教师在性别、年龄、学历、职称和学科方面的失衡问题：一是加大对小学阶段男教师的关注；二是通过科学合理的政策招聘青年教师，为教师队伍注入新鲜血液；三是提高高学历教师比例；四是改善小学阶段尤其是中部地区小学阶段的高级

---

① 季轩民，程红艳. 溯本追源：现代教师道德建设的良知之维［J］. 现代大学教育，2019（2）：73-79，111.

教师比例较低现象；五是加大对普通高中阶段技术（含信息技术和通用技术）学科教师和农村外语教师的关注。中小学教师队伍的发展要紧跟时代步伐，相关部门要在立足现实情况的基础上，聚焦中小学教师队伍在各个方面的结构失衡问题，制定长期发展规划，助力中小学教师队伍发展。

（二）推动中小学教师队伍法制建设，建立科学的保障制度

1. 建立中小学教师薪酬待遇管理制度

首先，明确教师薪酬待遇标准，探索教师薪酬管理制度，建立教师工资最低保障制度。将《中华人民共和国义务教育法》中明确规定的"教师的平均工资水平应当不低于当地公务员的平均工资水平"作为中小学教师平均工资的法律保障，这是从国家制度层面建立一个"底线"，但各省、自治区和直辖市可根据国家标准以及自身情况建立各自标准。其次，研究制定绩效工资总量核定和内部分配办法，完善收入分配激励机制，让付出更多的教师获得更好的待遇。再次，确保薪酬发放的程序公正应成为未来中小学薪酬管理制度改革的基本方向之一，加强推进预算公开，增强工资政策的规范性和透明度，譬如有针对性地加强教师工资政策的宣传、进一步明确政策内涵、优化教师工资政策的实施环境等。最后，进一步完善教师工资政策配套的经费保障机制，在建立以省级政府统筹的教师工资保障机制的基础上，进一步明确各级政府对教师工资的支出责任，明确落实教师工资的来源和渠道。

2. 出台详细的中小学教师工作量标准

首先，国家应出台教师工作量标准，尤其是在教师隐性工作量方面，包括备课、教研和开会等，需要通过具体文件对其进行划分界定，避免教师被动承担一些不必要的非教学工作。其次，实现教师工作量"减负"与"增量"同步转换，明确中小学教师教学工作时间和工作重点，减少教师的非教学工作，为中小学教师合理减负。最后，教育部要严格执行明文列出清单的制度，合理约束行政权力，赋予学校发展自主权。中小学校作为教育发展的主阵地，需要被给予足够的发挥空间，政府行政管理部门要转变管理理念，简政放权，赋予学校合理拒绝的权利。

（三）加强城乡中小学教师互动融合，促进区域间均衡发展

首先，要加强西部地区教师队伍建设，出台西部教师队伍建设振兴专项计划。通过落实和完善首席教师岗位计划、适当增加西部地区高级职称和在编教师人数、建立远程线上培训中心等方式，逐步提升西部地区教师教学能

力。其次，要提高乡村教师的生活待遇，并加强对国家"特岗计划"教师的培养，有效落实乡村教师队伍建设支持计划。在乡村教师队伍建设中，既要充分发挥优秀教师的作用，又要鼓励优秀的师范生去乡村支教，以强带弱，以新促老，在互帮互助中实现双赢。最后，通过完善教师培训的长效机制，激发教师自主学习的原动力，加大研究型教师队伍建设力度，强化教师的教学评价能力，达到以"培""学""研""评"四方面优化教师教学能力的目标。

（四）建设品德优秀的"筑梦人"队伍，严抓师德师风培养

2004年，时任教育部部长周济在全国师德论坛开幕式上提出："根据新时期未成年人思想道德建设的要求和当前实际，师德建设要坚持以热爱学生、教书育人为核心，以爱岗敬业、为人师表为基本要求，以阶段性职业行为禁行规定为底线要求，加强制度建设，强化科学管理，使师德建设工作的关键环节和主要内容具体化、规范化、制度化。"因此，师德建设的首要任务应是制定科学合理、全面具体、适合新时期教育发展的师德修养评价标准。师德修养标准体系应由社会行为标准和职业道德标准共同构成，务必做到其内容清晰可测，并且将学生综合素质的提高作为主要依据，摒弃唯成绩论的思想。其次，高等师范院校要加强教师师德课程教学建设，创设"师范化的环境"，加强职前师德培训，比如通过讲座、开设专门的师德课程等多种形式向师范生传递师德要求，使师范生明师德、立师德、传师德。再次，教育管理部门与学校本身对择选教师环节要予以重视。教育管理部门和学校本身应双管齐下，严把教师入口关，加大教师师德修养考核力度，挑选有真才实学、职业道德良好的人进入教师队伍，始终保持教师队伍的纯洁性。最后，应优化教师师德修养的提升策略，在集中落实《新时代中小学教师职业行为十项准则》基本内容的基础上，创新完善中小学教师师德修养的长效机制，形成科学、广泛的网络监督体系，让教师通过不断的学习、实践、自省和交流提高自身师德修养。

（五）增强中小学教师职业认同感，提升教师职业吸引力

教师的社会地位，不仅能够反映一个国家对教育的重视程度，还能够反映一个国家的文明程度和兴盛程度。首先，社会、政府、学校和家长应团结一心，共同营造尊师重教的文化氛围，给予教师充分的人文关怀。第一，政府、学校都要通过积极落实相关优待政策，提升教师的职业荣誉感，为教师

提供坚实可靠的后盾，尽最大力量保护教师的合法权益。基于对教育重要性的深刻认识和对教师的深厚感情，习近平总书记在每年的教师节都亲自走访学校、慰问教师，用行动倡导全社会大力弘扬"尊师敬教"的良好风尚，让广大教师安心从教、热心从教、舒心从教、静心从教。第二，家长要以身作则，爱师敬师，尊重并积极支持教师的工作，引导孩子尊重教师。第三，媒体应坚持主流价值，充分发挥正向引导作用，理性报道教育事件，进而营造尊师重教的社会氛围。其次，通过完善教师资格证书制度、改进对媒体的监督和审查制度、建立权威的学生惩戒法规制度和家长行为规范制度，确保相关政策法规的完善及落实。最后，要全面提高中小学教师专业素养。第一，不但教师要提升师德内化的主体意识，社会也要建立富有实效的榜样示范、奖惩机制以及社会舆论的支持机制；第二，教师必须努力提升自身专业素养，塑造教师这一职业的不可替代性，提高教师职业声望。

（六）建立"幼小初高大"一休化教师教育新模式，搭建教师发展平台

东北师范大学倡导建构的"师范大学（University）—地方政府（Government）—中小学校（Schools）"（以下简称"U-G-S"）合作的教师教育模式为基础教育教师成长搭建了优质的发展平台，正成为很多师范大学指导区域教师专业发展的重要工作机制。"U-G-S"教师教育模式下区域学校教师发展的实践探索，能够为教师专业发展提供有效借鉴与启示，引领区域学校教师的专业发展，提升教师的专业发展水平。通过师范大学、地方政府、中小学校三方之间的有效衔接与合作，可以扩大区域学校教师专业发展辐射范围，以最大限度发挥"U-G-S"模式的教育功能，让区域学校教师的专业水平有质的提升，推动"U-G-S"教师教育模式由立足东北走向全国。通过"U-G-S"教师教育模式的推广实施，中小学教师可以受聘到大学，同时，师范大学教师教育者也可为中小学教师提供理论指导与实践帮助，助力中小学教师发展，这不仅有利于中小学教师领悟师范大学先进的教学理念与教学文化，而且有助于中小学教师了解教育改革与发展动态，形成有利于自身专业发展的反思策略。[1] 东北师范大学"U-G-S"教师教育模式在拥有多年运行经验的基础上，正逐步建立"E-U-G-S""幼小初高大"一体化教师教育新模式，为新时代区域学校教师专业发展提供新动能。

---

[1] 李广. 教师教育协同创新机制研究：东北师范大学"U-G-S"教师教育模式新发展 [J]. 教育研究，2017，38（4）：146-151.

党的十九大报告提出，中国特色社会主义进入新时代，我国社会主要矛盾已经转化为人民日益增长的美好生活需要和不平衡不充分的发展之间的矛盾。完善中小学教师队伍治理体系，建立科学的法律保障制度，推进区域间教育均衡发展，提高中小学教师职业社会声望，搭建中小学教师发展平台，有利于解决教育发展不平衡不充分的问题。《中共中央 国务院关于全面深化新时代教师队伍建设改革的意见》中要求各级党委和政府把加强教师队伍建设上升为"重大政治任务"和"根本性民生工程"，这凸显了教师队伍建设在党和国家工作全局中的重要地位，使其成为今后中国教育改革和发展的主要任务。同时，这也意味着建设一支高素质专业化创新型教师队伍，需要全国各级教育部门及全体教育者的共同努力，要紧跟时代步伐，在实践与探索中开创教师队伍建设的新篇章。

第七章　我国教师教育政策的历史成就①

　　强教必先强师。深化教师教育改革，建设高素质教师队伍，是教育强国建设的基础性工程。教师教育政策的制定与实施是教师教育改革与创新发展的有效途径。自新中国成立以来，我国教师教育发生了历史性变革，回溯我国教师教育的发展进程，以我国在不同历史阶段颁布的不同政策文件为依据，可清晰地看到我国教师教育变迁的脉络及所取得的伟大成就。这些政策文件的出台契合于当时的历史背景和政策需求，顺应了社会经济体制变革与发展需要，适应了国家教育发展变革与规划布局。立足于我国教师教育体系的发展历史，基于对我国教师教育政策历史的梳理与剖析，可以分析得出我国教师教育政策发展至少取得了五大方面的历史成就。我国教师教育政策保障了世界最大规模教育体系的良性运作，从师资队伍建设的数量、质量上推动教师教育体系建设；凸显了具有中国特色的教师教育体系优势，发挥中国优良传统文化作用，使党的政治力量成为教师教育中国化发展的力量源泉；培养了一支规模庞大的优秀教师队伍，使教师队伍的规模与结构更趋科学合理；推进了教师教育学科体系的高质量发展，规范体系建设，建立合理机制，明确教师培养的准则与要求，凸显师范特征；不断提高教师职业的社会与经济地位，保障了教师的权益与地位，提升了教师的职业幸福感与满意度。

一、保障世界最大规模教育体系良性运作

　　我国教育事业正处于迈向全面现代化的关键战略时期，面临着更加宏大的挑战和使命。在党中央的领导下，我国已经基本建成世界最大规模教育体系。为保障世界最大规模教育体系的良性运作，为其提供强有力支撑，必须采取相宜措施，既要关注外部规模的扩展，也要关注内部结构的稳定。一言蔽之，体系的结构从根本上决定其功能，庞大的教育体系迫切需要下位概念

---

　　①　本章部分内容发表于《现代教育管理》2021 年第 6 期，内容有改动。

的子体系提供周密而完整的结构支持。教师教育政策隶属于教育政策体系，是教育体系的重要组成部分，统摄于整个教育体系之下，其独特的地位与价值不言而喻，对保障教师教育体系良性运作具有决定性意义。

（一）推动最大规模教师队伍建设，形成最大规模教育体系

推动建成最大规模教师队伍，最大规模教师队伍是最大规模教育体系的基本架构。教育作为社会子系统，由多个层次、不同子体系有机构成，教师教育政策在历史的延续和演化中，形成了相对独立的体系，与其他教育政策、其他教育子体系互为支持，互相照应，一起组成了完备的国家教育体系。教师教育体系是教育体系建设不可或缺的一部分。

教师队伍的大规模建设是我国教师教育发展的现实需要。教师教育政策是针对教师教育体系建设、教师队伍建设，满足教师发展需要而制定的国家发展战略，是为解决我国教育发展过程中由持续大规模扩张导致的教师队伍层次不高、质量不硬、标准不明确不统一不严格等现实问题而生的。我国对教师教育的发展需求已经从规模扩张转向质量提升，当下的教师教育建设目标与任务也已经从培养大量师资逐渐转向培养大量优秀师资。这是我国教育现代化发展的需要，也是我国教师教育政策的方针指向。教育需要面向现代化，教师教育的发展也需要与时俱进。随着国家经济政治的发展，科教兴国、优先发展教育等战略、政策方针要求我们大力发展教育，建立能承载我国众多人口数量的大规模的教育培养体系，建设能运作大规模教育体系的师资队伍。这是教育发展的需要，也是教师教育建设的目标。党和国家在每一时期颁布的教师教育政策具有纲领性指导作用，在解决当下教师教育发展问题的同时，还关注教师教育的长远发展，为我国建立最大规模教师队伍，架构最大规模教育体系夯实了基础，通过日积月累的政策指引，具备了如今的雄厚力量。

与此同时，教师教育政策与教师队伍的质量发展息息相关。首先，教师教育政策以教师为服务对象，持续致力于教师队伍的规模、结构和质量的完善。我国教师教育的体系建设一路走来都在不断强化发展，在明确教师教育发展的基本框架基础上，借鉴国际成功经验进行本土化改革创新，结合国家实际需求扩大教育规模，提升学历层次，在注重教师队伍规模效益的同时兼顾教师教育结构体系的完善与教师队伍质量的提升。教师队伍建设的规模、结构和质量形成三足鼎立之势，是中国教师教育政策发展必须同时考虑的关键因素。其次，教师教育政策关注教师职前教育、入职教育、职后培训，以

教师专业化发展及素质提升为首要准则。我国教师教育政策从最初的关注入职教育发展至如今的"职前—入职—职后"三位一体的培养体系，为教师的高质量发展作出突出贡献，这是我国在不断的教育实践中摸索出来的成功经验，对我国教师队伍的专业化发展与高质量建设发挥了关键的政策支持作用，为教育事业稳步推进提供强大的人力资源保障，满足最大规模教育体系的发展需要。

（二）形成最大规模教师队伍效益，支撑教育体系良性运转

规模最大的教师队伍形成规模效益，有力地支撑了最大规模基础教育体系的良性运转。教育体系结构由松散走向紧密不是一蹴而就的，不仅表现在各子体系、各组成要素间的相互关联，更表现在彼此之间的补充完善。任何政策、任何子体系都不可避免存在时代的局限性。科学的教师教育政策对教育事业的发展方向起到规范、指引的作用，一定程度上可以弥补其他层面的欠缺和疏失。

教师教育体系建设是教师队伍大规模建设的基础。教师教育体系建设作为教育体系建设的一个重要组成部分，补充和完善了教育体系，同时反哺了教育体系其他组成部分的建设。首先，教育大计，教师为本，教育发展离不开教师队伍建设，离不开教师教育体系发展。教师作为教育活动中的重要组织者，是教育的基本要素，没有教师何谈教育？其次，大力发展教育需要众多人才，而教师作为培养人才的人，是教育发展必不可少的重要力量。只有推动教师队伍建设，培养大规模的教师人才，才能为教育体系规模化发展奠定基础。最后，教师队伍的质量影响教育的质量。教师作为教育的组织者，其专业能力的高低、综合素养的优劣，极大程度影响了学生培养质量的好坏，是否拥有一支高质量的教师队伍是衡量教育体系发展是否完善的一个重要指标。教师队伍的高质量发展需要教师教育体系不断优化，需要教育体系发展规模化，需要教师教育规模化发展生成效益化。因此，教师教育体系建设不仅要注重教师队伍规模建设，还要关注教师队伍质量建设，更要关注大规模教师队伍建设引发的效益建设。

教育体系的良性运转以教师教育体系规模化建设、教师队伍规模化发展形成的规模效益为力量源泉。其一，教师队伍建设是联结基础教育和高等教育的重要枢纽，为基础教育和高等教育的规模扩张奠定基础。教育体系的规模化建设以及平衡、稳定、良性的运转需要足够的师资力量，师资力量的匮乏会直接影响教育体系的扩张。其二，教师教育政策的完善是促进教师队伍

持续专业化发展，提升教师发展质量的基本保障，为基础教育发展增加了内在活力。教师教育的专业化建设需要国家层面的思想指引与物质投入。教师教育政策的不断完善既从国家层面提供了方针指引，又投入了大量经费为教师的专业成长提供了平台，有利于教师教育高质量建设乃至教育高质量建设。尤其是 21 世纪以来，我国基础教育改革实践开展得如火如荼，对接基础教育新课程开展师资培养成为重要的政策议题，教师教育政策受到党和政府的密切关注，从而对基础教育体系的变革与发展也产生了积极的正面效应。教师教育政策实施带来的积极效应为教育体系的良性运作提供了支撑。

（三）教师作为高等教育培养对象，实现高教体系育人功能

规模最大的教师队伍作为高等教育的培养对象，直接关系高等教育体系育人功能的实现。随着我国以经济为首的各项事业向高质量发展转型，高等教育谋求"质"的提升成为必然选择，提升教师队伍培养质量则是高师院校高质量发展最本质、最核心的任务。教师教育政策作为下衍的子体系，虽然只是教育体系整体中的局部，却是保障教育系统高效运转的核心动力，教师教育政策与其他教育政策、其他子体系之间协调适配，使得世界最大规模教育体系内部层级结构之间形成良性循环，共同发挥教育体系的整体育人功能，从而稳定有序地推进中国特色社会主义各项事业的发展。

高等教育育人功能的实现有利于最大规模教育体系基本结构的架构。育人功能是高等教育需要实现的核心功能，关乎高等教育的可持续化发展。一方面，我国高等教育在发展进程中，教育规模和人才培养质量之间激发博弈，致使经济效益和社会效益矛盾尖锐化。同时，由社会转型带来的变革也引发了高等教育体系发展中的诸多问题，其中，高等教育育人功能的缺失是重要原因之一。[①] 要保障世界最大规模教育体系的良性运作，就必须重视高等教育体系发展中出现的矛盾，解决发展中遇到的各类问题，进而推动高等教育育人功能的发挥，稳定高等教育的体系建设，充分巩固高等教育在教育体系建设中的地位，促进教育体系的稳健运作。另一方面，高等教育育人功能的实现，加速了高等教育大众化发展进程，更新了教育理念，不仅关注高等教育规模扩张，更关注高等教育质量建设，使数量和质量趋向同一。这一发展理念与我国教育体系建设进程中追求的高质量发展理念相一致。同宗同源的理念目标使高等教育规模化建设更加有利于推动教育体系的结构演变与规模

---

① 夏建华. 基于大众化的高等教育育人功能［J］. 中国成人教育，2015（16）：24-26.

扩张。

教师队伍作为高等教育培养对象，直接关乎高等教育育人功能的实现。教师作为高等教育的作用对象，能直接反馈高等教育的育人效果与教育价值。简言之，教师队伍的专业化成长与高质量发展就是高等教育育人功能得以实现的表现。一方面，高等教育教师为了培养高素质人才，为国家发展输送人力资本，而教师作为教师教育（师范院校高等教育）的培养对象，就是为国家社会主义事业建设、国家教育现代化发展提供人才。师资建设在"质"与"量"上的齐头并进，使高等教育体系逐渐发展壮大，为教育体系建构增添了内生动力。另一方面，教师身份具有双重价值，不仅仅是高等教育的培养对象，还是发挥高等教育育人功能的实施主体。因此，教师既是高等教育育人功能的承受者，又是高等教育育人功能的传递者，教师队伍的存在使高等教育体系的育人功能被最大化实现，为形成世界最大规模教师队伍、运转世界最大规模教育体系铸造了坚实堡垒。

二、凸显中国特色教师教育体制制度优势

我国近代教师教育制度在发轫之初，多效仿苏联等国教育改革经验，党的十一届三中全会以后，在中国特色社会主义理论的指引下，我国开启了中国特色社会主义教育道路的全面探索。特别是进入新时代以来，中国特色成为我国教育改革发展的根本原则与立场，建设中国特色教师教育体系，成为我国教师教育改革发展的核心与重心。[①]

（一）党的全面领导是教师教育体系特有的政治保证

党的全面领导的政治力量是我国教师教育体系特有的政治保证。教师教育政策作为一种公共政策，与国家政治密切相关，是基于国家政治体制以及权力结构，为满足特定政治主体需要而衍生的。党作为最高政治领导力量，立足于国家发展的战略定位制定相宜的教师教育政策，用国家政治体系与政治力量协助教师教育体系的发展建设，使教师教育体系建设紧跟国家总体建设的步伐，符合国家长远发展规划，适应社会发展需要，顺应中国特色社会主义发展方向。可以说，党的全面领导不仅为教师教育体系建设指明了发展方向，还为教师教育的发展保驾护航。

党的全面领导是中国特色社会主义教育的根本制度和本质特征，也是中

---

① 郝德永. 示范性师范大学建设的标准、要件与对策［J］. 教育研究，2021，42（2）：21-26.

国教育改革发展成功实践的根本保障。[①] 教师教育的改革创新同样离不开党的全面领导，离不开教师教育政策的纲领性指引。一方面，教师教育政策得力与否，发展的方向是否正确，取决于领导核心对中国共产党的方针路线的领悟与否以及其统筹、协调和控制能力的强弱。教师教育政策的发展方向与路径和国家发展的总体布局是一致的，均是党站在国家层面，审视国际局势，结合中国现实需要作出的科学、合理、可行的发展举措。党的领导既决定了教师教育的发展方向，也保障了教师教育的体系建设，还促进了教师教育的特色化发展。另一方面，教师教育的体系建设与良性运作离不开党的支持与领导。教师教育体系是由各级各类教育行政部门以及各级各类大中小学校共同运转的。教育行政部门作为国家政府对教育事业进行组织领导和管理的机构（部门），为大中小学校的日常工作提供行政保障与政策支持；大中小学校作为教育行政部门的管理对象，在其领导下逐步完成了国家教育发展目标，形成相互促进、合作互赢的局面。

党的全面领导是教师教育制度体系特色化发展的政治保障。一直以来，我国教师教育的发展演进都伴随着国家的变革，从新中国成立之初的百废待兴以俄为师，到改革开放时期的变革探索规模化扩张，再到 21 世纪以来的开放创新高质量发展，均离不开国家的阶段化发展。在我国改革创新寻找中国发展特色之路的同时，教师教育也摸索出了一条具有中国特色的社会主义发展道路。党对国家的全面领导政治治理，成为教师教育体系特色化发展的有力榜样和全力保障。尽管随着教育治理体系的现代化，我国教师教育走向中央宏观领导和简政放权并行，但是坚持党的全面领导，仍然是推动教师教育发展坚定不移的政治保证和组织保障。在党的全面领导下，基于我国现实国情、文化传统以及教育发展的基本规律，中国特色教师教育体系建设日益彰显出强大的优越性。

（二）注重师德师风培养是教师教育体系的特色传统

注重师风师德的长效培养是我国教师教育体系特色的文化传统。我国历来视德育为教育工作的重中之重，党的教育政策也始终把师德师风建设作为教师队伍建设的首要任务。我国重大教师教育政策必有师德建设的相关建议，落实中国特色社会主义教育事业立德树人的根本任务，要求教师做到"为人师表""言传身教"，构建立足于国情、根植于文化、内化于人心的养成教育

---

① 高书国. 中国特色社会主义教育的制度优势［J］. 人民教育，2020（1）：23-27.

本土方案离不开中国传统文化的现实基础[①]，扎根中华传统文化精神沃土，融入社会主义核心价值观，促成新时代师德师风养成教育的长效机制，是教师教育体系中国特色的鲜明体现，具有不可替代的培养优势。

师德师风是评价教师队伍素质的第一标准，是推动党的教育事业发展的根本要求，是促进教师职业良好发展的内在要求，是建设高素质教师队伍的必然要求。[②] 党和国家历来高度重视教师队伍建设，尤其自党的十八大以来，从贯彻落实党的教育方针和坚持社会主义办学方向的高度，把师德师风放到教师队伍建设的首要位置，既呼应新时代教育发展的需要，也延续了党一直以来在教师教育政策上坚持的立德树人的文化传统与发展风向。同时，教师职业的特殊性决定了教师必须是品学兼优的人才，必须拥有崇高的道德修养，只有这样才能以身作则，从己出发感染学生，更好地培养学生品德，真正意义上影响学生的成长，为祖国培养优秀的栋梁之材。从国家颁布的教师教育政策以及我国当前教师教育体系的培养机制来看，党和国家做到了坚持将师德师风作为评价教师的第一标准，以此全面夯实教师发展之基，切实保障教师权益。我国教师队伍是一个非常庞大的群体，其中的大多数做到了爱岗敬业、为人师表、教书育人，为党和国家、社会贡献了力量，培养了许多建设者与接班人，所以师德师风的长效培养成为我国教师教育体系特色的文化传统是必要的。

教育现代化发展需要建设一支宏大的高素质专业化教师队伍，而师德师风处于教师素质中的核心位置，教师师德师风培养有利于全面落实立德树人的根本任务，有利于建设社会主义强国，加快实现教育现代化的重任。[③] 大力振兴教师教育，必须高度重视教师师德师风的长效培养，将师德师风放在评价教师素质的首要位置。一方面，自古以来尊师重教就是我国优秀的传统文化，党和国家注重对教师师德师风的培养既是对我国传统文化的传承宣扬，也是我国教师教育机制体制建设发展的现实需要。另一方面，教师是立教之本，兴教之源，国家的繁荣昌盛离不开教师的人才培养，教师的品德修养关

---

① 李广，李欣桐. 新中国教师教育政策变迁历程、演进逻辑及发展趋势 [J]. 新华文摘，2021（3）：124-127.

② 王继红，匡淑平. 新时代高校师德师风建设的现实挑战与优化策略 [J]. 思想理论教育，2020（5）：92-95.

③ 李孔珍，沈蕾娜，王天晓，等. 建设一支宏大的高素质专业化教师队伍 [J]. 中国高等教育，2019（Z3）：79-80.

乎祖国未来建设者的素质发展，关乎祖国教育事业的未来。长效培养师德师风是我国教师教育体系建设发展中的有效历史经验总结，也是我国教育事业昌盛的关键密码。

（三）以人民为中心是教师教育体系永恒的特质追求

以人民为中心的价值取向是我国教师教育体系永恒的特质追求。在新中国教育发展历程中，我们党始终坚持以人民为中心办教育，探索出一条中国特色社会主义教育发展道路。从"强调教育与生产劳动相结合"到"教育是一个民族最根本的事业"，到"坚持教育为社会主义服务、为人民服务"，到"把学生健康成长作为学校工作的出发点和落脚点"，再到"坚持立德树人"，以人民为中心的立场逐渐鲜明。历史证明，坚持以人民为中心发展教育，是我国教育事业取得历史性成就的宝贵经验，是办好人民满意教育必须始终坚持的根本立场。[①] 坚持以人民为中心发展教育就是要办好人民满意的教育。教师教育作为教育体系中不可分割的重要部分，"以人民为中心"也是其发展诉求。坚持以人民为中心发展教师教育，就要办公平而有质量的教师教育，从人民的实际需求出发，切实解决好公平、质量、服务人民等问题，使人民满意。

以人民为中心的教师教育体系关注教师教育的高质量发展，以促进教育公平、提升教育质量作为关键落脚点。人民是教育的服务对象，人民对于优质教育资源的向往与教育发展不充分、不均衡之间的矛盾成为社会主要矛盾在教育领域的体现。均衡与公平是社会主义教育的核心特征，也是社会主义本质在教育领域的体现。[②] 其一，教育公平是社会公平的重要内容，教师教育公平是实现教育公平的重要抓手。我国长期致力于消除教师教育不平等、不均衡的现象，师范生公费教育政策，"特岗计划""国培计划"的相继出台，推动我国教育均衡与公平迈出重大步伐。其二，教育公平和教育质量是有机统一的整体，二者是相互促进的关系，我国教师教育体系在追求教育公平的同时也关注教师教育的质量。我国三级教师教育体系的出现，为教师的专业化发展、学历提升、职后培养提供了专门的平台，并且提高了教师的准入标准，规范了教师资格认定的标准与要求，卓有成效地保障了教师教育的培养

---

① 王炳林，郑丽平. 坚持以人民为中心发展教育 [J]. 中国高校社会科学，2020（5）：25-32，156.

② 靳玉乐，胡绪. 中国特色社会主义教育建设的实践智慧：基于改革开放以来我国宏观教育政策的分析 [J]. 教师教育学报，2021（1）：101-108.

质量。

以人民为中心发展教师教育，立足于人民对教师教育的期待和要求，激发了人民群众的创造力。随着时代的进步与发展，人民对教师教育的期待和要求也在不断更迭，我国教师教育体系从最初的"二级师范制度"发展到如今的"三级师范制度"，从以前的"中师为主，师专一体"发展到如今的"高等师范教育为主"，这些变化都是为满足社会发展的需要、满足人民群众的生活需要而改革创新的。以人民为中心使教师教育体系获得了变革动力，人民的需要激发了教师教育变革创新的创造力。迈向教育强国的关键时期，必须确立和提升教育自信，这是我们坚持发扬中国特色、继往开来改革创新的重要前提。[①] 纵观中国教师教育政策的发展境脉，几代中国人艰苦卓绝的努力凝结成了中国智慧和中国经验，清醒地认识我国教师教育发展的中国特色及其对全球教育治理的卓越贡献，不仅是提升教育自信的动力源泉，还是构筑教育强国的信念基石。

三、培养一支规模庞大的高质量教师队伍

教师教育高质量发展是建设高质量教育体系的内在要求和应有之义。[②] 教师作为教育工作的中坚力量，是建设高质量教育体系、实施高质量教育的根本力量。建设高质量教育体系，必须以高质量的教师队伍建设为支撑；而建设一支高质量教师队伍，则必须以高质量教师教育体系建设为依托。教师教育是高质量教师队伍建设的活水源头，是推动教育高质量发展的坚强后盾，是教育事业的工作母机，对提高国民素质和人才培养质量起着至关重要的作用。2021年3月正式发布的《中华人民共和国国民经济和社会发展第十四个五年规划和2035年远景目标纲要》中也明确提出要建设高素质专业化教师队伍。为适应新时代的发展要求，我国教师队伍建设发生了由量到质的深刻变化，为庞大的社会主义教育事业蓬勃发展提供了强力支撑，其变化主要表现在规模扩大、质量提升、结构优化、发展专业化等方面。

（一）教师队伍规模化扩大

教师队伍的质量建设是高质量教师教育体系运转的强力支撑，而教师队

---

① 童世骏. 提升中国特色教育自信 建设社会主义教育强国 [J]. 清华大学教育研究，2018，39（3）：7-9.

② 刘振天，李森，张铭凯，等. 笔谈：高等教育高质量发展的系统思考与分类推进 [J]. 大学教育科学，2021（6）：4-19.

伍的数量建设则是高质量发展的前提基础。高质量教育体系的架构首先需要一批足够数量的师资，这是世界最大规模教育体系成型的第一步。当教师数量供不应求时，何以谈教师质量建设？因此，我国教师教育体系经历了从追求教师队伍规模化扩张到追求教师队伍高质量发展的发展历程。教师队伍的规模化扩大是我国教师教育体系高质量建设过程中取得的首要成就。

教师数量的逐年递增为培养一支规模庞大的高质量教师队伍奠定了基础。以 1998 年和 2019 年的数据为例，我国教师数量增速明显，基本满足了基础教育发展的人才需求。根据全国教育事业发展统计公报数据，1998 年初中专任教师数量为 309.43 万人，生师比为 17.56∶1；普通高中专任教师 64.24 万人，生师比 14.6∶1。发展至 2019 年，初中专任教师 374.74 万人，生师比 12.88∶1；高中专任教师 185.92 万人，生师比 12.99∶1。国家教育督导团相关研究显示，2007 年，我国中小学共有专任教师 907.7 万人，供给需求基本得到满足。[①] 师资队伍数量的满足为教师队伍的规模化扩大夯实了基础，为教师队伍的高质量发展做好了准备。教师人力资源获得稳定开发的同时，生师资源配置压力减轻，并且逐渐趋于合理化。教师数量的增加使教师工作负担降低，在促进学校教育工作高效运转的同时，为教师的专业化发展带来了机遇；在缓解教师职业倦怠的同时，为教师谋求职业发展、追求专业化成长提供了机会，进而促进教师队伍总体素质的提升，加快了培养一支高质量教师队伍的进程。

教师教育体系从原有的职前培养、入职培养发展成如今的"职前—入职—职后"培养三位一体的培养模式，为教师队伍规模化培养提供了强有力的支撑。随着教师数量的不断增加，原有的教师教育培养体系难以负荷，时代的变革以及教育的飞速发展催促着教师教育培养体系的规模扩张。从国家颁布的教师教育政策文件来看，我国正在谋求建立一个开放化、一体化的教师教育体系，不仅重视教师培养的个体数量，还关注教师培养的阶段数量。教师队伍质量建设的关键不仅在于职前的高等师范教育培养，入职后的职后培养也至关重要。教师职业的特殊性决定了终身教育理念是教师教育发展的理念，教师需要通过不断学习来提升自己的专业技能，需要不断地扩充自己的知识量，提高自身的综合素质。因此，教师的职业发展需要国家建设并优

---

① 吴飞燕. 从经济学的视角分析影响我国教师供给的因素［J］. 教育学术月刊，2010（5）：66-69.

化相应的发展渠道，教师教育体系中的职后培养正是为促进教师专业化发展而准备的专业学习平台。新增的职后培养阶段为教师队伍的规模扩张以及质量建设打造了坚实堡垒。

（二）教师队伍结构优良化

教师队伍结构是否科学合理，直接关乎教师队伍质量的高低。教师队伍结构建设是教师教育体系高质量发展的关键环节。教师是教育生态链中的重要一环，教师队伍结构平衡与否直接影响人才结构的组织构成是否合理，最终指向教育发展的整体质量。近年来，我国教师队伍的构成总体上呈现出新的趋势，除了学历结构和生师比例的变化表征，通过向中西部、农村地区进行教师教育政策倾斜，例如"国培计划"对中西部骨干教师培训的重视，教师区域布局不平衡的现象得到改善；针对应试教育的改革持续进行，使弱势的副科教师教育逐渐受到重视，促进了教师队伍学科结构的同步发展。

教师队伍结构优良化发展体现在教师教育体系一体化发展进程中。首先，教育机构上统一使教师职前培养机构和职后培养机构互相联系，从旧三级师范向新三级师范转化，促进了教师队伍结构的一体化发展。其次，师范院校进行体制改革。师范院校作为培养教师队伍的主力军，其为推动教师教育体系建设进行了改革创新，通过调整培养目标、课程结构、专业设置、教学模式等方式来推动教师队伍的建设，改善了教师队伍结构存在的不足之处。最后，鼓励并允许其他高等院校参与教师教育。这一举措打破了师范院校独揽教师教育的局面，使师范院校不得不谋求创新，寻找作为师范院校的独特之处。这样的结构调整使教师教育体系发展更加趋于完整与合理，进而使我国教师队伍的结构更加稳健。

师范教育结构的不断调整使教师队伍结构不断被优化。首先，我国教师教育在党的领导下，恢复并建立了三级师范教育体系。长期以来，我国的教师教育体系由"中师—师专—师范大学"三个层次构成，分别对应小学、初中和高中的师资队伍培养。该结构更加适应新中国成立初期的教育发展需求，能基本满足人民的教育需要。随着国民教育水平的提高，我国自 20 世纪 70 年代末开始恢复和建立各级师范院校，不断扩充教师队伍数量，规模化发展师资队伍，极大解决了当时我国教育面临的师资缺口问题。同时，创办了各类师范院校，使教师教育培养体系不断完善，使师资队伍结构不断优化。其次，随着高质量教师队伍的目标确立，对教师的培养开始从"技术型"向"研究型"过渡。对教师队伍的素质要求不断提升，意味着对教师队伍的学历层次要求也在不断提升，教师队伍的学历结构、能力结构、知识结构需要不断优化发展。最后，随着创新人才培养模式的出现，对于教师队伍的培养要求更加严苛。为提升教师队伍培养质量，将对教师教育的专业结构、课程结构进行调整，以此来促进教师队伍的结构调整，实现教师队伍的创新培养。

（三）教师队伍质量提高

随着高质量教师教育体系的建设发展，我国教师队伍的质量也在不断提升。伴随我国经济社会的发展，教师供给总量得到基本满足后，随之而来的是人民对教育水平不断提高的期望，对高质量教育的需求日益强烈，高质量教育体系建设已迫在眉睫。与此同时，高质量的教育资源却难以跟进，优质教育资源和高素质、专业化教师的短缺已经成为严重阻碍我国教育改革和发展的障碍。目前，我国已建成全世界体量最大的基础教育教师队伍，教师数量、教师规模问题得到了历史性解决，教师职业吸引力明显增强，但在质量、结构、配置、管理体制机制等方面仍面临许多挑战，亟待顶层设计和专门政策的施行予以应对。[①] 高质量师资队伍建设成为我国教师教育政策关注的重点内容。

教师队伍质量的逐步提升集中反映在教师的专业化发展和学历层次的提高上。一方面，教师队伍的质量提升离不开教师的专业化发展。我国教师教育政策尊重教师个性发展和主体需求，不仅充分调动除师范院校外各种社会资源，为教师教育人才培养机制不断注入创新活力，还受终身学习教育思潮的影响，关注教师的终身发展、职前职后一体化建设，重视教师的专业化发展。数字信息化建设作为新时代教育发展壮大的新兴路径，自然也为教师教育的数字化发展与信息化建设提供了新渠道，继而成为推动新时代教师专业化发展的基本方向。另一方面，教师队伍的质量提升离不开教师学历层次的提升。根据全国教育事业发展统计公报数据，1998 年到 2022 年间，我国初中教师学历合格率由 83.4% 提高到 99.94%，普通高中教师学历合格率由 63.49% 提高到 99.03%，教师队伍的整体学历逐渐趋向合格。与此同时，教师的学历层次逐渐发生上移现象，1997 年到 2021 年间，中小学教师的学历由中专、专科、大学本科及以上变为专科、本科、研究生（见表1），为我国实现从教育大国向教育强国、从人力资源大国向人力资源强国的战略转变作出积极贡献。2018 年印发的《中共中央 国务院关于全面深化新时代教师队

---

① 程建平，张志勇. 高质量基础教育教师队伍建设的任务和路径［J］. 教育研究，2022，43（4）：132-136.

伍建设改革的意见》中以建设新时代高素质教师队伍为长远目标，明确指出"到 2035 年，教师综合素质、专业化水平和创新能力大幅提升，培养造就数以百万计的骨干教师、数以十万计的卓越教师、数以万计的教育家型教师"。"教育家型教师"目标的提出给新时代教师队伍建设带来了新要求、新挑战、新期待，不仅顺应了教师教育高质量发展的时代要求，还标志着我国教师发展范式与价值导向的转变。

表 1　1997—2021 年中小学教师学历层次变化情况

单位：人次

		小学	初中	高中
1997	中专	4211816	456276	12049
	专科	559941	2083604	221295
	大学本科及以上	23487	316335	367467
2021	专科	1856305	391597	23370
	本科	4516064	3394217	1753185
	研究生	124565	181824	251269

（数据来源：1997 年、2021 年《中国教育统计数据》）

教师队伍质量的逐步提升表现在教师教育被置于优先发展的位置上。一是确立了教师教育在教育事业发展中的优先地位。教师是教育之源，一直以来，我国都高度重视教师教育事业的发展，把教师队伍的建设放在教育发展的优先位置，从习近平总书记在 2018 年全国宣传思想工作会议上提出的"九个坚持"中可以看出党和国家对教师地位的高度重视。二是确立了教师教育在教育经费配置中的优先地位。为保障教师队伍建设，提升教师队伍发展质量，国家加大师范生培养经费投入保障力度，部属高等学校师范生和公费师范生的生均拨款标准比 2013 年分别提高了 3000 元和 5000 元。培养经费的增加为师资队伍的质量提升提供了物质基础。三是确立了教师教育在教育资源配置中的优先地位。教师编制资源、教师岗位设置向基础教育倾斜，使基础教育师资队伍质量得到大幅提升。2020 年，全国中小学专任教师副高级及以上职称比例为 14.4%，其中小学为 7.2%，初中为 19.9%，高中为 27.5%。[①]

---

① 程建平，张志勇. 高质量基础教育教师队伍建设的任务和路径 [J]. 教育研究，2022，43（4）：132-136.

教育是一个民族最根本的事业，改革开放以来中国共产党坚定不移地重视教育事业的发展，将教育摆在优先发展的位置，将教师教育摆在教育发展中的优先位置。进入新时代后，我国教育事业优先发展的主要矛盾已经从普及扩张与规模化发展过渡到内涵式提升与高质量发展上，教师队伍的高质量建设将会是我国教师教育体系建设的重点议题。

四、推进教师教育学科体系的规范化发展

新中国成立以来，我国教师教育政策在历史发展进程中总结经验，开始重视教师教育学科的整体规划，基于教师教育学的学科属性与核心功能开展专业建设行动，推进师范类与非师范类学校教师教育学科体系高质量发展，以保障师范专业办学质量与人才培养质量。

（一）设立二级学科，增设学历培养授权点

我国教师教育专业学科的初步探索始于 2004 年前后。2004 年，教育部先后在全国普通高校音乐学、美术学一级学科下设置音乐学（教师教育）本科专业与美术学本科专业，设立相对应的教师教育课程，并起草了相应的《课程方案》与《课程纲要》作为指导性教学文件，目的在于培养适应素质教育的音乐教育人才与美术教育人才。此时教师教育学本科专业常依附于具体学科的学科知识，作为学科师范教育下的专业设置，尚未具备作为独立二级学科的基本条件，但这是我国进行教师教育学科建设的初步尝试。

教育部于 2011 年 10 月发布的《关于大力推进教师教育课程改革的意见》中实施的《教师教育课程标准（试行）》，对教师教育课程理念、课程结构、教学内容、教学方法与手段等多个方面进行了初步规划，为后续教师教育学二级学科建设提供了参照依据并奠定了阶段性基础。2018 年 1 月由中共中央、国务院印发的《关于全面深化新时代教师队伍建设改革的意见》和 2 月由教育部等五部门印发的《教师教育振兴行动计划（2018—2022 年）》（以下简称《振兴计划》）等具有引领新时代教师教育变革与深度发展意义的政策文件中，开始明确提出将教师教育学作为独立二级学科进行建设的工作要求。《振兴计划》提出建立健全教师教育本专科和研究生培养的学科专业体系，鼓励有条件的高校在教育学一级学科下自主设立"教师教育学"二级学科；修订《教师教育课程标准》，组织主干教材编写，对师范院校教育硕士、教育博士授权点予以政策倾斜。至此"教师教育学"作为一门既为教师

教育工作者开展教育实践服务，又为教师开展教学工作服务的专门学问[①]，正式纳入教育科学学科体系，成为一门具有特定基本原理、基本概念范畴、基本知识体系、研究对象、方法论体系、培养目标、基本任务等一系列学科构成基本要素在内的科学性学科。"教师教育学"二级学科的设立，使教师教育从以往经验中的研究方向和研究领域，逐渐演化为"一门有关教师教育活动和教师教学工作的基本原理或是方法论的学问"[②]，这标志着我国教师教育学科作为学科基本形态的正式开启，教师教育学从大教育学科中逐渐独立，学科基本内容、主要任务、学科特性不断加以明确，作为一种培养"培养人的人"的学科，培育专门从事教师教育理论研究与从事教师教育教学实践工作的专业教师教育从业者。教师教育二级学科的设立，为我国教师教育学科体系发展明确了方向，大力促进了我国高等学校教师教育的专业化和规范化建设发展。

（二）严控培养质量，推进专业认证及改革教师资格考核办法

伴随教师教育体系的日益开放多元，我们迫切需要专门性教育评估认证机构对师范类专业办学水平进行评价与监测，以保障师范类专业培养质量。所谓专业认证，是指由专业认证机构针对高等教育机构开设的某一专业实施的专门性评价活动，认证的核心在于确认毕业生是否达到对应行业认可的既定质量标准要求。[③] 师范类专业认证的对象包括普通高校师范类本科专业和教育类专科专业，具体包括学前教育、小学教育、中学教育、职业教育和特殊教育等专业，认证的目的和功能在于保障和提高师范类专业人才培养质量。[④] 教育部对我国师范类专业人才培养质量给予高度重视，已于2016年开展师范类专业认证试点工作，并将研制师范类专业认证标准及认证办法作为教育部2017年工作要点。2017年，教育部印发了《普通高等学校师范类专业认证实施办法（暂行）》，正式拉开我国师范类专业认证的序幕，形成定位于师范类专业办学基本要求监测、定位于师范类专业教学质量合格标准认证、定位于师范类专业教学质量卓越标准认证的三级检测认证体系，构建了师范专业认证在指导思想、认证原则、认证体系、认证标准、认证对象及条件、

① 杨跃.教师教育学科专业建设：概念溯源与行动展望［J］.当代教师教育，2020，13（4）：17-23.

② 陈永明，王健."教师教育学"学科建立之思考［J］.教育研究，2009（1）：53-59.

③ 张怡红，刘国艳.专业认证视阈下的高校师范专业建设［J］.高教探索，2018（8）：25-29.

④ 胡万山.师范类专业认证背景下教师教育改革的意义与路径［J］.黑龙江高教研究，2018，36（7）：25-28.

认证程序等方面内容的雏形。自 2018 年起，开始以质量数据检测与核验保障师范类专业办学质量。2021 年 11 月 3 日，教育部发布了《关于编制 2021—2025 年普通高等学校师范类专业认证工作安排的通知》，继续推进认证工作，并对权责单位进行了进一步细化。基于以上政策，制定教师培养机构的资质标准、开展充分体现专业特色和要求的师范专业认证日趋制度化、常态化、规范化与标准化，通过师范专业认证形成了高等学校追求卓越的质量文化，持续提升教师培养质量。

在教师资格考核方面，1993 年 10 月第八届全国人民代表大会常务委员会通过了《中华人民共和国教师法》，标志着我国教师资格认证步入国家层面的制度时代，教师职业需要经过考试认定获得相应的从事各类教育教学工作的职业许可。在经历了我国教师教育制度化发展的探索阶段、规制阶段、实践阶段以及改革阶段等过程，政策文献对教师资格制度的认证时限、认证范围、认证类别以及认证方式都进行了一定改革调整。2020 年，教育部印发了《教育类研究生和公费师范生免试认定中小学教师资格改革实施方案》，推进免试认定改革，由实施免试认定的高等学校参照国家中小学教师资格证考试（以下简称"国考"）科目、标准及大纲统一命题对本校教育类研究生和公费师范生进行教师职业能力测试，考核合格颁发《师范生教师职业能力证书》作为资格认定依据，增加了对学业成绩及思想品德、教育实践的过程性考核，促进将"国考"标准及内容融入教师教育学科课程建设中，强化人才培养单位的评价功能和主体责任，严控教师培养质量。为进一步加速促进师范生就业，落实"放管服"改革，自 2020 年开始实施教育类研究生和公费师范生免试认定中小学教师资格的方案，于 2022 年将免试认定的范围扩大至高等学校师范生群体，进一步扩大免试认定的改革范围，针对不同专业类别与教育背景的准教师从业者，构建了考试与免试相结合的教师资格制度考核框架，更加注重教师基础专业能力、教师教学实践能力与培养过程性要素的考核，也实现了师范类学校、师范类专业与教师资格制度在高质量教师教育共同目标上的深度捆绑。在师范办学资质与教师从业资质的考核中，以师范类专业认证与教师资格认证的双向互促循环，严控教师培养质量，带动教师队伍建设的高质量发展。

（三）强化师范特色，高度重视师范生教育实践

我国教师教育相关政策突出教师教育的"师范性"本色，坚持以师范大

学作为教师教育主阵地，坚定师范大学以师范教育为主业的办学方向，建立高水平非师范院校参与的中国特色师范教育体系。师范性是师范大学的本质属性、精神气质与品牌标志，我国师范大学在长期的发展过程中经历了"师范化—去师范化—再师范化"的转型变革。师范大学与师范专业以"师范性"作为区别于其他非师范大学与非师范专业的核心品质表征。师范生教育实践是教师培养的重要环节，其实践性也是教师教育学科的重要特征体现。针对多年来在教师教育过程中、师范生教育实践过程中存在的形式单一、指导性不强、重理论、轻实践等薄弱环节与现实问题，2011 年 10 月，教育部发布了《关于大力推进教师教育课程改革的意见》，提出要强化教育实践环节，建立教师教育改革创新试验区，建设长期稳定的中小学和幼儿园教育实习基地供师范生进行技能训练、模拟教学、观摩学习等教育实践活动。2016 年 3 月，教育部发布了《关于加强师范生教育实践的意见》，其作为针对教育实践的专门政策文件，重点强调教育实践在教师培养过程中的重要作用，明确教育实践的目标任务，构建包括师德体验、教学实践、班级管理实践、教研实践等全方位的教育实践内容体系，推行教师教育的院校教师和中小学教师共同指导的"双导师制"，完善多方参与的考评体系，建设长期稳定的教育实习基地并切实保障教育实践经费投入，强化师范生教学基本功训练。这是一次对师范院校与师范专业的教育实践课程在内容、组织、要求等方面系统性的整体规划，其中政策话语发生了由"教育实习"到"教育实践"的转变，在原有"实习"基础上进一步扩展丰富了见习与研习三位一体的复合性内涵。2017 年 10 月，教育部印发了《普通高等学校师范类专业认证实施办法（暂行）》，将师范生"一践行三学会"设置为毕业要求之一，要求通过严格程序组织认定师范毕业生的教育教学实践能力，将包括实习计划、实习教案、听课评课记录、实习总结与考核等内容的实习档案袋作为衡量师范教育实践结果的重要指标，进一步提高了教育实践在教师教育学科建设与人才培养质量评估中的比重。2022 年 4 月，教育部等八部门印发了《新时代基础教育强师计划》，其作为新时代教师队伍建设的纲领性文件，在内容中依旧强调加强教育实践，同时更加注重多方单位的协同育人机制，构建师范院校为主体、高水平综合大学参与、教师发展机构为纽带、优质中小学为实践基地的开放、协同、联动的现代教师教育体系，在以往教育实习基地的基础上，扩展形成协同化、信息化、常态化师范教育基地，深化教师教育改革。我国教师教育政策多年来持续关注师范大学与师范专业的本质特性，强调其对"师范性"的回归，高度重视师范生教育实践过程与质量，是持续深入推进教师教育改革，提高师范生培养质量，凸显教师教育"师范性"本质特征的重要举措。

五、不断提高教师职业的社会与经济地位

在我国的历史传统中，教师职业一直以来都是十分令人尊敬的高尚职业。荀子有言："国将兴，必贵师而重傅，贵师而重傅，则法度存。国将衰，必贱师而轻傅；贱师而轻傅，则人有快；人有快则法度坏。"其将尊师、重教与否看作影响国家兴衰的重要法则。我国坚定实施科教兴国战略，始终把教育摆在优先发展的战略位置，坚持教育大计，教师为本。我国教师教育政策延续了千年的尊师重道的优秀传统价值观念，新中国成立以来不断肯定教师职业的社会贡献，确保教师薪资收入，提高教师职业声望，致力于使教师成为令人羡慕的职业。

（一）教师职业声望稳步提升

对于教师职业社会价值的肯定与社会声望的提升是我国教师教育政策多年来一以贯之的基本立场与主张。在 1954 年由北京市委发布、后经中共中央批转的《关于提高北京市中小学教育质量的决定》中，就已明确提出在学生中应提倡尊师，在人民群众中应宣传教师在国家建设中的重大作用，以提高教师的社会地位，提高教师为人民服务的热忱。1956 年发布的《中国教育工会分党组关于中国教育工会第二次全国代表大会的报告》中针对当时教师群体入党难、吃饭难、看病难、结婚难、工作难等众多不重视教师职业劳动的现实情况，以及教师在政治地位与社会地位中出现教师职业歧视问题甚至蔑视教师人权的恶劣事件进行了总结与反思，认为在当时存在着教师没有得到社会应有尊重的严重事实问题。报告指出各级党委需要开展检查、纠正、调解、监督等工作，切实保护教师利益，纠正对于教师职业的偏见与歧视，并给予教师用以改善生活困难，增加住房补贴等方面的财政支持，改变教师职业受到轻视、歧视的状况。2018 年 1 月印发的《中共中央 国务院关于全面深化新时代教师队伍建设改革的意见》中明确提出要将教师置于"特别重要地位"。该文件的发布，在我国教师教育政策话语中，将教师职业声望进行了一次前所未有的提升，充分强调教师职业所承担的国家使命和公共教育服务职责，再次提升教师的政治地位、社会地位和职业地位，进一步倡导社会让

教师成为令人羡慕的职业。职业声望是社会舆论对某一职业的意义、价值与声誉的综合评价，反映一个社会对一定职业的评价，决定对这一职业的基本态度。[①] 新中国成立以来的教师教育政策，从始至终对教师职业的独特价值和社会地位进行了充分肯定，建立多类荣誉制度及宣传机制，营造社会尊师氛围，切实提高和改善了教师职业的社会声望，使教师职业的社会地位稳步提升，具有持续职业吸引力。

（二）教师基本权利得到保障

权利指"公民在宪法和法律规定的范围内，以作为或不作为的方式取得利益的一种方式"[②]，具有调节权利主体与权利客体之间利益关系的作用[③]。我国对教师所享有的基本权利给予高度关注，多年来，在相关政策的规划引领下，教师权利内容逐渐明晰，权利范围逐渐扩大，保障机制不断深化，保障成效显著提升，具体表现在对于教师作为生命个体的人身权利保障与作为教育从业者的职业权利保障上，保障方式以法律保障与制度保障为主。在法律保障方面，1993年第八届全国人民代表大会常务委员会第四次会议通过的《中华人民共和国教师法》是我国首次以法律形式对教师权利进行表述与解释，是教师合法权利的核心依据，开启了我国教师群体有法可依、依法执教的法制化时代。《中华人民共和国教师法》赋予教师进行教学活动、指导评定学生成绩、参与学术活动和研修培训、按时获得薪资、享受国家规定福利、聘用管理、参与学校决策等多项民主权利，保障教师在教学实施、专业自主发展和治学决策中的基本权利。这一法律的颁布对教师群体享有的基本权利作出法律性规定，对明确教师的个人人身权利与职业权利，保障教师合法权利不受侵害，使国家依法治教，教师依法执教，强化教师队伍的规范化建设与管理有重要历史意义与现实意义。随后，教育部于2009年8月印发了《中小学班主任工作规定》，对从事班主任工作的中小学教师权利、待遇、职责、任务等在日常教学工作与教学管理工作方面的具体内容进行了针对性细化。其中，在教师待遇与权利部分，增加了"班主任在日常教育教学管理中，有采取适当方式对学生进行批评教育的权利"的描述，赋予了班主任教师在日常教学与管理实践中，可以适当方式对学生进行有教育意义的合理惩戒的批

① 黄淑华，陈幼华. 教师社会地位对师资队伍建设的影响［J］. 江西社会科学，2000（5）：154-155.

② 董和平. 宪法学［M］. 北京：法律出版社，2004：305.

③ 梁明伟. 论教师权利及其救济［J］. 教师教育研究，2006（4）：48-51，39.

评教育权，可以认为，该权利的规定性呈现，是对教师职业特性的回归，也是教书育人职责的重要体现。

在制度保障上，教师权利的保障需要教师个体、学校、教育部、财政部、人力资源和社会保障部等政府各部门乃至社会力量的多方协同配合。关于教师资格保障，自 1995 年《教师资格条例》颁布，我国全面实施教师资格制度，标志着我国教师队伍管理法制化的起步，为后续教师评聘、教师编制、教师管理、教师薪资、教师培训等奠定了坚实基础。关于教师培训保障，于 2010 年 6 月，由中央财政支持开始实施教师国家级培训计划；于 2012 年 6 月实施五年一周期的教师全员培训，确保教师参与培训的权利。关于教师民主权利保障，2018 年 2 月由中共教育部党组发布的《努力培养造就堪当民族复兴大任的大国良师》中提出，建立现代学校制度，在学校管理中维护教师职业尊严和合法权益，保障教师参与学校决策的民主权利。同时，民办学校要完善形成由学校、个人、政府合理分担的教师社会保障机制。关于教师社会保障，多项政策于 2012 年先后提出落实包括幼儿园教师、农村义务教育教师、特殊教育教师在内的各级各类教师的社会保障制度，推动解决教师群体在住房、医疗、养老等方面的需求。

（三）教师薪资待遇得到改善

物质条件是教师群体维持生活与发展最基本的需要，教师薪资水平直接影响教师基本生活水平和职业热情，同时教师薪资待遇水平也是体现社会认定教师劳动价值的重要方式。教师薪资获得作为教师劳动应得的报酬，是教师职业的基本权利之一，因此教师薪资保障离不开相关法规的法律支持。《中华人民共和国教师法》以法律条文形式对教师工资、津贴、住房、医疗、退休待遇等问题进行了明确规定，以法律形式为教师职业薪资待遇提供了保障。我国教师教育政策持续关注教师群体的薪资待遇，以当地公务员实际收入作为教师薪资参照，不断完善编制管理办法和工资待遇保障机制，在确保落实国家规定的教师工资基础上，多次提出加大经费投入提高教师（尤其是"特岗教师"、农村及边远地区教师）工资水平，解决好、引导好依法保障非在编教师工资待遇问题。2018 年 1 月发布的《中共中央 国务院关于全面深化新时代教师队伍建设改革的意见》（以下简称《意见》）中，对完善中小学教师待遇保障机制作出了全面部署。《意见》指出："健全中小学教师工资长效联动机制，核定绩效工资总量时统筹考虑当地公务员实际收入水平，确保中小学教师平均工资收入水平不低于或高于当地公务员平均工资收入水平。完善教师收入分配激励机制，有效体现教师工作量和工作绩效，绩效工资分配向班主任和特殊教育教师倾斜。实行中小学校长职级制的地区，根据实际实施相应的校长收入分配办法。"这样的规定，基本符合世界各国教师工资收入的水平与趋势。2022年4月印发的《新时代基础教育强师计划》中的第十四条提出要加强教师工资待遇保障，延续之前教师教育政策相关文件中义务教育教师平均工资不低于当地公务员平均工资收入水平的标准，提高教龄津贴标准，形成"学校越边远、条件越艰苦、从教时间越长、教师待遇越高"的格局。

我国的教师教育政策始终对教师职业的价值和地位进行充分肯定，坚持以师为本，聚焦教师的职业需求与个体需求，坚定教师职业在我国教师事业中的特别重要的地位，建立多类荣誉制度及宣传机制，营造社会尊师氛围。《中华人民共和国教师法》等法律法规的颁布，给予教师权利以权威法律保障，切实提高教师职业的社会声望与经济地位，不断推出各类保障机制，解决建国初期教师工资拖欠、低下、社会保障空缺等现实问题，关注教师需求，不断改善教师职业待遇，使教师得以乐于从教、安心从教。

第八章　中国式教师教育现代化政策逻辑[①]

　　我国教师教育政策所取得的历史成就为进一步构建中国式教师教育现代化模式与知识创新奠定了坚实的理论与实践基础，也为进一步明确中国式教师教育现代化的政策定位提供了方向与指引。中国式教师教育现代化是中国式现代化的必然要求，也是加快推进国家教育高质量发展的重大战略需求。中国式教师教育现代化是立足中国国情与世界经验，以立德树人为根本任务，以教育高质量发展为根本目的，以造就高素质专业化创新型教师队伍为根本使命的教师教育现代化发展新道路。探索具有中国特色的教师教育模式，创新中国自主的教师教育知识体系以及明确中国式教师教育现代化的政策定位能够为我国教师教育发展提供通往现代化之路的中国方案。

一、中国式教师教育现代化模式建构

　　教师教育模式是依据教师教育构成要素之间的交互影响而形成的一种相对稳定的作用机制与运行方式。中国式教师教育现代化建设，需要探索具有中国特色的教师教育模式，通过教师教育模式变革撬动教师教育领域全方位深度变革，为培养一批高素质教师提供有效的实施载体。

（一）廓清逻辑理路

　　教师教育模式建构是中国式教育现代化探索的历史选择，具有深厚的教师教育发展理论基础，在不断总结和反思的教师教育实践中获得检验、发展和突破。只有从历史、理论、实践层面多维透视教师教育模式建构的底层逻辑，才能深刻把握中国式教师教育现代化模式的根本特质。

1. 客观梳理教师教育模式建构的历史逻辑

　　中国式教师教育现代化模式建构深耕于现代化的共同历史语境，内蕴着

---

　　① 　本章部分内容发表于《现代教育管理》2023 年第 8 期，内容有改动。

中国式的独特历史逻辑。一是要做到尊重史实与服务现实相结合。中国式教师教育现代化囿于教师教育制度"本土基因"的先天缺乏，历史发展的纵向继承性比较脆弱，导致中国师范教育和教师教育制度存在"依附借鉴"模式的弊端。[①] 中国式教师教育现代化模式是中国特色教师教育发展的必然产物，也是中国式教师教育现代化的实施载体。教师教育模式建构要基于本土经验与现实国情的结合，满足服务中国式现代化建设的历史需要，回应培养高素质专业化创新型教师的时代要求。二是要做到重视规律循证与创新观点表达相结合。中国式教师教育现代化是中国特色教师教育现代性不断增长的动态发展过程，传统的经验导向和思辨取向已无法支撑教师教育现代化发展。伴随着大数据及分析技术的发展，基于最佳证据的循证方法进入教师教育研究视野，为教师教育研究提供了新的视角。教师教育模式建构要通过寻找符合时代教育发展规律和教师专业发展规律的"教"的证据、教"教"的证据、学"教"的证据[②]，在教师教育者循证实践与教师教育证据迭代中，不断创新发现新规律，丰富新思想和新话语的观点表达。通过发掘教师教育发展进程中的历史事实、历史规律与历史本质，可以揭示中国式教师教育现代化模式建构的文化根基和发展方向，有效回应教师教育模式何以建构的问题。

2. 系统把握教师教育模式建构的理论逻辑

中国式教师教育现代化模式建构的理论逻辑集中反映了教师教育的核心要义和系统要素，是对中国特色教师教育理论的发展与深化。一是要做到内涵界定与外延规约相结合。教师教育模式是教师教育要素与其间相互关系所构成的一种框架结构，包含培养目标、教育体制、职业发展性质和培养活动方式等四个关键要素[③]，传统教师教育模式研究存在轻内涵、重外延现象，造成教师教育研究处于师范性与学术性的长期论争，适应性中国式教师教育现代化的政策取向、模式建构与知识创新针对性不强的发展困境。党的十八大以来，中国特色教师教育发展新格局由外延转向内涵，中国式教师教育现代化模式建构要融合统整要素，打破单一线性的传统培养模式，实现由要素驱动逐步转向要素与系统双驱动。[④] 二是要做到构建模式结构体系与凝练原

① 蔡国春. 改革在路上：中国特色教师教育体系建设之省思 [J]. 江苏高教, 2019 (12)：30-40.

② 宋萑, 徐淼. 教师教育者循证实践与教师教育证据迭代 [J]. 教育科学, 2022, 38 (3)：8-14.

③ 刘复兴. 我国教师教育的转型与政策导向 [J]. 高等师范教育研究, 2002 (4)：19-26.

④ 李广. 教师教育协同创新机制研究：东北师范大学"U-G-S"教师教育模式新发展 [J]. 教育研究, 2017, 38 (4)：146-151.

创教育思想相结合。模式结构体系是教师教育模式建构的理论脉络，原创教育思想是教师教育模式建构的理论精髓。中国式教师教育现代化模式建构既要发掘结构体系中各要素、各层面、各形式之间的内在联系和作用规律，也要明确多元开放的性质、功能和方向，凝练原创教育思想，推动教师教育模式实现本土化、特色化的理论升华。通过剖析模式建构要素之间的必然性联系和内在规定性，明确模式的内涵特征、体系架构，进而把握建构的过程机制与方法原理，致力于解决教师教育模式依何建构的问题。

3. 科学总结教师教育模式建构的实践逻辑

中国式教师教育现代化模式建构的实践逻辑源于教师教育实践的理性总结，反哺教师教育实践的行动发展。一是要做到破解难题和守正创新相结合。中国式教师教育现代化面临着人的困境、质量困境和保障困境[1]，严重阻碍教师教育现代化进程的有力推进。教师教育模式建构要着眼于发现、分析、解决教师教育现代化过程中的固有问题，在继承教师教育实践成功经验、借鉴国际教师教育实践先进理念的同时，守教师教育传统理念和发展方向之正，创教师教育改革方法和发展格局之新。[2] 二是要做到坚守本色与突出特色相结合。中国式教师教育现代化模式建构核心聚焦高素质专业化创新型教师队伍的现代化，最终指向人的现代化的初心本色。换言之，中国式人的现代化基本向度即以积极推动人的自由而全面的发展为价值追求，并致力于推动人类命运共同体的构建。[3] 从"中国特色"再到"中国式现代化"是经验总结到理论建构的话语转变，日益凸显出我国教师教育发展的文化自信心和制度优越性，展现区别于世界现代化普遍特征的具有中国现代化特色的基本原则和价值立场，即中国共产党的全面领导和中国特色社会主义的根本性质。通过反思过去或当下教师教育系统实践，检验总结出实践规律、原则和要求，探索中国式教师教育现代化必然法则与实现路径，有助于解决教师教育模式如何建构的问题。

（二）培育原创理论

原创理论是教师教育模式特有属性的理论转化，也是反哺教师教育模式

① 李森. 中国式教师教育现代化的内涵、价值及举措 [J]. 陕西师范大学学报（哲学社会科学版），2022，51（6）：14-24.

② 李森. 中国式教师教育现代化的内涵、价值及举措 [J]. 陕西师范大学学报（哲学社会科学版），2022，51（6）：14-24.

③ 王虎学，凌伟强. 中国式现代化的人学向度 [J]. 学术研究，2022（11）：13-20.

建构的学理支撑。中国式教师教育模式的理论建构需要挖掘教师教育模式的历史进程，剖析教师教育的属性特征与育人价值。

1. 追溯教师教育模式的发展历程

教师教育模式的发展历程是培育教师教育原创理论的历史依据，也是建构教师教育原创理论的路径指引。一是教师教育模式发生发展历史阶段划分与现实经验借鉴相结合。我国教师教育模式已经历了百余年的历史发展，其形成与发展大致可分为清末民初的创立阶段、民国中后期的变革阶段、新中国成立后的发展阶段。教师教育模式的发展历程昭示我国已由"老三级"师范教育体系向"新三级"教师教育体系转型。[①] 不同历史阶段的教师教育模式既为教师教育模式原创理论的培育提供了理论基石，也为教师教育模式的发展提供了诸多反思与启示。培育我国教师教育模式原创理论既要追溯其历史发展阶段，也要紧密结合教师教育模式的现实经验，以实践探索促进理论建构。二是教师教育模式持续改革创新与愿景展望引领相结合。经济社会与教育事业的改革与发展，是教师教育模式转型的根本动力。[②] 新时期教师教育模式应依据社会发展需求与人才培养需要持续变革，不断更新教师教育模式，培养适应当代社会发展需要的时代新人，以培养造就高素质专业化创新型中小学教师队伍为愿景目标，不断深化探索具有中国特色的教师教育模式，为我国教师教育改革创新发展提供示范引领。

2. 剖析教师教育模式的属性特征

教师教育模式的属性特征是生成教师教育原创理论的核心要素。剖析教师教育模式的属性特征应坚持系统性与个体性相统一的基本原则。一是挖掘教师教育模式本质属性与凝练个案教师教育特有属性相结合。在宏观层面，应探究教师教育模式的本质属性，厘清教师教育模式的培训对象、目标定位、要素关系、资源结构等内容[③]，深度挖掘教师教育模式在推动基础教育课程变革、促进教师专业发展、助力师范生专业成长等方面的基本功能与本质属性。在微观层面，教师教育模式属性特征的提炼应关注教师个体发展特征，依据教师个体发展特征凝练个案教师教育模式的特有属性，实现教师教育模

① 梅兵，唐玉光，荀渊. 世界教师教育发展模式的演变及我国的选择 [J]. 教师教育研究，2021，33（5）：1-7.

② 靳希斌. 教师教育模式研究 [M]. 北京：北京师范大学出版社，2009：5.

③ 艾小平，董泽芳."四元多维"教师教育模式的理论建构与运行策略 [J]. 教育科学，2014，30（1）：43-49.

式共性特征与个性特点的和谐统一。二是遵循教师教育模式一般规律与凸显教师教育模式个性特征相结合。在宏观体系上，教师教育模式的建构应遵循教师教育模式的一般规律，明确教师教育模式的历史背景、现实意义、基本原则、运行机制、实践路径等共性特征，在同质属性中探索理论建构与实践变革。在微观体系上，教师教育模式的多元实施主体应共同提炼教师专业发展过程中的经验与不足，融合区域历史文化传统、学校原创办学理念、名师独特教育思想，凸显教师专业成长的区域特色、校本特色与个体特色，为原创教育理论的培育提供可资借鉴的类型特征。

3. 厘清教师教育模式的育人价值

教师教育模式的育人价值是培育教师教育原创理论的核心旨归。教师教育模式的育人价值既要体现教师教育模式的基本理念，也应深刻回应国家高素质人才培养的重大战略需求。一是教师教育模式的育人价值应体现"人为性"与"为人性"相结合。教师教育模式是人创造的，也是为人服务的，即教师教育模式具有"人为性"，也具有"为人性"，且教师教育模式的"为人性"引领着"人为性"。[①] "人为性"指的是，教师教育模式的育人价值是由国家、实施机构与受众群体的发展需要共同决定的，其根本目的是实践指导与社会服务。"为人性"指的是，教师教育模式的育人价值要指向教师专业发展需要。教师教育模式建构的育人价值应为国家培养出更多的优秀教师和未来教育家，将培养卓越教师与未来教育家作为最直接、最重要的人才培养目标。二是教师教育模式的育人价值应坚持落实立德树人根本任务与培养教育家型教师相结合。一方面，教师教育模式建构应将立德树人使命融入教师教育学科体系建设与人才培养实践探索之中，着力培养德智体美劳全面发展的社会主义教育事业建设者和接班人。另一方面，教师教育模式建构应以培养教育家型教师为育人价值，向上推动教师教育理念革新、教师教育培养范式变革，向下推动教师教育课程体系改革、教学方式方法变革，系统培育教师教育原创理论，培养造就一批高素质专业化教师队伍。

（三）激活动力机制

教师教育模式的动力机制包括教师教育模式的生成机制、发展机制与协同机制，三者体现了教师教育模式衍生、发展、创新的整体性进程。激活教

---

① 李广. 秉持"创造的教育"理念 推进一流师范大学建设［J］. 东北师大学报（哲学社会科学版），2019（1）：136-141.

师教育模式的动力机制对解决师资培养困境、建设中国特色教师教育体系具有重要的现实意义。

1. 厘定教师教育模式生成机制

教师教育模式的生成机制是教师教育模式建构的关键起点。教师教育模式的生成机制应通过"发生学"方法厘清教师教育模式内部机理中的"拉力"与"推力"。"发生学"方法要求在研究社会事物时分析其起源与发展变化的过程，探究事物发生及变化的原因和条件。① 通过"发生学"分析，发现不同教师教育模式的生成机制可从其诱因、条件与保障三个方面因素深入剖析。第一，剖析教师教育模式的发生诱因。我国教师教育模式的产生与发展经历了从"定向模式"到"非定向模式"再到"协作模式"的演变过程，在新模式生成与旧模式消亡的交替转换过程中受到时代诱因影响。运用"发生学"方法广泛收集相关历史资料，能够从历史本质上解释教师教育模式诞生的特定社会条件、文化背景与教育需求，探寻教师教育模式变迁的深层原因与发展规律。第二，探究教师教育模式发展的现实条件。教师教育模式的发展过程受到现实条件的制约。"发生学"方法强调明晰教师教育模式的现实需求与条件要素，剖析现实条件之间的内部作用关系，厘清教师教育模式的发展过程。第三，明确教师教育模式的保障机制。保障机制是教师教育模式正常运作的必要条件。"发生学"方法关注教师教育模式运行的组织保障、制度保障和资金保障等要素，动态考察保障机制的作用效果与现实需求之间的关系，保障教师教育模式的可持续发展。

2. 探究教师教育模式发展机制

教师教育模式的发展机制是教师教育模式不断创新变革的内部动力，揭示了教师教育模式发展的深层机理。我国教师教育发展史中存在着断裂式变迁、微调式变迁、置换式变迁及转换式变迁这四种主要的制度变迁类型。② 制度模式的发展创新需要克服自身路径依赖的阻碍，也需要依托"质变"节点与关键影响因素。首先，社会环境是教师教育模式发展机制的"置换起点"。社会政治环境是教师教育发展的时代背景，直接决定教师教育模式的发展取向。我国社会的人口规模、结构等基本因素也决定了其教师教育模式必

---

① 张乃和. 发生学方法与历史研究 [J]. 史学集刊，2007（5）：43-50.

② 卢小陶，杜德栎. 新中国 70 年教师教育政策的历史、结构与动力 [J]. 教育科学研究，2019（9）：79-84.

须走出一条中国式、特色化发展道路。其次，教育变革是教师教育模式发展机制的"关键要素"。教育领域的变革直接影响教师教育的宗旨、性质与方法，教师教育模式的发展应面向高质量教师队伍建设①，以教师教育模式提质创新为目标导向与发展追求。最后，关键事件是教师教育模式发展机制的"质变节点"。关键事件对教师专业发展的作用机制表现在专业知识、专业能力、专业思维、专业理念等方面。② 厘清教师专业成长与专业发展的关键事件是引发教师认知结构重构的质变节点，也是促进教育模式发展的内生动力。

3. 构建教师教育模式协同机制

教师教育模式的协同机制是以"教师共同体"牵动"教育有机体"的重要力量。立足中国式教育现代化的战略基点，教师教育协作模式是促进教师队伍整体发展、建设开放融通型教师教育体系的有效途径。一是教师教育模式协同机制应注重教师教育课程要素整合。教师教育模式应关注教师培养课程与教师培训课程的整合，实现通识教育课程与专业教育课程、学科教育课程与教师教育课程、教育理论课程与教育实践课程的相互融通。二是教师教育模式协同机制应注重教师教育阶段融合。教师教育协同机制应关注职前教师与在职教师的整体发展与过渡衔接，构建教师职前培养阶段与教师职后培训阶段的一体化教师教育模式。三是教师教育模式协同机制应注重教师教育主体合作。教师教育模式的协同机制倡导多主体协作汇聚各方优势资源，其协同主体包括师范大学、地方政府与中小学校，三方主体责任共担、协同发展。③ 四是教师教育模式协同机制应注重教师教育空间耦合。教师教育协同主体之间的合作为教师专业发展提供了多维教育空间。师范大学为地方政府与中小学教师提供理论学习空间，中小学校为职前教师提供鲜活的教学实践场域。

二、中国式教师教育现代化知识创新

党的二十大报告中明确提出："坚持创新在我国现代化建设全局中的核心地位。"教师是教育发展的第一资源，是国家富强、民族振兴、人民幸福的重要基石。中国式教师教育现代化需要突破当前教师教育研究中对西方知识体

---

① 李广. 新时代师范大学高质量发展：现实诉求、历史依据与实践逻辑［J］. 清华大学教育研究，2021（4）：62-69.
② 陈飞，李广."关键事件"何以助力实习教师专业成长［J］. 现代教育管理，2017（9）：75-80.
③ 李中国. 两种"三位一体"教师教育模式比较研究［J］. 教育研究，2014，35（8）：113-117.

系的理论范式依赖、研究路径依赖、话语依赖甚至术语依赖，创新教师教育研究理念、研究格局与研究路径，彰显中国教师教育研究的自主性和原创性，促进中国自主教师教育知识体系充分展现中国立场与中国智慧。

（一）理念创新：践行"学术强师—协同提质—大中小幼一体"理念

创新教师教育理念是中国式教师教育现代化知识创新的方向指引。教师教育的理念创新需要以"学术强师"理念构建教师教育学科知识体系，以"协同提质"理念助推教师教育专业知识更新，以"大中小幼一体"理念促进教育教学知识融合，三位一体创新教师教育知识体系。

1. 学术强师，促进教师教育学科知识体系自主构建

高质量的教师教育学科知识体系是提升教师教育学科在教育领域学术影响力的重要引擎。中国式教师教育现代化的知识创新应秉持"学术强师"理念，激活教师科研活力与研究动力，鼓励教师在科学研究中实现知识积累、知识探究与知识生产，建构中国自主的教师教育学科知识体系。首先，鼓励教师了解前沿知识，凝练学科标识性概念。教师教育体系的建设应鼓励教师夯实教育理论基本知识，学习教育原理和思想方法，全面了解教师教育热点知识与前沿性理论，在教师专业发展领域逐渐形成具有个性化与标识性的基本概念与原创性理论。其次，增强教师科学探究意识，生成教师教育学科思想。教师教育体系的建设应促进教师增强科学探究意识，鼓励教师在科学研究中不断探索，发现新问题，研究真问题，运用新方法，在探究中解决教师教育领域专业问题，逐渐构建原创性学科思想体系，实现教师教育学科理论创新。最后，激励教师学术成果转化，促进教师自主知识生产。教师教育体系的建设应激励教师在科研实践中不断将教育科学研究成果转化为前沿课程教学成果，将课程教学过程转化为科学探究过程、知识生产过程和价值塑造过程[1]，实现教师教育学科知识的再生产。

2. 协同提质，推动教师教育专业知识持续更新

师范教育协同提质计划是促进教师教育专业知识均衡发展的重要举措。中国式教师教育现代化的知识创新应遵循"协同提质"理念，通过师范院校、政府主管部门、中小学校等主体协同合作，推动教师教育专业知识持续更新。一是师范院校协同合作，推动师范生教育知识的创新发展。高水平师范院校

---

① 刘益春."强师计划"的大学使命与政府责任 [J].教育研究，2022，43（4）：147-151.

应协同薄弱师范院校，全面理解学生的知识、教育学生的知识、发展自我的知识等，将教育知识的基本原理和方法与教育实践相融合，生成面向新时代师范生培养与教师发展的创新型教育知识。二是师范院校联合培养，实现师范生学科知识的课程转化。各类型师范院校可通过资源共享平台创建，开展模拟教学、教育实践、交流访学等活动，在知识共享中实现学科知识的形态转化，促进师范生将知识形态转化为课程形态，将课程理解有效转化为教学观念、内容和行为。三是教师协同培训，促进教师学科教学知识的探索与生成。各类型师范院校应协同开展基础教育教师培训工作，探索将学科知识与教学知识深度融合的有效路径，引导一线教师在教育实践中生产出学科教学新知识。①

3. 大中小幼一体化，实现教育教学专业知识融合发展

教师教育一体化是中国式教师教育现代化的必然趋势。教师培养应贯穿大学、中学、小学、幼儿园各个学段，打破学校"级"与"类"，内容"段"与"科"，主体"师"与"生"之间的区隔，实现教育教学知识融合发展。一是连通教学阶段，促进教育教学知识更新迭代。教师教育者不仅是教育教学知识的拥有者，还是教育教学知识的生成者与研究者。大学、中学、小学、幼儿园各个学段的教师应形成教师发展共同体，在学段融合与探索衔接中凝练教育思想，探索教育模式，总结教育方法，形成教学风格，不断探索并生成教育教学知识，促进教育教学知识的更新迭代。二是融合不同学科，推进教育教学知识创造生成。大学、中学、小学教师应打破学科壁垒，融合各学科知识体系、基本思想与基本方法，通过问题导向、实践行动、理论引领、平台建设等方式探索各学科知识体系之间的联系，促进跨学科知识与交叉学科知识生成，不断推进教育教学知识更新，实现教育教学专业知识融合发展。

（二）格局创新：坚守"国家需求—扎根本土—区域特色"研究格局

中国式教师教育的现代化发展必须回应国家重大战略需求，扎根中国基础教育实践，彰显区域多元文化特色。中国式教师教育格局创新需要以国家需求为前沿性知识生成的支撑点，以本土实践为实践性知识建构的催生剂，以区域特色为地方性知识转化的加速器，全面推动中国特色教师教育知识体系的创新发展。

---

① 周彬. 教师教育专业知识：生成、积累与课程转化［J］. 教育研究，2021，42（7）：37-47.

1. 服务国家重大战略需求，生成前沿性知识

服务国家重大战略需求是实现中国式教师教育现代化的逻辑起点。党的二十大报告中明确指出："实施科教兴国战略，强化现代化建设人才支撑。"教育被置于优先发展的战略地位，教师是教育强国的第一人力资源，高质量教师教育体系的建设是实施科教兴国的先导性基础。教师教育体系建设应立足服务国家重大战略需求的研究格局，秉持自主创新理念，摆脱西方教师教育理论桎梏，立足中国语境建立中国教师教育话语权，持续更新教师教育理论前沿知识，形成具有中国特色的教师教育前沿性知识。首先，把握教师教育学术前沿，打造教师教育学科前沿概念。教师教育体系的建设应立足教师教育学术前沿，在理论研究与实践探索中打造各学科标识性概念、原创性理论与体系化知识，形成教师教育学科前沿概念，提高教师教育话语质量，为中国式教育现代化奠定理论基石。其次，破解教师教育领域难题，解决教师教育学科前沿问题。教师教育体系的建构应积极把握教师教育研究学术前沿，不断破解教师教育实践领域难题，围绕教师教育政策研制、教师教育模式建构与教师专业发展等关键问题持续深耕，解决教师教育学科前沿问题，形成具有标志性的教师教育学术成果。

2. 扎根中国基础教育实践，建构实践性知识

扎根中国基础教育实践是对我国教师教育课程实践指向的现实观照，也是明确我国教师教育课程改革发展方向的关键路径。教师教育实践性知识的建构应以教师教育理论为起点，扎根中国基础教育实践，聚焦师范教育、在职培训等阶段，建构具有本土性、经验性与个体性的教师教育实践性知识。第一，基于教育教学实践案例，促使教师在行动反思中建构实践性知识。教师教育体系的建设应促使教师基于自身教育教学典型案例，在问题情境中发现教育现象、寻找教育问题、开展对话交流，根据现象背后的深层原因采取行动并对自我行动意识进行反思监控，形成具有一般性指导作用的价值取向[①]，促进实践性知识的自主生成与建构。第二，提供教育教学的真实场域，引导师范生在观摩操作中建构实践性知识。一方面，师范生培养应联合中小学校，为师范生提供教育实践观摩情境，在协助中小学教师处理教育教学问题时，丰富师范生脑海中储存的教育事件图式[②]，促进师范生自主建构实践

① 陈向明. 对教师实践性知识构成要素的探讨［J］. 教育研究，2009，30（10）：66-73.

② 胡重庆，黄培凤，陈玉蓉. 师范生教育实践性知识的建构机制［J］. 教育学术月刊，2023（1）：50-57.

性知识。另一方面，师范院校应为师范生提供真实教学情境，促进师范生将理论性知识转化为实践性知识，在行动与反思中总结教育教学经验，有效解决教育教学实践问题。

3. 挖掘区域多元文化特色，转化地方性知识

中国式教师教育现代化必须扎根中国大地，体现中国气派，传承区域特色。中国式教师教育体系建设应深入挖掘不同区域多元文化特色，实现地方性知识的创造性转化与创新性发展。首先，教师教育体系建设应挖掘地域性传统文化，进行叙事化地方性知识转化。区域性传统文化是中华传统文化不可分割的一部分，其叙事性的特点致使地方性知识具有深刻的文化隐喻。教师教育体系的理念建设需要依托于文化纵深的地方性知识。通过叙事探究生成地方性教师教育文化，实现地方性知识的本土转化。其次，教师教育体系建设应挖掘经验性生活文化，进行多样化地方性知识转化。经验性生活文化来自当地人的日常经验，是当地人们在与自然环境交往过程中的知识创生。①未来教师教育研究应更多根植于区域教师教育经验情境，充分考虑不同区域教师教育发展水平。基于区域文化特质，开发区域地方性知识，挖掘区域教师教育特色，建构具有地域特色的教师教育地方课程，这样能够促进我国教师教育多样化发展。最后，教师教育体系建设应挖掘外显性符号文化，进行标志化地方性知识转化。教师教育体系建设应立足地方性知识的外显性符号文化系统，深入挖掘区域文化与教师教育的联系，将区域符号文化融入教师教育课程内容，完善教师教育课程体系，实现标志化地方性知识的转化。

（三）路径创新：建构"话语原创—工具撬动—技术迭代"发展路径

立足中国式教师教育现代化的目标追求，教师教育路径创新需要从话语体系凝练、工具模型研制、技术更新迭代三个维度着手，深刻回应国家战略、教师发展、技术变革对新时代中国教师教育知识创新的新要求，建构体现中国精神与时代精神的教师教育知识体系。

1. 凝练教师教育原创话语体系，创生现代化教师教育新思想

建构教师教育原创话语体系是建设中国特色教师教育体系、提升教师教育国际话语权、形成中国特色教师教育新思想的必要条件。面对教师教育话语缺失的现实困境，可从三个方面寻求突破：第一，梳理教师教育历史话语

---

① 潘洪建. 地方性知识及其对课程开发的诉求 [J]. 教育发展研究，2012，32（12）：69-73，78.

变迁历程。凝练教师教育原创话语体系可通过历史规律循证方法，梳理我国教师教育话语体系发展的历史逻辑，系统总结数百年来教师教育经验启示，全面梳理教师教育历史话语变迁历程，探求教师教育话语变迁的历史规律。第二，丰富教师教育政策话语内容。我国教师教育政策话语经历了由革命战争与阶级斗争话语、政治服务话语、经济服务与民生话语、为人民服务话语等演进历程，在当下中国现代化的时代背景下，应努力建构中国式现代话语，进一步丰富并扩充教师教育政策话语，引领中国式教师教育话语体系建构。第三，创新教师教育思想话语表达。教师教育话语是教师教育思想表达的外显形态。应尊重教师在实践中生成的原创教育理念，鼓励教师基于教育经验创新表达教师教育思想，形成独有的教师教育学科话语体系，创生具有中国特色的教师教育新思想。

2. 开发教师专业发展研究工具，破解本土化教师教育新命题

教师专业发展研究工具是衡量教师专业发展成效、明确教师专业发展方向的重要依据。伴随着新时代教师教育本土命题的不断涌现，开发适用于中国教师的专业发展研究工具成为我国教师发展的时代之需。教师专业发展工具的研究可从以下三个方面尝试探索：第一，明确现实需求，确定教师专业发展研究工具主题。教师专业发展研究工具的内容应明确指向教师教育实践中的本土命题，聚焦教师专业能力水平、教师数字化素养现状、教师课程思政实施效果、"双减"背景下教师工作负担等本土命题确定研究工具主题。第二，寻找政策依据，研制教师专业发展研究工具指标。应基于一流教师教育体系建设和高质量教师培育的政治站位，深入解读国家教师专业标准政策文件，研制教师专业发展研究工具指标。第三，探究学理依据，建构教师专业发展研究机制模型。教师专业发展研究工具应以教师为调研对象开展大规模调研，基于现状剖析与关系探究，以学理为依据开拓研究空间，建构教师专业发展研究机制模型，拓展教师教育领域研究命题，创新教师教育知识体系。

3. 推动现代教育技术更新迭代，构建数智化教师教育新生态

现代教育技术更新迭代是数字化转型背景下教师教育知识创新的必要路径。智能时代的教师专业素养是智能化和人性化的统一①，应不断推动现代教育技术更新迭代，构建数智化教师教育新生态。首先，建构混合式技术平

① 王丹. 人工智能视域下教师智能教育素养研究：内涵、挑战与培养策略 [J]. 中国教育学刊，2022（3）：91-96.

台，加强教师信息技术与教育教学深度融合。线上线下相结合的技术平台能够为教师创设情境化的专业学习环境。① 师范大学应通过混合式技术平台的建设促进教师了解混合式教学的基本理念、操作方法以及师范生的学习需求与学习资源，加强教师将信息技术与教育教学进行深度融合的能力。其次，建设虚拟教室与虚拟教研室，提升师范生与在职教师的教学能力。师范大学应全面建设虚拟教室，为师范生教学实践提供便利的实践场域，促进师范生全面体验教育教学真实情境，搭建教育理论与教学实践之间的桥梁。此外，大学、中学、小学应大力建设虚拟教研室，满足在职教师专业发展的迫切需求。最后，建设基于知识图谱的新型教材，提高教师跨学科教学水平。应全面建设基于知识图谱的新型教材，扩展教师跨学科教学思维，为教师跨学科教学与学生跨学科学习提供教学资料与学习支架，提升教师跨学科教学设计与实施水平。

三、中国式教师教育现代化政策定位

教师教育政策现代化是中国式教师教育现代化的必要保障。教师教育政策现代化应基于对中国近现代教师教育发展历程进行的文献整理与经验总结，建构具有中国特色的教师教育政策体系。明确中国式教师教育现代化的政策定位能够为我国教师教育政策研制提供理论支撑、现实依据与价值引领，有助于大力推进中国式教师教育现代化体系建设。

（一）强化党对教师教育的全面领导

强化党对教师教育的全面领导是中国式教师教育现代化的核心取向。强化党对教师教育的全面领导主要体现在党对教师教育的政治领导、思想领导和组织领导上。

1. 强化政治领导，明确教师教育前进方向

党的政治领导是强化党对教师教育全面领导的核心。强化党的政治领导，一是坚持教师教育的社会主义属性。扎根中国大地办教育，确保教师教育沿着社会主义办学方向前进，发挥教师教育在教育强国中的人力资源保障功能，为社会主义现代化强国建设提供战略支撑。二是办好人民满意的教育。坚持以人民为中心发展教师教育，践行"全心全意为人民服务"的宗旨，满足人

---

① 冯晓英，郭婉瑢，宋佳欣. 教师混合式教学能力发展模型：原则、准备与策略［J］. 开放教育研究，2021，27（5）：53-62.

民对高质量教育的需求。

2. 强化思想领导，优化教师教育工作实践

党的思想领导是强化党对教师教育全面领导的基础。深入学习党的思想路线并以此为基础发展教师教育是我国教师教育保持鲜明政治底色的必然要求。一是加强马克思主义思想教育。马克思主义思想是党一切工作的思想灵魂与旗帜引领，新时代教师教育也势必要将其置于中心位置，以马克思主义思想武装教师头脑，指导学习与实践。二是学习贯彻习近平新时代中国特色社会主义思想。秉持"教育者先受教育"的理念，把习近平新时代中国特色社会主义思想贯穿课程教材建设全过程，引导教师做到学思用贯通、知信行统一，使其成为德才兼备的新时代教师。强化党的思想领导，既能在蕴含真理与价值的现代化教育理论引导下实现中国特色的教师教育现代化发展，又能在实践视角下进一步丰富、充实理论，促进教师教育理论的完善。

3. 强化组织领导，夯实教师教育发展根基

党的组织领导是强化党对教师教育全面领导的保障。党在教师教育的现代化建设中要紧紧围绕"五位一体"总体布局和"四个全面"战略布局，汇集各方有利因素，为教师教育现代化服务。[①] 一是建立中国特色的教师教育体系。《中国教育现代化2035》强调要振兴教师教育，健全以师范院校为主体，高水平非师范院校参与，优质中小学（幼儿园）为实践基地的开放、协同、联动的中国特色教师教育体系，为教师教育提供良好的体系支撑。二是加强党管人才工作，坚持人才优先发展战略。以卓越教师培养计划为基石，大力发展师范院校与师范专业，完善全方位的教师协同培养机制。

（二）满足社会对高素质教师的需求

高质量的教育需要高素质的教师，而高质量的教师教育是培养高素质教师的必由之路。为此，师范教育必须明确高素质教师培养的社会诉求，扎根高素质教师培养的中国土壤，回应高素质教师培养的现实难题。

1. 精准把脉，明确高素质教师培养的社会诉求

培育高素质专业化创新型教师是新时代我国教师队伍建设的核心目标。一方面，随着我国基础教育教学改革的不断深入，社会对教师素质的要求也

---

① 李广，苑昌昊，王奥轩. 从外延转向内涵：党的十八大以来中国特色教师教育发展的新格局[J]. 现代教育管理，2022（9）：20-28.

越来越高。高素质教师不仅应该拥有广阔扎实的专业基础知识和熟练灵活的专业能力，还应具有上升到观念与实践层面上的自我反思能力，并能够基于经验和理论来指导专业发展。另一方面，将师德师风建设放在教师培养的第一位。教育部等八部门印发的《新时代基础教育强师计划》中指出："严格落实师德师风第一标准，突出全方位全过程师德养成。"师德养成过程蕴含着教师对自我身份的认同。因此，高素质教师培养需要关注教师职业认同与专业情感的发展，需要关注教师职业道德的内化与践行。此外，随着信息化时代的不断发展革新，促进数字化意识的培养、数字技术知识技能的掌握以及以数字技术为支持的专业发展也成为高素质教师内涵的应有之义。

2. 坚守特色，扎根高素质教师培养的中国土壤

扎根中国大地培养高素质教师是新时代我国教师队伍建设的关键取向。首先，以社会需求为导向，立足科学研究成果和实际发展成效，构建并完善高标准的教师教育课程体系，包括基于 TPACK 理论完善教师教育课程内容体系、优化理论课与实践课、学科课与师范课、必修课与选修课的课程结构安排等。其次，依据高考改革后大类招生模式的变化趋势和师范院校面临"二次转型"的现实境况①，着力调整师范院校的人才培养模式。最后，根据教师从职前到职后、从新手到成手的成长过程与规律，关注当前我国教师岗位供求失衡的问题，持续推动教师教育的本硕一体化培养。在此基础上，形成明确的培养定位和特色化培养模式，持续推动教师教育职前职后的一体化发展。

3. 科学施策，回应高素质教师培养的现实难题

回应高素质教师培养的现实难题是新时代我国教师队伍建设的重要行动。当前在高素质教师培养过程中，职前教师培养存在着理论与实践相分离的现实难题，在职教师培养面临着教师素质与社会期待不一致、教师需求与工资待遇不协调等多重挑战，需要依托系统、完善的教师教育政策进行规范与保障。一方面，面对职前教师培养过程中高素质准教师培养体系理论与实践相分离的难题，应建设多主体、专业化、重合作的教师教育者队伍，贯彻落实"卓越教师培养计划2.0"，并构建追求卓越的教师教育质量检测认证体系和师范生追踪评价机制。另一方面，针对在职教师培养过程中出现的师德现状

---

① 尹兆华. 我国高校大类招生的困局与解困 ［J］. 中国考试，2021（1）：47-51.

与社会期待之间的矛盾、教师群体心理健康问题与教师队伍亟待进行整体性专业发展之间的矛盾、教师高强度工作与低收入待遇之间的矛盾，教师教育政策应提高教师资格考试与认定的标准与规范，加快教师心理咨询与心理健康培训的制度保障建设与行动落实①，并切实提高教师的工资待遇。

（三）构建中国特色教师培养体系

教师是教育高质量发展的第一人力资源，是打造教育强国、科技强国、人才强国的关键。中国特色教师培养体系作为主要支撑点，在满足新时代基础教育高质量发展对教师素质提升的迫切要求方面具有系统性、战略性的地位。

1. 提升层次，探索本硕博一体化教师培养体系

构建本硕博一体化教师培养体系是促进教师队伍建设的重要支撑。《国务院关于加强教师队伍建设的意见》《教师教育振兴行动计划（2018—2022年）》均鼓励扩大教育硕士、教育博士招生规模。《新时代基础教育强师计划》更是强调，要"推动本科和教育硕士研究生阶段整体设计、分段考核、连续培养的一体化卓越中学教师培养模式改革"。提升教师培养层次并不意味着否定当前教师教育中以本科师范教育为主的现实状况，而是构建以本科师范教育为基础，以研究生层次教师为更高目标的培养体系。这就要求将本、硕、博三个阶段有机衔接起来。在遴选机制上，采取多种选拔方法相结合的方式，选取适教、乐教者加入高层次教师队伍；在学习内容上，避免机械重复，设计螺旋式上升的知识体系，形成层层递接、环环相扣的完整系统；在培养周期上，合理利用教学资源，可以采用"4＋2＋3"的本硕博贯通模式。②

2. 注重整合，构建相互融通的跨学科课程体系

构建相互融通的跨学科课程体系是提高教师综合素养的坚实基础。《教师教育课程标准（试行）》中将"了解学科整合在小学教育中的价值""学会设计综合性主题活动，创造跨学科的学习机会"作为小学教师职前教育课程目标之一，并建议设置"小学跨学科教育""小学综合实践活动"等课程模块。《小学教师专业标准（试行）》和《中学教师专业标准（试行）》中也明确将

---

① 靳娟娟，俞国良. 教师心理健康问题与调适：角色理论视角的考量 [J]. 教师教育研究，2021，33（6）：45-51.

② 王长平，吴文哲. 新时代师范人才高质量培养的若干思考 [J]. 教育研究，2022，43（4）：142-147.

了解所教学科与其他学科之间的联系作为教师专业知识方面的要求。为发展多样化的教师教育，课程体系需要在三个方面进行探索：其一，要明晰课程体系的目标理念，坚持"育人为本、实践取向、终身学习"，涵括职前教师多元发展，创建融本体性知识、条件性知识和实践性知识于一体的综合课程模式。其二，要完善课程设置的逻辑体系，依据职前教师的身心特点和认知规律，体现跨学科教师教育课程的深刻内涵和本质特征，设置高品质教师教育课程体系。其三，要强化教学评价的发展功能，将量化评价与质性评价、过程性评价与终结性评价相结合，纳入多方评价主体，发挥跨学科课程的促进功效。

3. 增强开放，完善教师培养的协同联动机制

完善教师培养的协同联动机制是支持教师高质量发展的稳固保障。为了促进教师教育机构均衡发展，教育部于 2022 年开始实施"师范教育协同提质计划"，按照"1＋M＋N"的发展模式，"建立组团发展、协同提升的工作机制"。高水平师范大学应积极发挥引领示范作用，超越低层次的资源共享，突破纯粹的带动帮扶[①]，着眼于培养教师专业品性，发挥师范生养成教育的陶冶功能，促进教师队伍整体的可持续发展。同时，薄弱师范院校要结合自身特色，主动汲取高水平师范大学的有益经验，努力提升办学水平。此外，政府还要承担起统筹协调的政治责任，保障经费投入，建立健全教师培养协同发展机制。

基于对我国近现代教师教育政策历史变迁、价值取向、时代表征以及取得伟大成就所进行的脉络梳理与深度分析，我们进一步明确了中国式教师教育现代化的政策定位。党对教师教育的全面领导，社会对高素质教师的需求以及中国特色教师培养体系的构建是未来我国教师教育政策制定与实施的根基、使命与支撑。造就一支高素质专业化创新型教师队伍是中国式教师教育现代化的根本要求，需要我们将教师教育事业扎根于祖国大地，顺应时代发展潮流，开创教师教育现代化新纪元。

---

① 梅兵，周彬. 新时代高水平师范大学的育人使命与教育担当［J］. 教育研究，2022，43（4）：136-142.

第九章　我国教师教育政策的发展趋势

　　我国教师教育经历了多个阶段的重大变革，实现了兼顾外延与内涵的跨越式发展，在支持体系建设、发挥制度优势、壮大师资规模、提升培养质量、巩固职业地位等方面取得了瞩目的成就。本章将在前文的历史考察与现状分析的基础上，结合近几年我国教师教育相关政策内容，以及教师教育转型时期对教师队伍建设需求的整体把握，解读我国教师教育政策发展趋势，展望未来我国教师教育政策的发展愿景，以期为构建中国特色教师教育体系、深化新时代教师教育改革提供借鉴。

一、关注师德师风的养成教育

　　百年大计，教育为本；教育大计，教师为本；教师大计，师德为本。自2012年以来，教师的师德建设越来越受到重视，国家连续发布重要文件强调师德师风建设是提升教师素质、办好人民满意教育的首要任务。党的十八大以来，以习近平同志为核心的中央领导集体，坚持党对教育事业的全面领导，以马克思主义为指导思想，立足基本国情，遵循教育规律，坚持把立德树人作为根本任务，把教师队伍建设作为基础工作，将师德视作重中之重，是评价教师队伍素质的第一标准。[①] 我国先后印发《中小学教师违反职业道德行为处理办法》《教育部关于实施卓越教师培养计划的意见》《国务院办公厅关于印发乡村教师支持计划（2015—2020年）的通知》《中共中央 国务院关于全面深化新时代教师队伍建设改革的意见》《新时代基础教育强师计划》等一系列重要文件，以师德养成为价值先导，全面强化我国教师教育师德师风建设。

（一）师德建设为落实立德树人根本任务的关键问题

　　师德建设是提升教师队伍素质的首要条件。习近平总书记曾在讲话中指

---

　　① 申国昌，陶光胜. 铸造大国良师：习近平总书记教师教育重要论述的内涵及特征 [J]. 教育研究，2019，40（8）：12-14.

出："要加强师德师风建设，坚持教书和育人相统一，坚持言传和身教相统一，坚持潜心问道和关注社会相统一，坚持学术自由和学术规范相统一，引导广大教师以德立身、以德立学、以德施教。"① 中共中央、国务院于 2019 年 2 月印发的《中国教育现代化 2035》中提出："建设高素质专业化创新型教师队伍。大力加强师德师风建设，将师德师风作为评价教师素质的第一标准，推动师德建设长效化、制度化。"教育部等八部门在 2022 年 4 月发布的《新时代基础教育强师计划》中提出，将"坚持师德为先"作为强师计划的首要基本原则，把教师思想政治和师德师风建设放在首要位置。教育部在 2023 年 4 月发布的《关于推开教职员工准入查询工作的通知》中着重强调要"严格落实师德师风第一标准，融入教师招聘引进等环节，做在日常、严在日常"。

教师素质与师德间有着密不可分的关系，师德是教师的基本职业道德，亦是教师行为的尺度与准绳，是教师素质最基本的要求。加强师德建设是教师专业发展的必然需要，也是建设高素质教师队伍的内在要求②，对提高新时代教师队伍素质有重要意义。

正本清源，做立德树人根本任务的引领者与推动者。教师是立教之本、兴教之源，教师作为立德树人根本任务目标实现的重要组成部分，是教育教学活动的组织者与实施者，肩负着培养社会主义建设者和接班人的历史使命，同时是为受教育者启迪智慧，规范行为，树立正确世界观、价值观、人生观的道德实践者与示范者，以德立学，践行立德树人。在教育教学活动中，教师的言谈举止对学生具有潜移默化的示范性，教师在教书育人过程中表现出来的思想信念、道德品质、敬业精神以及工作作风，会直接感染和熏陶学生，学生总会在不知不觉中把教师看作模仿、学习的榜样，教师的一言一行、一举一动会直接或间接地影响学生的成长和发育。教师需要从自我做起，从教书育人，甚至穿衣打扮的点滴小事做起，以高尚的品格、整洁的仪表、丰富的学识、博大的胸怀率先垂范。为人师表有着不可替代的主导作用，师德修养不仅关系中国教育事业的发展，而且关系国家未来建设人才的培养质量，所以要从教师本源入手，通过扎实推进师德师风建设，助力学生精神世界塑造、生命人格塑造的时代重任的完成。

---

① 习近平. 把思想政治工作贯穿教育教学全过程 开创我国高等教育事业发展新局面 [J]. 中国领导科学，2017（2）：4-5.

② 赵培举. 加强师德师风建设 培养高素质教师队伍 [J]. 中国高等教育，2013（Z2）：66-68.

强化责任，体现大国良师的责任担当。教师本身对学生具有言传身教、榜样示范的引领作用。塑造学生正确的人生观、世界观和价值观，需要教师具有强烈的责任感。如今中国特色社会主义发展进入新时代，为了中华民族伟大复兴中国梦的实现，教师教育政策应着重强化教师教书育人的责任感和"为谁培养人"的使命感，牢记培养合格社会主义接班人的光荣使命，为国家培养具有强烈责任意识的大国良师。

（二）构建新时代师德师风养成教育的本土方案

以中华优秀传统文化为师德师风养成教育的精神根基。师德师风养成教育的本土方案需要扎根于我国千百年来的历史文化与历史经验。当今时代全球化进程不仅带来了全球政治、经济等方面的重大变革，而且对全球文化的变革产生了深刻影响。为应对多元文化的挑战，新时代师德师风养成教育本土化方案构建离不开中国传统文化的现实基础。文化与教育密切相关，教育与文化相互依存、相互制约。教育部在先后印发的《关于在各级各类学校推动培育和践行社会主义核心价值观长效机制建设的意见》《完善中华优秀传统文化教育指导纲要》中明确指出要构建覆盖各级各类教育的师德建设体系。中华优秀传统文化是我国千年历史长河中的沉淀精华，凝结成了中华民族独特的精神内核，是滋养新时代师德师风养成的源泉与沃土。习近平总书记将中华优秀传统文化升华为"中华民族的基因""民族文化血脉"和"中华民族的精神命脉"。仁爱孝悌、谦和好礼、诚信知报、克己奉公、修己慎独、勤俭廉政、笃实宽厚、勇毅力行的传统美德；言传身教、修身养德、为人师表、严谨治学、师道重于师术、人师优于经师[①]的师德文化等，都是师德师风养成素养的客观文化，中华优秀传统文化中所蕴含的个人立身、人与他人、人与群体的交互关系，皆可为构建新时代师德师风养成教育本土方案提供价值导向与内容依据。

以社会主义核心价值观为师德师风养成教育的实践规范。社会主义核心价值观是全国各族人民在长期革命、建设与奋斗中形成的优良传统与时代精神，是对中国特色社会主义思想道德的系统表述，是兴国之魂，决定着中国特色社会主义发展方向。党的十九大报告中重申了这一命题："社会主义核心价值观是当代中国精神的集中体现，凝结着全体人民共同的价值追求。"2014年时任教育部部长袁贵仁在讲话中指出："把社会主义核心价值观纳入教师教

---

① 蒋纯焦. 中国传统教师文化的特点与意蕴［J］. 教师教育研究，2019，31（2）：105-110.

育课程体系，融入教师职前培养和准入、职后培训和管理的全过程……继续开展全国教书育人楷模推选等活动，发挥优秀教师典型在培育和践行社会主义核心价值观方面的示范引领作用。"① 社会主义核心价值观彰显了新时代人们的价值追求与责任使命，将社会主义核心价值观渗透到教师教育成长的每一阶段，为教师行为提供了有力的价值准则，培育和践行社会主义核心价值观是师德师风养成教育的重要内容和关键抓手。

（三）探索新时代师德师风养成教育的长效机制

师德内化，激发教师内在发展。师德内化即教师作为社会个体，在社会生产生活中根据社会对教师的道德需要，逐渐认同理解社会公认的教师道德规范，并主动将其稳定为自身行为习惯与人格的过程，具有自觉性、自律性的特点。习近平总书记指出："师德需要教育培养，更需要老师自我修养。"② 师德内化本质是个体从"他律"到"自律"的过程，是一个从社会要教师个体"必须怎么样"转变为教师个体"我应当怎么样"的过程。③ 通过师德内化，教师将社会公德转化为自我认同的个人道德，师德不再是外部对教师的行为约束，而是教师主动自我践行的信念与准则，所以师德内化也是师德建设与师风养成的重要目标。我们以明晰教师的职业责任与社会责任，提升教师职业幸福感，健全社会尊师氛围作为完善教师内在发展机制的实现路径。④

模范引领，加大优秀教师宣传力度。在新时代进程中曾涌现出大批坚定教师个体信念，仁爱友善、甘于奉献，重内省、重慎独，拥有高尚师德师风如黄大年、李保国、钟扬等优秀人民教师。2017年，习近平总书记对吉林大学教授黄大年同志的先进事迹作出重要指示，指出"要以黄大年同志为榜样，学习他心有大我、至诚报国的爱国情怀，学习他教书育人、敢为人先的敬业精神，学习他淡泊名利、甘于奉献的高尚情操"。这些优秀教师能够以自己的一言一行自觉做中国特色社会主义的坚定信仰者和忠实实践者，忠诚于党和人民的教育事业，为教师群体提供了鲜活的范例。我们应建立优秀教师宣传机制，坚持为广大教师群体提供积极正面的引导，加强师德模范典型宣传，

① 袁贵仁. 把培育和践行核心价值观融入国民教育全过程［J］. 河南教育（基教版），2014（3）：10.
② 习近平. 做党和人民满意的好老师：同北京师范大学师生代表座谈时的讲话［J］. 人民教育，2014（19）：6-10.
③ 张家军. 论师德建设的教化、内化和制度化［J］. 课程·教材·教法，2015，35（7）：108-114.
④ 穆惠涛，张富国. 新时代我国教师队伍师德内化的突破口与实现路径：基于教师职业责任分析的视角［J］. 现代教育管理，2019（4）：91-95.

采用多途径宣传，不仅要利用主流媒体进行广泛深入的报道，更要利用全媒体时代多种媒体的渠道充分宣传，如可通过相关网站、报纸、广播等进行宣传报道，也可利用 App 终端等大众传媒通信设备，扩大受众群体，提升优秀教师、高尚师德典范的认知度，使其成为师德建设的驱动力量，加速教师师德内化。

规范约束，完善师德制度化建设。师德制度化就是将一定社会中教师愿意遵守、自我约束的道德要求和道德原则上升为制度，并依靠制度的强制手段，转换为教师主体必须遵守的行为规范。[①] 以师德制度化，推进师德师风养成教育的规范化与常态化。师德建设制度化作为师德内化与模范引领的补充，其约束力可促使教师个体遵守专业伦理规范，是增强教师的道德意识和自我约束力的重要途径。我们可以建立更具实效性的奖惩机制，促进教师师德规范的遵守；建立净化社会舆论的支持机制，助推教师师德规范的践行；完善师德师风考评监督机制，将师德师风建设作为学校工作考核和教育质量督导评估的重要内容，把师德师风表现作为教师考评的首要内容，建立个人自评、学生测评、同事互评、单位考评等多种形式相结合的考核机制，构建学校、教师、学生、家长和社会多方参与的师德师风监督体系；完善师德表彰奖励制度，将师德表现作为评奖评优的首要条件。

从师德内化、模范引领与规范约束三个层面入手，可以形成内外联动的师德养成机制，增强教师道德意识，确保新时代师德建设常态化发展，全面提升教师队伍道德修养，有能力、有资格、有情怀地办好让人民满意的教育。

二、聚焦教师主体的价值需求

以人为本是我国教师教育政策重要的价值体现，近年来我国教师教育政策不断强化对教师群体的人文关怀，聚焦教师群体职业认同，关注教师主体身心健康，着力改善教师职业待遇与生活质量。未来，我国教师教育政策将进一步聚焦教师作为生命个体的主体需求，进一步凸显人文关怀的价值取向，关注教师职业幸福感与成就感，让教师职业成为最受社会尊重和令人羡慕的职业。

（一）激发教师身份认同

教师职业认同是教师对于自身所从事的职业在心中认为其有价值、有意

---

① 张家军. 论师德建设的教化、内化和制度化 [J]. 课程·教材·教法，2015，35（7）：108-114.

义，并能够从中找到乐趣。[①] 2018 年印发的《中共中央 国务院关于全面深化新时代教师队伍建设改革的意见》中提出，加强教师队伍建设是"一项重大政治任务和根本性民生工程"，必须切实抓紧抓好。教师队伍建设的主体是教师，加强教师队伍建设，需要提高教师对教师身份的认同。

加强教师对教师职业的理解。教师职业认同基于教师对自身职业的理解，是从事教师职业的个体对教师职业的社会行业功能、目标、价值、意义的思索与判断，是教师职业认同的初级阶段，教师对自身的职业理解程度与理解内容直接影响教师的自我身份认同。教师具有多重角色。美国约翰·麦金太尔与玛丽·约翰·奥黑尔合著的《教师角色》一书中阐述了教师的多重角色：组织者角色、交流者角色、激发者角色、管理者角色、革新者角色、咨询者角色、伦理者角色、职业角色、政治角色、法律角色等。在现代社会中，教师职业不仅仅由教育本身来定义，既然是一种职业，就必然与谋生有关。在消费时代，每个人迫于生存的压力，或者说是不断提升的消费欲望的压力，必然会在职业选择中考虑自己利益的问题。任何对教师职业理解的偏差都会影响教师的日常行为，造成教师职业素养的不健全，甚至影响基础教育目标的实现。

树立教师的理想信念。理想信念是人类特有的精神现象。人既需要物质资料来满足生存需要，也需要理想信念来充实精神生活。正确坚定的理想信念，激励人们为一定的社会理想和生活目标而不断努力追求。《义务教育学校管理标准》明确要求："增强教师立德树人的荣誉感和责任感，做有理想信念、道德情操、扎实学识、仁爱之心的好老师和学生锤炼品格、学习知识、创新思维、奉献祖国的引路人。"习近平总书记在讲话中提出："'传道'是第一位的。一个老师，如果只知道'授业'、'解惑'而不'传道'，不能说这个老师是完全称职的，充其量只能是'经师'、'句读之师'，而非'人师'了。古人云：'经师易求，人师难得。'一个优秀的老师，应该是'经师'和'人师'的统一，既要精于'授业'、'解惑'，更要以'传道'为责任和使命。好老师心中要有国家和民族，要明确意识到肩负的国家使命和社会责任。"[②] 习近平总书记同时指出："正确理想信念是教书育人、播种未来的指路明灯。不

①　栗波. 获得感：教师职业认同的时代建构［J］. 教育理论与实践，2018，38（29）：36-38.

②　习近平. 做党和人民满意的好老师：同北京师范大学师生代表座谈时的讲话［J］. 人民教育，2014（19）：6-10.

能想象一个没有正确理想信念的人能够成为好老师。"① 好老师应该始终同党和人民站在一起，自觉做中国特色社会主义的坚定信仰者和忠实实践者，忠诚于党和人民的教育事业，自觉把党的教育方针贯彻到教学管理工作全过程。教师要树立坚定不移的理想信念，这样才能做到无论面对怎样复杂的社会环境、怎样的利益诱惑，都能保持正确的立场，不被错误思想所左右。理想信念是一个人人生最崇高的追求目标，教师只有坚定正确的理想信念，才会有为之奋斗的人生目标与前进动力，才会正确引导学生树立中国特色社会主义伟大理想，培养出具有崇高理想信念的社会主义建设者和接班人。

（二）改善教师职业待遇

提升教师薪资水平。有研究表明，当今世界多数国家的教师平均工资，都高于类似或同等资格的其他职业的平均工资。如日本的中小学教师平均工资比同期毕业的其他行业职员平均工资高 16% 左右；英国中小学教师的平均工资比一般职员的平均工资高 35%；法国中小学教师的平均工资比高级熟练工平均工资高出近一倍。法国、意大利也根据"一般公务员工资指数"来确定教师工资并与物价指数挂钩。物质条件是教师群体维持生活与发展的最基本需要，薪资水平也是教师劳动价值的重要体现。当今经济社会背景下，所有事物都离不开物质条件，教师薪资是教师收入最为重要的组成部分，教师的薪资水平直接影响教师的基本生活水平，若教师的薪资水平不足以维持或满足教师的基本生活需求，教师工作强度与薪资待遇长期存在重大差异，将严重影响教师的工作热情、职业幸福感与社会尊严。向往、追求、获得并享有职业幸福，既是教师专业发展的重要维度，也是教师职业生活的基本权利，教师职业幸福感的缺失是教育高质量发展亟待解决的难题。② 所以应该在政府对教育投资力度、地区经济发展水平、地区经济消费水平等多方面因素衡量下，完善教师收入分配激励机制，逐步提升教师薪资待遇，使教师群体不用为维持生计而担忧，从而使教师能够安心从教。

优化教师工作环境。教师工作环境包括：教师开展教学活动的场地，如教室、操场、学生活动室，教师办公场地，如教师办公室、教师会议室，以及所在学校的人文环境、物质环境，也包括校外，如学生家庭、社区环境、

① 习近平. 做党和人民满意的好老师：同北京师范大学师生代表座谈时的讲话 [J]. 人民教育，2014（19）：6-10.

② 李广，盖阔. 中小学教师职业幸福感调查 [J]. 教育研究，2022，43（2）：13-28.

社会环境、国家法律环境等，这些都是教师活动的主要场地。优良的工作环境可以给予教师身体的舒适以及精神的安宁，以保障教师的身心健康以及人格尊严。尤其需要为乡村教师工作环境提供基本保障，优化完善乡村教师的工作环境。2018 年印发的《中共中央 国务院关于全面深化新时代教师队伍建设改革的意见》中提出："加强乡村教师周转宿舍建设，按规定将符合条件的教师纳入当地住房保障范围，让乡村教师住有所居。拿出务实举措，帮助乡村青年教师解决困难。"拥有干净整洁、舒畅温馨、配置齐全，充满人文关怀氛围的工作环境势必会提升教师的职业幸福感，对教师工作起到激励作用。

（三）提升教师社会地位

坚定教师职业重要性。人是社会性动物，人的生活离不开社会环境，不同的人在社会中扮演不同的角色。在日常生活和社会交往中，教师不可避免将自己的职业与公务员、医生、律师等职业进行比较，教师普遍认为教育工作本身不产生经济效益，对任何要害部门都不产生较大影响，相对容易受到来自学校、教育局等多方因素的制约。虽然经济效益并非衡量职业价值的唯一标准，但容易使教师对自身职业产生怀疑心理。教师的地位在不同社会制度、不同历史发展阶段中是不同的。教师需要符合专门规定的相应条件，接受长期的专业训练，学习专门知识和相关学科知识，掌握教育学、心理学等教育基本理论与方法，具有相应的教育技能，是专业工作者，具有特殊性与不可替代性。尽管不同的职业社会分工有所不同，但不可否认的是教师职业在社会发展中的重要性，所以坚定教师职业重要性是改善教师群体的"有角色而无身份"[①] 认识困境的重要举措，同时是教师获得职业尊严的前提与保障。

加大教师表彰力度。《中共中央 国务院关于全面深化新时代教师队伍建设改革的意见》中指出："大力宣传教师中的'时代楷模'和'最美教师'。开展国家级教学名师、国家级教学成果奖评选表彰，重点奖励贡献突出的教学一线教师。做好特级教师评选，发挥引领作用。做好乡村学校从教 30 年教师荣誉证书颁发工作。各地要按照国家有关规定，因地制宜开展多种形式的教师表彰奖励活动，并落实相关优待政策。鼓励社会团体、企事业单位、民间组织对教师出资奖励，开展尊师活动，营造尊师重教良好社会风尚。"营造

---

① 叶菊艳. 改革开放以来中小学教师身份认同的建构及其类型：基于历史社会学视角的案例考察 ［J］. 北京大学教育评论，2015，13（4）：143-161，188.

全社会大力弘扬尊师重教的良好风尚，倡导全民尊师重教，可以使教师成为最受社会尊重的职业，全面提高教师社会地位。

维护教师基本权益。教师作为推动教育事业发展的主要力量，教师队伍建设与发展的好坏关系我国教育事业的兴衰。教师除去作为公民的一般权利外还拥有从事教师职业的特殊权利。《中共中央 国务院关于全面深化新时代教师队伍建设改革的意见》中对建设现代学校制度，体现以人为本，突出教师主体地位，落实教师知情权、参与权、表达权、监督权也作了具体规范，特别针对民办学校，要做到"按时足额支付工资，保障其福利待遇和其他合法权益，并为教师足额缴纳社会保险费和住房公积金。依法保障和落实民办学校教师在业务培训、职务聘任、教龄和工龄计算、表彰奖励、科研立项等方面享有与公办学校教师同等权利"。给予教师权益保障，维护教师作为社会群体的尊严和合法权益，关心教师身心健康，可以使其克服职业倦怠，保证教师权益不受侵犯，使教师职业成为令人羡慕的职业。教师在享受权益的同时要积极履行法律义务，带头遵纪守法，为学生作表率，肩负起教书育人的重任。此外，尊重教师个性发展，应在保证效率、公平、服务的价值取向前提下，重新审视政策工具的工具理性，关注教师在专业发展中的主体意识，尊重教师的个体差异，给予教师作为独立生命个体的人文关怀。

三、创新教师教育的培养模式

办好人民满意的教育，需要有科学的教育理论指导，充足的经费投入，现代化的教育管理制度，更为重要的是要有高素质的人民满意的教师队伍。而人民满意的教师队伍来源于教师培养机构——师范大学与师范专业的培养。师范大学与师范专业如何找准自身定位，培养满足社会发展需要的高素质教师，满足人民群众对高质量教育的需求，成为教师教育未来发展面临的重要研究议题。

（一）培养一体化

教师教育一体化发展是"以终身教育为理念，依据教师专业发展理论，建立起教师职前培养与职后发展相互衔接、各有侧重的教师教育体系的过程"①，强调教师养成的整体性和连贯性。

教师教育一体化发展是教师教育理念的重要变革。2015 年，联合国教科

---

① 刘捷. 专业化：挑战 21 世纪的教师 [M]. 北京：教育科学出版社，2002：170.

文组织发布《仁川宣言》和《教育 2030 行动框架》，明确提出要"确保全纳、公平的优质教育，使人人可以获得终身学习的机会"。教师和其他教育工作者是促进学习的核心力量，以实现所有人的可持续发展。受终身教育、终身发展等思想影响，教师教育理念也发生了转变，教师教育并非仅仅停留在师范生走出校园的一刻，而是贯穿整个教师职业生涯，摒弃以往只注重一次性职前养成的传统师范教育观念，代之以统合教师职前教育与在职教育的终身发展的新视角。教师教育一体化是满足教师终身发展的重要举措。教师培养的一体化发展为教师提供了专业成长环境，是教师专业发展连续性、稳定性、系统性的基本保障，将教师教育队伍建设的理念延伸到教师职后发展的各个阶段。

教师教育一体化发展是优化教师教育资源的迫切需要。我国实现教育现代化，关注重点在农村，其关键在教师。目前我国城乡教育依然存在较大差距，这在很大程度上源于城乡师资的不均衡。国务院先后颁布《乡村教师支持计划（2015—2020 年）》和《关于统筹推进县域内城乡义务教育一体化改革发展的若干意见》，明确指出要加强乡村教师队伍建设，缩小城乡教师队伍差距，通过加大乡村教师教育力度提升乡村教师能力素质。构建城乡一体化的教师教育模式，为乡村教师提供均衡、稳定、高质量发展平台，是促进教育公平的突破口和着力点。

（二）育人协同化

建设教师教育改革实验区。教育部等五部门印发的《教师教育振兴行动计划（2018—2022 年）》中提出："支持建设一批由地方政府统筹，教育、发展改革、财政、人力资源社会保障、编制等部门密切配合，高校与中小学协同开展教师培养培训、职前与职后相互衔接的教师教育改革实验区，带动区域教师教育综合改革，全面提升教师培养培训质量……实施新一周期职业院校教师素质提高计划，引领带动高层次'双师型'教师队伍建设。实施中小学名校名校长领航工程，培养造就一批具有较大社会影响力、能够在基础教育领域发挥示范引领作用的领军人才。加强教育行政部门对新教师入职教育的统筹规划，推行集中培训和跟岗实践相结合的新教师入职教育模式。"

实施"三位一体"协同培养机制。针对教师教育的实践薄弱环节，为解决教师培养过程中教师培养的适应性和针对性不强、课程教学内容和教学方法相对陈旧、教育实践质量不高等实际问题，可以实施"高校—地方政府—中小学（幼儿园）"的"三位一体"协同的教师教育培养机制。师范院校只有与中小学合作，才能准确把握基础教育改革与发展的脉搏，保障师范生有充分、高质量的教育实践机会。"三位一体"协同培养机制有效解决了教师教育中师范生实习难、中小学教师培训水平低、教师教育者教研无效等制约教师专业发展的瓶颈问题[①]，通过促使高等学校、地方政府与中小学（幼儿园）产生联动，为师范生提供教育实习便利资源，同时为师范生源地提供了智力支持，对于提高师范生培养质量、促进在职教师专业发展、整合教师教育优质资源、合作开展教育课题研究产生了良好的社会成效，对于提升学校办学特色、创新教师教育体系、深化教师教育主体合作、转变教师教育者成长范式、引领教师教育改革、丰富教师教育文化发挥了积极的推动作用。[②]

（三）平台信息化

树立鲜明的"互联网＋"教师教育意识。教育信息化发展是我国教育现代化的重要战略任务，信息素养已然成为 21 世纪人才的必备素养。培养能够适应信息化社会的学生，必然需要一批具有信息素养的教师。教师是教育事业发展的第一资源，教师教育要时刻跟上现代社会科技发展的步伐，积极进行教师教育改革创新，从而达到日益迅猛的信息化发展对教师的要求。信息技术的发展不仅促进着学习内容的更新，而且推动着教学方式与学习方式的变革。2015 年，面向 2030 教育发展的首届国际教育信息化大会上发布了《青岛宣言》，倡导我们要重新思考教师的角色，对教师在教学中使用信息技术给予系统化的支持，鼓励教师创新。[③] 在此背景下，传统的教师教育方式，以及传统的教师教育内容与手段已经不足以满足信息化社会中教育发展的需求，教师教育应顺应时代潮流的发展趋势。"互联网＋"的本质是互联网的创新成果与经济社会各领域的深度融合，这种科技革新正在深刻引发传统教育样态变革，也对教师角色与教师能力提出了新的要求。为适应个性化教育的发展趋势，教师需要转变观念，从知识的传授者转变为思想的引领者、课程的重构者、团队的链接者、实践的组织者和学习的辅助者。要对教师进行积极指导与正确引领，帮助教师适应新的教育样态，实现与时俱进。

搭建信息化智能教师教育服务平台。2018 年 2 月，教育部等五部门印发

① 李广. 教师教育协同创新机制研究：东北师范大学"U-G-S"教师教育模式新发展 [J]. 教育研究，2017，38（4）：146-151.

② 刘益春，高夯，董玉琦，等. "U-G-S"教师教育新模式的探索 [J]. 中国大学教学，2015（3）：17-21.

③ 王海东. 青岛宣言 [J]. 世界教育信息，2015，28（15）：69-71.

的《教师教育振兴行动计划（2018—2022年）》中提出："充分利用云计算、大数据、虚拟现实、人工智能等新技术，推进教师教育信息化教学服务平台建设和应用，推动以自主、合作、探究为主要特征的教学方式变革。"搭建互联网教育信息平台，启动实施教师教育在线开放课程建设计划，遴选认定200门教师教育国家精品在线开放课程，推动在线开放课程广泛应用共享。同时，实施教育信息化管理，引领带动中小学教师校长将现代信息技术有效运用于教育教学和学校管理，可通过构建"教师电子档案袋""教师跟踪成长大数据平台"，加快建立终身的信息化追踪与支持体系，促进教师可持续发展。[①] 研究制定师范生信息技术应用能力标准，提高师范生信息素养和信息化教学能力。依托全国教师管理信息系统，加强在职教师培训信息化管理，建设教师专业发展"学分银行"，把信息技术融入教师教育的人才选拔、培养、培训、专业成长的全过程。通过精细的数据指标优化师范生招生与培养评价、定格教师学习需求，制定教师个性化教育方案，从而提升教师培养和培训的针对性。推进"互联网＋教师教育"创新行动，把握科技发展趋势，促进信息技术与教师教育的深度融合，推动教师教育开放创新、绿色共享的可持续发展。

提升教师信息素养与信息化教学素养。以教师信息化教学实践能力为导向，加强教师信息化应用培训的针对性；建立激励机制，鼓励教师采用信息化工具组织教学，促进教师掌握并适应数字化教学。信息技术对人类文明的持续进步产生深远影响，信息化发展已经是世界发展的重要趋势之一，未来教师教育需要持续关注信息化时代教师教育治理方式变革，增加教师信息素养专项培训项目，逐渐推进不同学科、不同专业、跨学科与交叉学科的教师信息化教学能力培养，完善教师信息素养评价标准及检测体系，推动教师主动适应信息化社会教育教学与专业发展的新样态。

（四）目标优质化

吸引优质人才，保证生源优质化。通过多种方式吸引优质生源报考师范专业，从生源选拔上保证教师素质优质化。改进完善教育部直属师范大学师范生免费教育政策，将"免费师范生"改称为"公费师范生"，履约任教服务期调整为6年。推进地方积极开展师范生公费教育工作。积极推行初中毕业

---

① 戴伟芬，梁慧芳，颜贝贝. 面向教育现代化2030的教师教育发展趋势与政策选择［J］. 河北师范大学学报（教育科学版），2017，19（5）：31-35.

起点五年制专科层次幼儿园教师培养。部分办学条件好、教学质量高的高校师范专业实行提前批次录取。加大入校后二次选拔力度，鼓励设立面试考核环节，不将考试成绩作为唯一参考标准，逐步推行普通高校基于统一高考和高中学业水平考试成绩的多元录取机制来综合评定学生。考察学生的综合素养和从教潜质，招收乐教适教善教的优秀学生就读师范专业，此外，学校招生时也可采取相应的吸引、鼓励、补偿和推荐相结合的方式。鼓励高水平综合性大学成立教师教育学院，设立师范类专业，招收学科知识扎实、专业能力突出、具有教育情怀的学生，重点培养教育硕士，适度培养教育博士。建立健全符合教育行业特点的教师招聘办法，畅通优秀师范毕业生就业渠道。

加大教师培养力度，保障培养过程优质化。首先，大力实施"国培计划""国优计划"，提升教师专业水平与研究生学历层次，推动高水平高校为中小学培养研究生层次高素质教师，让优秀的人培养更优秀的人，夯实拔尖创新人才培养基础。其次，增加教育相关硕士博士学位点，增加一批教育硕士专业学位授权点，引导鼓励有关高校扩大教育硕士招生规模，对教师教育院校研究生推免指标予以统筹支持；适当增加教育博士专业学位授权点，引导鼓励有关高校扩大教育博士招生规模，面向基础教育、职业教育教师校长，完善教育博士选拔培养方案。办好一批幼儿师范高等专科学校和若干所幼儿师范学院。再次，支持探索普通高中、中等职业学校教师本科和教育硕士研究生阶段整体设计、分段考核、有机衔接的培养模式。最后，各地根据学前教育发展的实际需求，扩大专科以上层次幼儿园教师培养规模。支持师范院校扩大特殊教育专业招生规模，加大特殊教育领域教育硕士培养力度。

坚持以培养卓越教师为目的，保障培养质量优质化。卓越教师基本素养包括：一是高尚师德与立德树人责任感。师德是教师立身之本，卓越教师培养必须坚持以立德树人为中心，师范教育改革必须把师德教育放在教师教育的首位，只有以思想品德作统率，学问才能发挥作用，才能提升人才培养水平。二是完备的学科专业知识。现代教师必须精通所教学科的基本理论知识，清楚本学科专业知识的产生过程和整个知识体系框架，明晰学科专业知识结构，洞悉本学科发展的前沿和趋势，兼具专业性和学术性。三是扎实的教育技能与学科教学知识。教师要向学生有效地传授知识，必须具备扎实的教育教学知识技能，包括教育学科知识、教育技能知识、教师实践知识、教育研究知识等。掌握学科的一般性与特殊性，懂得将知识有效传授给学生的方法与途径。四是创新的教育理念和研究能力。教师要以身示范，用新的教育教学理念和思想来武装自己，树立新的教学观，积极引导学生创新思想和创造能力的培养，使他们终身受益。同时，卓越教师不仅是教育活动的组织者与实施者，还是学习者、研究者和反思性实践者，拥有在面对复杂的教育教学情况时能够发现问题，分析问题，运用科学的方法解决问题的能力，研究能力也是教师专业可持续发展的重要表现。

培养卓越教师是世界性趋势。随着时代的发展，经济结构进一步优化升级，社会对教育的要求从普及转向质量提升，因此对教育质量尤其是教师综合素质的要求日益严格。基于此背景，我国借鉴西方国家的部分成功经验，确立以培养卓越教师为目标的教师教育探索，应对教师教育中存在的诸如缺乏创新意识、重理论轻实践等问题。我国于2014年启动实施"卓越教师培养计划"，在62所院校分类推进中学、小学、幼儿园、职教、特教教师培养模式改革，建立高校、政府、中小学"三位一体"协同培养师范生新机制，积极推动以师范生为中心的教育教学改革。为贯彻《中共中央 国务院关于全面深化新时代教师队伍建设改革的意见》的决策部署，围绕全面推进教育现代化的时代新要求，立足全面落实立德树人根本任务的时代新使命，2018年9月，教育部发布了《关于实施卓越教师培养计划2.0的意见》，要求进一步升级实施卓越教师培养计划，建设一流师范院校和一流师范专业，分类推进教师培养模式改革。

注重师范生与在职教师的社会责任感、创新精神和实践能力培养。2012年，顾海良在教育部党组学习贯彻党的十八大精神扩大会议上提出："'立德树人'要落实和体现在'培养学生社会责任感、创新精神、实践能力'之中。"2018年，教育部等五部门印发的《教师教育振兴行动计划（2018—2022年）》中提出："将教书育人楷模、一线优秀教师校长请进课堂，采取组织公益支教、志愿服务等方式，着力培育师范生的教师职业认同和社会责任感。"同年，党的十八届三中全会上提出："全面贯彻党的教育方针，坚持立德树人，加强社会主义核心价值体系教育，完善中华优秀传统文化教育，形成爱学习、爱劳动、爱祖国活动的有效形式和长效机制，增强学生社会责任感、创新精神、实践能力。"教师教育应以师德构建、专业发展为教师教育培养的逻辑主线，注重师范生价值追求与人格品德的塑造，能够深刻认识到"立德树人"根本任务需求下教师职业身负的历史使命与社会责任，保障师范生教学实践常态化，培养师范生实践与创新能力。

四、保障教师队伍的均衡发展

中国特色社会主义进入新时代，我国社会主要矛盾已经转化为人民日益增长的美好生活需要和不平衡不充分的发展之间的矛盾。聚焦教育领域，为促进教育公平，提高教育质量，加速实现教育现代化，保障教师队伍的均衡发展势在必行。

（一）加强乡村教师队伍建设

农村教育是中国教育的短板，农村教育的发展关键在于农村教师。《教育部关于做好义务教育学校教师绩效考核工作的指导意见》《关于进一步落实〈国务院办公厅转发中央编办、教育部、财政部关于制定中小学教职工编制标准意见的通知〉有关问题的通知》《乡村教师支持计划（2015—2020年）》《关于统筹推进县域内城乡义务教育一体化改革发展的若干意见》《关于做好2022年"三区"人才支持计划教师专项计划有关实施工作的通知》等政策文件中都曾指出，实现教育现代化的薄弱环节和短板在乡村，要采取切实措施加强边远贫困地区乡村教师队伍建设，明显缩小城乡师资水平差距，让每个乡村孩子都能接受公平、有质量的教育。

吸引优秀师资。适当调整乡村教师工资，提高乡村教师收入水平，完善乡村教师的社会保障，全面落实集中连片特困地区乡村教师生活补助政策，依据学校艰苦边远程度实行差别化的补助标准，增强乡村教师职业吸引力，促使更多师范生投身于乡村教师队伍中，同时推动省级政府建立统筹规划、统一选拔的乡村教师补充机制。落实好"硕师计划""特岗计划"" '三支一扶'计划""免费师范生计划"，从而解决乡村教师"下得去""留得住"的问题。

完善教师编制体系。2017年，国务院印发的《国家教育事业发展"十三五"规划》中提出："探索建立新聘教师农村学校任教服务期制度，将在乡村学校或薄弱学校任教经历作为城镇中小学教师晋升高级教师的必要条件……推动地方实行城乡统一的中小学教职工编制标准，对村小学和教学点采取生师比和班师比相结合的方式核定教职工编制……建立乡村教师荣誉制度，对长期在乡村学校任教的优秀教师按照国家有关规定进行表彰。"落实乡村教师支持计划，努力造就一支素质优良、甘于奉献、扎根乡村的教师队伍。扩大实施"特岗计划"。实施"援藏援疆万名教师支教计划"。继续落实乡村教师生活补助政策。

加速城乡教师教育一体化。城乡教育一体化是对国家中长期教育改革和发展相关目标的再认知，涉及实践层面中农村地区义务教育的功能定位及其各类教育元素之间的协同发展与深入融合。[①] 长期以来，我国城乡分而治之的发展模式，导致城镇地区义务教育水平远高于农村，而均衡的核心理念即实现城乡义务教育的均衡。为了使广大农村地区的学校达到国家办学标准，政府从经费投入、资源保障、课程设置、教师培训等方面予以重点扶持，这为城乡教育一体化发展提供了新方向。[②] 未来需要把乡村教师问题、乡村教师教育问题的解决纳入城乡义务教育一体化改革发展和乡村振兴计划之中，打破城乡二元结构，建立服务于乡村义务教育师资专业发展的平台，关心教师的成长和发展，同时引导教师积极参加继续教育培训，实现相关培训工作的常态化和制度化，全面提升农村教师的业务能力和综合素养。加速乡村教师教育一体化，优化农村义务教育师资结构，加强师资队伍建设，满足乡村教师发展需求，提升农村学校师资的综合素质，推进义务教育均衡发展，保障农村教育的公平和质量。

（二）加大中西部地区教育师资政策支持

扩大免费师范生招生规模。2007 年 9 月，第一批免费师范生入学，标志着师范生免费教育政策正式落地实施。师范生免费教育政策是新时期我国出台的促进教师资源有效配置和均衡发展的重要政策之一，免费政策以北京师范大学等 6 所教育部直属师范大学为试点院校，在全国范围内招收免费师范生进行免费、定向培养，以免费师范生返回生源所在省从事教师职业为基本条件。按照规定，免费师范毕业生一般回生源所在地中小学任教，有利于解决我国西部地区长期存在的师资短缺问题，促进了教师资源的有效配置，在一定程度上推动了我国义务教育的均衡发展。目前我国免费师范生的培养主要依靠部属师范大学，要想更快地解决中西部地区小学师资相对紧缺的问题，必须发挥教育部直属师范大学的引领示范作用，鼓励支持地方结合实际实施师范生免费教育制度，进一步加强中西部地方院校免费师范生建设，扩大免费师范生招生培养规模，让各地区能够根据自身情况以及需求因地制宜地培养该地区严重紧缺科目的小学教师，促进本地区小学师资队伍均衡健康发展。

---

① 庞丽娟，杨小敏. 关于教育供给侧结构性改革的思考和建议［J］. 国家教育行政学院学报，2016（10）：12-16.

② 王广飞，符琳蓉. 城乡教育一体化推进义务教育均衡发展的困境与对策［J］. 农村经济，2018（3）：112-117.

大力推进师资学历培养。有学者根据《中国教育统计年鉴2012》数据，统计分析各区域教师学历后发现中西部地区教师学历水平明显低于东部地区。[①] 其成因为我国教师学历培养起步较晚，建国初期我国的小学师资培养以中专学历为主，20世纪80年代初则开始实行以大专学历为主的小学教师培养模式，直到1998年，我国才开始培养本科层次的小学教师。为改善当前中西部地区教师学历结构，可适当加大对中西部地区的政策支持与教育投资，适当扩大本科和硕士阶段小学教育的招生人数，尤其是小学教育专业的教育硕士。同时，在当前高学历小学师资难以快速增长的情况下，为了提高中西部小学教育的质量，缩小其与东部小学教师的学历差距，应该加强对中西部在职小学教师学历提升的政策引导，鼓励学历较低的在职教师通过成人高考、远程继续教育等方式获得本科学历，同时加强"国培计划"等项目对教师的专业知识和技能的提高，优化教师学历水平，逐步推动教师资源均衡发展。

（三）加快平衡薄弱学科与补充紧缺教师

补充城乡及边远地区紧缺教师。现阶段教育的主要矛盾为人民群众对优质教育资源的需求与教育发展不平衡、不充分间的矛盾，教师队伍建设是优质教育资源的重要组成部分，但目前我国师资配置依然存在着地区间的巨大差异。为提高教育质量，实现教育公平，解决中西部边远地区优质师资数量短缺、师资结构失调以及其带来的一系列问题成为教师教育政策发展面临的重要议题。《国家教育事业发展"十三五"规划》中提出：根据职业教育特点核定公办职业学校教职工编制，引导地方采取多种方式定向培养，加大贫困地区中等职业学校教师队伍补充力度。面向人才培养结构调整需要，优化高等学校教师结构，鼓励高等学校加大聘用具有其他学校学习工作和行业企业工作经历教师的力度。实行义务教育教师编制城乡、区域统筹和动态管理，县级教育行政部门在核定的教职工编制总额和岗位总量内，按照班额、生源等情况，充分考虑乡村小规模学校、寄宿制学校和城镇学校的实际需要，统筹分配各校教职工编制和岗位数量，并报同级机构编制部门和财政部门备案。《关于做好2022年"三区"人才支持计划教师专项计划有关实施工作的通知》中指出，要为脱贫地区（原国家确定的连片特困地区、国家扶贫开发工作重点县、省级扶贫开发工作重点县及各地确定的其他深度贫困地区、新疆生产

---

① 童星. 近十年我国小学师资队伍发展状况的区域对比研究［J］. 上海教育科研，2016（1）：5-9.

建设兵团困难团场）精准选派教师及教育管理人员，承担教学任务和教育管理工作，提升支援地教学水平和育人管理能力，着力应对乡村教师结构性缺员和城镇师资不足问题，实行支援与保障的倾斜政策。

配齐特殊教育教师。《2018 年全国教育事业发展统计公报》调查数据显示：全国共有特殊教育学校 2152 所，比上年增加 45 所，增长 2.14%；特殊教育学校共有专任教师 5.87 万人，比上年增加 0.27 万人，增长 4.78%。全国共招收各种形式的特殊教育学生 12.35 万人，比上年增加 1.27 万人，增长 11.43%；在校生 66.59 万人，比上年增加 8.71 万人，增长 15.05%。其中，附设特教班在校生 3316 人，占特殊教育在校生 0.50%；随班就读在校生 32.91 万人，占特殊教育在校生 49.41%；送教上门在校生 11.64 万人，占特殊教育在校生 17.48%。由以上数据可以看出，随着特殊教育学校数量与特殊学生入学率的上升，其势必对特殊教师队伍群体提出更高的要求，为弥补特殊教育教师缺口，只有继续加强特殊教育教师培养，不断为社会输送特殊教育教师资源，才能保证我国特殊教育的稳步发展。特殊教育教师是我国教师队伍建设不可缺少的组成部分，是影响我国特殊教育群体发展的关键。特殊教育教师肩负着促进残疾人全面发展，促进社会公平正义的重要责任。组织一支数量庞大、结构合理、专业性强的特殊教育教师队伍，以及构建相配套的特殊教育教师培训成为今后教师教育政策的趋势之一。

均衡薄弱学科教师。薄弱学科成因有二：其一，受学科教师专业水平制约，农村学校以及中西部边远地区学校教师学历一般为专科或本科，部分地区依然存在教师学历不达标、学历与所任科目不相符、缺乏完善的学科知识、非专业转岗、非专业代课等现象，其中以农村英语教师短缺问题最为突出，因此需要发挥相关教师教育政策的导向作用，切实关注与解决农村及边远地区教师专业水平发展问题。其二，薄弱学科的主体为非考试科。为实现学生全面发展，教育部在 2001 年颁发的《义务教育课程设置实验方案》中明确规定："一至九年级设艺术课"，"一至六年级设体育课，七至九年级设体育与健康课"，"增设综合实践活动，内容主要包括：信息技术教育、研究性学习、社区服务与社会实践以及劳动与技术教育等"。方案要求均衡设置课程，且各门课程比例适当，但在实际教学中非考试科相对于升学考试科目极少得到学校与社会的广泛关注，课程设置形同虚设，同时紧缺的教师资源、滞后的教学观念与落后的教学条件导致薄弱学科发展缓慢。随着教师教育的深入开展，我们应采取薄弱学科教师培养倾斜政策，转变传统知识观，注重非智力因素培养，扩大薄弱学科培养规模，提供相应学科教师培训与继续教育，加快非考试学科、薄弱学科如音乐、美术、信息技术、综合实践、心理健康、书法、民族地区双语教学等科目教师培养计划实施，合理完善教师学科结构。

五、加大教师教育的支持力度

教师是一切教育活动的主体与主导者，是一切教育教学活动的组织者、实践者与变革者。因此，教师是教育发展的第一生产力。教师是教育事业的"工作母机"，教师素质的状况决定着教育教学水平，是实施素质教育的基本保障，是实现教育振兴的关键。因此，为办好人民满意的教育，全面贯彻党的教育方针，落实立德树人根本任务，应继续坚持以教师为本，持续加大对教师教育的支持力度，进一步确立教师优先发展的战略地位。

（一）推进教师教育法治建设

一是教师教育民主化。首先，教师公共权利民主化。《中共中央 国务院关于全面深化新时代教师队伍建设改革的意见》等政策中明确体现了以人为本，对落实教师知情权、参与权、表达权、监督权作了具体规范，对教师的民生保障与参与科研的权利作出具体表述。教师身处的工作环境不仅是教学场域，同时是重要的民主场域，给予教师权益保障，维护教师作为社会群体的尊严和合法权益，可以使教师成为令人羡慕的职业。其次，教师专业发展民主化。鼓励教师以解决教学问题，提升教学能力为目标，成立教师学习共同体、实践共同体。教师拥有专业发展自主权，可根据自身关注点与发展需求选择与自己更为契合的平台，在自由进行分享、交流、协商与合作的过程中，审视教学实践，培养反思意识与批判思维。最后，教师也要积极履行法律义务，在享受民主权利时要及时转换身份，必须接受来自同事、学生、家长、学校、政府和社会的广泛监督。

二是教师教育法制化。健全教师教育法律法规建设。1986年，第六届全国人民代表大会第四次会议通过了《中华人民共和国义务教育法》；1993年，第八届全国人民代表大会常务委员会第四次会议通过了《中华人民共和国教师法》；1995年，第八届全国人民代表大会第三次会议通过了我国教育基本法《中华人民共和国教育法》。通过梳理可以发现，我国教育立法起步较晚，改革开放前，我国教师教育政策多以各类"办法"为主，教育立法基本处于空白状态，导致相应的教师教育法制建设发展缓慢，虽然在教育法制化的进程中人们认识到了教师教育培养的重要性，并有意识地在各项教育法律中有所体现，但时至今日，在国家立法层面依旧没有建立起专门针对提高教师质量的教师教育相关法律。教师教育法制是教育民主的基本保障，通过教育相关法律的保护与管理，教育活动才能维持秩序与效率。由于教师教育相关法律规约的缺失，教师教育的规模发展与有效治理的矛盾将随着教师教育体系的逐渐开放日益激化，对此应针对教师教育法制体系的不足，及时采取相应立法措施，健全教师教育法律法规建设，确保教师教育有法可依。

加强现有教师教育法律、法规、条例的审议与修订。我国涉及教师教育的法律、法规、条例主要有《中华人民共和国教师法》（1993 年）、《教师资格条例》（1995 年）、《中小学教师职业道德规范》（1997 年）、《中小学教师继续教育规定》（1999 年）、《中小学教师资格定期注册暂行办法》（2013 年）。2021 年 11 月，教育部面向社会公开了《中华人民共和国教师法（修订草案）（征求意见稿）》，其虽历经几次修订，但总体来看仍然存在亟待改进的地方。其一，教师教育在立法过程中没有得到应有的重视，对于师范院校、教师进修学校、非师范学校等教师教育单位权利与义务表述过于宽泛，权责不明；其二，修订内容明显滞后于现实情况，未能及时根据国家加强教师队伍建设的重大战略任务作出调整与更新，相关法律、法规、条例与教师教育现状及目标适切性不足。总体来说，我国教师教育立法尚显薄弱，还需要建立健全教师教育法律法规，修订完善已有法律、法规、条例，以确保其可以满足教育现代化的发展需求，并给予教师合理的权力约束与权利保护。

（二）促进师范院校与师范专业内涵式发展

20 世纪 30 年代以后，西方"教师教育"概念逐渐取代"师范教育"并成为世界通用的概念。2001 年 5 月，《国务院关于基础教育改革与发展的决定》中第一次将长期使用的"师范教育"概念用"教师教育"加以代替，提出"完善以现有师范院校为主体，其他高等学校共同参与、培养培训相衔接的开放的教师教育体系"。其意义不仅仅是简单的概念替换，而是观念的更新和制度的变革[①]，标志着教师培养进入一个新的历史发展阶段。区别于传统"师范教育"的封闭性、理论性、终结性等特征[②]，"教师教育"理念更多体现出教师培养的整体性、开放性、专业性和终身性[③]。《教育部 2017 年工作

① 袁振国. 从"师范教育"向"教师教育"的转变 [J]. 中国高等教育，2004（5）：30-32.

② 钟启泉，王艳玲. 从"师范教育"走向"教师教育" [J]. 全球教育展望，2012，41（6）：22-25.

③ 黄崴. 从"师范教育"到"教师教育"的转型 [J]. 高等师范教育研究，2001（6）：14-16，7.

要点》中指出："启动实施教师教育振兴行动计划……加大对师范院校支持力度。"

由量的追求向质的提升转变。党的十九大明确提出"新时代"的到来，其重要标志之一是社会主要矛盾已然发生了变化，由人民日益增长的物质文化需要同落后的社会生产之间的矛盾，转化为人民日益增长的美好生活需要和不平衡不充分的发展之间的矛盾。党的十九大报告中也明确提出，要"努力让每个孩子都能享有公平而有质量的教育"。在新时代背景下，基础教育领域的主要矛盾，已经不再是教师数量紧缺，急需扩充教师队伍规模的问题，而是社会公众对优质教育资源及教育公平的强烈需求与优质教育资源稀缺及教育不均衡发展之间的矛盾。[①] 经过 20 世纪我国现代化教育体系创建以及教育规模的不断扩张，从现实看，我国绝大部分地区的基础教育已实现了普及，正从规模满足向质量提升、均衡优质发展转变，主要任务已经从实现基础教育普及化、高等教育大众化走向了全面提高教育水平质量，主要矛盾从教育需求高涨与教育资源极度短缺的矛盾转变为教育质量的需求与教育能力的不足之间的矛盾，这一系列的转变意味着：解决师资短缺问题已经不再是首要任务，培养造就一大批"有理想信念、有道德情操、有扎实学识、有仁爱之心"的卓越中小学教师，全方位服务基础教育，持续提升教育质量，促进教育公平，才是首要目标。2018 年 9 月 10 日，习近平总书记在全国教育大会上强调，坚持改革创新，坚持教育公平，推动教育从规模增长向质量提升转变。因此，师范大学建设需要以质量提升为核心任务，树立以提高质量为核心的教育发展观，把教育资源配置和学校工作重点集中到强化教学环节、提高教育质量上。

由单一封闭向综合开放转变。从"师范教育"到"教师教育"不仅仅是表述话语的转型，还是内涵实质的转型，促使"教师教育"从相对封闭逐渐走向开放。"教师教育"是一种全新的、开放的、系统的教育理念，反映了我国中小学教师培养的新要求，符合我国基础教育对教师的需求，是我国教师培养培训的发展方向，主要表现在连接职前教育和职后教育，促进教师的职前教育和在职进修一体化，且用终身教育理念延展了师范教育，使教师能够不断地持续性成长。促使教师教育的空间开放，通过理论引领、共建共享、

---

① 张伟坤，熊建文，林天伦. 新时代与新师范：背景、理念及举措［J］. 高教探索，2019（1）：32-36，110.

联合培养等方式途径，加强高校间、高校与政府间、高校与中小学校间的合作，通过"高校—地方政府—中小学（幼儿园）"三位一体协同创新模式，打破师范院校原有的封闭空间，让师范生拥有更多接触实践教学的机会，实现教师教育研究与实践成果的共享，提升基础教育教师培养质量和专业化水平。促使教师教育师资开放，鼓励高校引进优秀中小学教师担任兼职教师，实行高校教师和中小学教师共同指导师范生的"双导师制"。推进职业学校、高等学校与大中型企业共建共享师资，允许职业学校、高等学校依法依规自主聘请兼职教师，支持有条件的地方探索产业导师特设岗位计划。推进高校与中小学教师、企业人员双向交流。高校与中小学、高校与企业采取双向挂职、兼职等方式，建立教师教育师资共同体。国家和省级教育行政部门加大对教师教育师资国内外访学支持力度。[①] 师范院校建设在保持教师培养主阵地不变的前提下，要坚持作为师范大学的办学特色，寻求师范性与综合性发展平衡点，在新一轮的教师教育改革浪潮中找到新的立足点，成为更加开放的教师教育体系的引领者和规范者。加快师范大学建设，顺应教师教育开放化的趋势，以立德树人为目的，以专业需求为导向，优化教师教育师资结构与教师教育师资队伍建设，不断提升自身的核心竞争力。

坚持以专业化为核心的教师资格证考核思路：明确考核形式，教师资格证考核的笔试和面试环节，着重对应教师"思"与"讲"的能力考查。[②] 深化考核内容，加深有关教育教学的基本理论和学科专业基本知识，教师必备知识的考查，提升选择题的探查力度，增加需要通过复杂分析才能得出答案的选择题，关注被试者对专业意识的本体的理解和认同。[③] 结合质化评估，不仅要覆盖考核知识的广度，而且要有主观题部分的程度层级的划分和评分细则，加大师德考核比重，实行资格证定期注册制度。此外，在对教师职业能力进行测试的基础上，应进一步增加师德师风以及培养过程性考核内容比重，科学严把教师的"出口门槛"，提高教师资格证质量。

（三）健全教师培训体系

教育事业的发展离不开教师的发展，提升教师队伍能力，离不开教师培

① 王定华. 关于实施教师教育振兴行动计划的政策与思考 [J]. 国家教育行政学院学报，2018 (6)：3-9.

② 蹇世琼，冉隆锋. 教师资格证"国考"实践中的现实矛盾与制度完善 [J]. 教育科学，2017，33 (5)：52-56.

③ 胡久华、李燕、侯文群. 中美科学教师资格认证考试形式及内容的比较研究 [J]. 外国中小学教育，2016 (1)：44-51.

养培训的参与。自 1999 年 9 月教育部颁发《中小学教师继续教育规定》以来，我国中小学教师培训的发展十分迅速。2010 年 4 月，教育部、财政部联合印发了《中小学教师国家级培训计划》，更是开启了我国教师培训与质量提升的新纪元。① 2015 年 6 月，《国务院办公厅关于印发乡村教师支持计划（2015—2020 年）的通知》中提出："要把乡村教师培训纳入基本公共服务体系，保障经费投入，确保乡村教师培训时间和质量。"2017 年 1 月印发的《国家教育事业发展"十三五"规划》中提出：建立培训学分与教师管理结合机制，构建教师校长培训学分银行；加强县级教师培训机构能力建设，建立中小学教师校长专业发展支持服务体系；在国家和省两级认定一批教学名师，鼓励教学名师交流讲学。2018 年 1 月印发的《中共中央 国务院关于全面深化新时代教师队伍建设改革的意见》中提出："转变培训方式，推动信息技术与教师培训的有机融合，实行线上线下相结合的混合式研修。改进培训内容，紧密结合教育教学一线实际，组织高质量培训，使教师静心钻研教学，切实提升教学水平。推行培训自主选学，实行培训学分管理，建立培训学分银行，搭建教师培训与学历教育衔接的'立交桥'。建立健全地方教师发展机构和专业培训者队伍，依托现有资源，结合各地实际，逐步推进县级教师发展机构建设与改革，实现培训、教研、电教、科研部门有机整合。继续实施教师国培计划。鼓励教师海外研修访学。"教育部负责人就《中共中央 国务院关于全面深化新时代教师队伍建设改革的意见》答记者问时指出，通过采取一系列政策举措，经过 5 年左右努力，教师培养培训体系基本健全。教师培养培训体系是中小学教师发展的重要依托，推进教师专业发展是全面深化教师队伍建设的重要内涵，相继发布的政策文件中体现了对教师培训与专业发展的高度重视，充分彰显了教师专业发展与培训在新时期教师队伍建设中的重要地位和作用。

提升教师培训机构水平。教师的专业化发展需要教师培训机构的专业化，要求加快培训者队伍的专业化建设步伐。要充分发挥高等师范院校、教育科学学院、教育科研单位在推进教师专业化发展中的重要作用，联动高等院校与省级教师培训机构积极合作，强化教师培训的理论研究与实践指导，协同发展高水平的教师培训，激发教师培训机构的专业职能，提升教师培训者与

---

① 李广平. 优化教师专业发展与培训体系建设，全面提升中小学教师队伍质量 [J]. 华东师范大学学报（教育科学版），2018，36（4）：36-38.

教师培训机构的水平。各地必须建立为本省（自治区、直辖市）培训高中教师和中小学骨干教师的基地，并使其成为开展继续教育的业务指导和科研中心。重点建设好以县级教师进修学校为主体的县级教师培训机构。

保障教师培训全员性。教师培训是教师职业不断发展的需要，是教师职业先进性的重要保障，教师培训应在基础教育各个阶段普及，建立不同学段、不同学科、不同类型的教师培训体系，以保证满足教师的发展需求。继续深入实施"国培计划"，扩大"特岗计划"实施范围，建立农村教师培训政策精准执行机制，保障农村及边远地区教师接受教师培训。实施农村教师培训是农村教师专业化发展的重要途径，是农村教师队伍建设的重大举措，可有效应对与缓解当前农村教师发展方面存在的突出问题。保障教师培训的全员性，对缩小教育差距、促进教育公平、提升教育现代化水平具有十分重要的意义。

构建中国特色教师培养培训体系。我国教师队伍建设的目标与任务也需要通过独具中国特色的教师专业发展与培训体系来实现。教师队伍建设要把提高教师思想政治素质和职业道德水平摆在首要位置，创新教师思想政治工作方式方法，开辟思想政治教育新阵地，突出全员全方位全过程师德养成，增强思想政治工作的针对性和实效性，引导教师带头践行社会主义核心价值观。

（四）加大教师教育经费投入

经费支持是教师教育活动开展的重要物质保障。要切实扭转教育发展中重硬件、轻软件，重外延、轻内涵的倾向，切实加大教师队伍建设的经费投入力度，要将教师队伍建设作为教育投入的优先领域予以保障。同时，要优化教师队伍建设经费的支出结构，重视教师教育的"工作母机"作用，优先安排经费支持师范院校，支持教师专业发展。要提高师范生生均拨款标准，使师范生的生均拨款标准高于一般专业的拨款标准，满足师范生培养在实践教学方面的额外成本支出，彰显国家对教师教育的重视，激发高校承办教师教育活动的积极性。要加大教师培训的经费投入力度，满足广大教师日益增长的能力提升和专业发展的需要。

六、强化教师教育的质量评估

评估机制是对教师教育体系系统运转和教育质量的基本保障，2011 年以来，教师教育改革的焦点日渐集中于教师教育专业质量评估。从 2011 年 10 月教育部出台的《关于大力推进教师教育课程改革的意见》到 2012 年 6 月、

9月教育部先后出台的《国家教育事业发展第十二个五年规划》《关于深化教师教育改革的意见》，都将教师教育专业质量评估作为教师教育改革的重点。

（一）加强师范类专业认证

严守教师教育"入口关"，完善师范类专业认证制度。师范专业认证是专门性教育评估认证机构依照认证标准对师范类专业人才培养质量状况实施的一种外部评价过程，旨在证明当前和可预见的一段时间内，专业能否达到既定的人才培养质量标准，是我国教师教育行政主管部门针对我国教师教育运行发展中存在的问题所作出的顶层制度设计。师范类专业认证是教师教育开放化进程中严控教师教育质量的重要举措。自21世纪以来，师范教育向教师教育转变，支持高水平综合大学开展教师教育，教师教育逐步走向开放化，这种改革推动了师范教育从封闭定向转向灵活开放，取得了一定的成效，但同时导致了师范专业办理准入门槛不高、管理颇松，办学资质不健全，师范专业培养机构庞杂，未能出现所期待的高水平大学积极参与师范专业培养等一系列问题，未能圆满实现整体提升教师教育质量的改革初衷，致使教师教育体系渐趋纷乱复杂、教师人才培养质量下降、专业素质远不能适应基础教育改革要求、师资数量严重过剩等背离改革理想的问题愈益突出。[①] 2017年10月，教育部发布了《普通高等学校师范类专业认证实施办法（暂行）》，正式开启包含"办学基本要求、教学质量合格标准、教学质量卓越标准"在内的三级检测认证，至此开启我国教师教育师范类专业认证规范化、常态化、制度化的新篇章。

未来，师范类专业认证应以学生为主体，注重过程性指标体系设计。师范类专业认证要坚持以学生为中心的评价原则，强调遵循师范生成长成才规律，以师范生为中心配置教育资源、组织课程和实施教学。专业认证不仅要考察每一个师范专业的办学效果，而且需要考察人才培养的具体路径、措施和办法，唯有如此，才可能深入剖析一个师范专业在办学过程中存在的具体问题以推动专业建设和专业管理真正落到实处。对专业质量保障体系的评价，要求建立教学过程质量常态化监控机制，定期对各主要教学环节质量实施监控与评价，定期对校内外的评价结果进行综合分析。[②]

---

① 杨跃. 师范专业认证制度改革的现实困境与治理对策：基于新制度主义理论视角的分析 [J]. 现代教育管理，2018（2）：71-76.

② 郑文，王玉. "新师范"背景下广东高校师范类专业认证：关系与策略 [J]. 华南师范大学学报（社会科学版），2018（6）：66-70，190.

推进师范类专业认证的外部保障与学科教师教育专业认证标准研制。我国师范类专业认证充分借鉴了西方国家的成功经验，作为一种起源于美国的"舶来品"，专业认证于 21 世纪初被引入中国，对我国高等教育的管理理念、教学模式、人才培养质量等产生了深远影响。[①] 当前，我国教师教育在内部质量保障制度建设方面已经制定、实施并正在逐步完善教师职业资格证书制度；但在外部质量保障制度建设，特别是专业认证制度建设方面仍处于试点阶段，尚需从认证人员的构成、认证标准的制定、认证流程的实施等方面积极探索，以确保客观、公正、科学地开展教师教育专业认证，切实提高教师培养质量，并提供更清晰的教师职业进入、晋升及生涯发展路径。其次，应继续深入开展各个学科教师教育专业认证标准研制，制定并完善不同学科、不同阶段的有关学科内容知识和教学知识的学科教学认证标准将成为今后师范类专业的认证发展趋势。

（二）完善教师准入考核

严控教师考核"出口关"，完善教师资格证考核制度。建立职业准入制度一直是国际通行的方法，资格证书制度是职业专业化发展的必然结果，也是社会分工和社会管理进步的表现，它影响职业的发展质量以及社会对它的评价。国家教师资格证书制度是教师职业准入的关键环节，是教师职业专业化发展的产物，建立完善的教师职业准入制度是中国教育发展的方向。国家教师资格考试的实施是《国家中长期教育改革和发展规划纲要（2010—2020年）》对教师培养的具体要求，考试科目主要依据 2011 年教育部颁布的《关于开展中小学和幼儿园教师资格考试改革试点的指导意见》中的《考试标准》和《考试大纲》确定，是评价申请教师资格人员是否具备从事教师职业所必需的教育教学基本素质和能力的考试，分为笔试与面试两个环节：笔试内容主要是教育知识与能力和综合素质等科目；面试内容主要是教育教学实际能力展示。同时，应完善职业教育与特殊教育教师资格认证制度，提高职业教育与特殊教育从业者专业质量，满足职业学校与特殊教育学校对于优质教师队伍建设的迫切需求。国家教师资格证统一考试制度的确立与实施，依据政策严格教师职业准入，对于提高我国教师准入标准、提升教师队伍整体质量有着重要意义。

---

① 杨跃. 师范专业认证制度改革的现实困境与治理对策：基于新制度主义理论视角的分析 [J]. 现代教育管理，2018（2）：71-76.

建立以专业化为核心的教师资格证考核思路。当前我国很多师范院校中，非师范专业的学生人数呈增加的趋势。与此同时，部分非师范类院校也在积极建立师范类专业，使得师范生和非师范生的差异逐步缩小。与此相适应，我国当前的教师教育体系也在发生转变，逐步由过去的定向性教师教育的师范生培养体系转变为开放式教师教育的教师培养体系。这种培养方式的转变迎合了国际教师教育发展的趋势，成为当前我国教师教育发展之所需。基于此背景，国家教师资格证考试首先需要明确，建立开放式教师教育体系的根本目标是实现教师职业专业化发展。只有以教师专业化为核心的国家教师资格考试，才有利于选拔优秀人才进入教师队伍，有利于我国开放式的教师教育体系的形成和完善，有利于我国教师教育事业的发展。

细化考核内容，提高教师资格证考核质量。教师资格证考核有笔试和面试两个环节，笔试主要考核的是应考者在"思"这方面的能力，面试主要考核应考者在"讲"这方面的能力以及应考者的师德水平。[①] 首先考核命题过程中要坚持效度优先的原则，加深有关教育教学的基本理论和学科专业基本知识、教师必备知识的考查，提升选择题的探查力度，现有的选择题大多只需要被试者应用记忆或常识即可，对高能力的被试者没有区分度，因此有必要增加需要通过复杂分析才能得出答案的选择题，关注被试者对专业意识的本体的理解和认同。[②] 细化对不同知识的水平要求，不仅要覆盖考核知识的广度，而且要有程度层级的划分；笔试主观题部分应出台相应的评分细则，细则既要细化到应考者可能的、多种的"正确"答案及赋分标准，又要细化到评价者可能的赋分标准，以保证在评价环节具有较高的评价者信度。严格把控教师资格证考核的难度与专业性是切实提高教师专业化水平的有效举措。

重视实习教师入职考核。我国教师入职教育常见于新手教师入职后的见习制度，俗称试用期。2010 年 7 月印发的《国家中长期教育改革和发展规划纲要（2010—2020 年）》中提出"完善并严格实施教师准入制度，严把教师入口关"的战略要求。2011 年 1 月，教育部印发的《关于大力加强中小学教师培训工作的意见》中提出："对所有新任教师进行岗前适应性培训，帮助新教师尽快适应教育教学工作。培训时间不少于 120 学时。"以上国家相关文件

---

① 蹇世琼，冉隆锋. 教师资格证"国考"实践中的现实矛盾与制度完善 [J]. 教育科学，2017，33（5）：52-56.

② 胡久华，李燕，侯文群. 中美科学教师资格认证考试形式及内容的比较研究 [J]. 外国中小学教育，2016（1）：44-51.

的制定，为新任教师培训明确了方向，也提供了一定的政策性保障，但是对新任教师的培训内容、培训方式等没有明确规定，所以完善和规范实习教师入职考核是下一阶段完善教师准入考核制度的重要内容，可尝试通过建立大数据实习教师"准入"评价平台，实现对既有"准入"制度的客观评价和适应未来发展需求的"预测"评估，拓宽实习教师入职考核评价建设思路。

（三）研制中小学教师培训标准

严把教师专业"发展关"，健全教师培训制度，推进教师入职见习培训标准研制。随着《中共中央 国务院关于全面深化新时代教师队伍建设改革的意见》出台，教师发展成为教育发展中的关键问题，教师队伍建设受到前所未有的重视，迎来了新的历史机遇和发展契机。2017 年，教育部印发了《中小学幼儿园教师培训课程指导标准（义务教育语文、数学、化学学科教学）》，可以作为教师培训自我测评的重要依据，对于培训机构培训质量提升、教师专业发展的内涵提升，对于师范教育的优质发展，对于办公平而有质量的教育的国家战略的精准实施，都将产生十分重大的影响。[①] 2018 年 11 月，教育部印发的《关于完善教育标准化工作的指导意见》中提出："健全教师资格标准、教师编制或配备标准、教师职业道德标准、教师专业标准、教师培养标准、教师培训标准、教师管理信息标准等。研制双语教师任职资格评价标准。"虽然从中央到地方，教师培训工作者、研究人员及其所支撑的专业机构，在教育行政部门强有力的领导下，围绕教师专业发展以及教师队伍建设进行了积极的探索，并取得一定的成效，但教师培训中仍然存在着评价体系不完善、不健全、不适切的问题。为建设高质量教师队伍，提高教师培训的针对性和实效性，满足教师对于专业发展的需求，避免教师培训流于表面化、形式化，必须开发更加规范、可行的教师培训评估的标准、方法和工具体系。

---

① 严华银."教师培训课程指导标准"与教师培训专业化 [J]. 江苏教育，2018（30）：7-10，20.

参考文献

[1] 杨伯峻. 论语译注 [M]. 北京：中华书局，1980.

[2] 周振甫. 诗经译注（修订本）[M]. 北京：中华书局，2002.

[3] 刘斌，王春福. 政策科学研究（第一卷）：政策科学理论 [M]. 北京：人民出版社，1999.

[4] 辞海编辑委员会. 辞海（第六版彩图本）[M]. 上海：上海辞书出版社，2009.

[5] 陈振明. 政策科学 [M]. 北京：中国人民大学出版社，1998.

[6] 袁振国. 教育政策学 [M]. 南京：江苏教育出版社，1996.

[7] 范国睿. 教育政策的理论与实践 [M]. 上海：上海教育出版社，2011.

[8] 成有信. 教育政治学 [M]. 南京：江苏教育出版社，2000.

[9] 萧宗六. 教育方针、教育政策和教育法规 [J]. 人民教育，1997（11）.

[10] 祁型雨. 利益表达与整合：关于教育政策的决策模式研究 [D]. 武汉：华中师范大学，2003.

[11] 孙绵涛. 教育政策学 [M]. 武汉：武汉工业大学出版社，1997.

[12] 杨润勇. 区域教育政策行为研究：以县级区域为例 [D]. 北京：北京师范大学，2005.

[13] 陈永明. 教师教育研究 [M]. 上海：华东师范大学出版社，2003.

[14] 费奥斯坦，费尔普斯. 教师新概念：教师教育理论与实践 [M]. 王建平，等译. 北京：中国轻工业出版社，2002.

[15] 张乐天. 教育政策法规的理论与实践（第四版）[M]. 上海：华东师范大学出版社，2020.

[16] 张国庆. 公共政策分析 [M]. 上海：复旦大学出版社，2004.

[17] 安德森. 公共决策 [M]. 唐亮，译. 北京：华夏出版社，1990.

[18] 杨会良. 当代中国教育财政发展史论纲 [M]. 北京：人民出版

社，2006.

[19] 胡宁生. 现代公共政策研究［M］. 北京：中国社会科学出版社，2000.

[20] 陈振明. 政府工具研究与政府管理方式改进：论作为公共管理学新分支的政府工具研究的兴起、主题和意义［J］. 中国行政管理，2004 (6).

[21] 刘复兴. 教育政策的四重视角［J］. 清华大学教育研究，2002 (4).

[22] 韦默，维宁. 政策分析：理论与实践［M］. 戴星翼，等译. 上海：上海译文出版社，2003.

[23] 邓恩. 公共政策分析导论（第二版）［M］. 谢明，等译. 北京：中国人民大学出版社，2002.

[24] 卡尔·帕顿，大卫·沙维奇. 政策分析和规划的初步方法（第 2 版）［M］. 孙兰芝，等译. 北京：华夏出版社，2001.

[25]《中国教育年鉴》编辑部. 中国教育年鉴（1949—1981）［M］. 北京：中国大百科全书出版社，1984.

[26] 中央教育科学研究所. 中华人民共和国教育大事记（1949—1982）［M］. 北京：教育科学出版社，1984.

[27] 葛军，陈剑昆. 我国教师教育政策的历史透视［J］. 黑龙江高教研究，2005 (7).

[28] 何东昌. 中华人民共和国重要教育文献（1976—1990）［M］. 海口：海南出版社，1998.

[29] 顾明远. 改革开放 30 年中国教育纪实［M］. 北京：人民出版社，2008.

[30] 苏林，张贵新. 中国师范教育十五年［M］. 长春：东北师范大学出版社，1996.

[31] 何东昌. 中华人民共和国重要教育文献（1991—1997）［M］. 海口：海南出版社，1998.

[32] 何东昌. 中华人民共和国重要教育文献（1998—2002）［M］. 海口：海南出版社，2003.

[33] 吴文侃，杨汉清. 比较教育学［M］. 北京：人民教育出版社，1999.

[34] 祝怀新. 封闭与开放：教师教育政策研究［M］. 杭州：浙江教育出版社，2007.

[35] 廖其发. 当代中国重大教育改革事件专题研究［M］. 重庆：重庆出

版社，2007.

[36] 何东昌. 中华人民共和国重要教育文献（2003—2008）[M]. 北京：新世界出版社，2010.

[37] 曲铁华，王美. 近三十年来我国教师教育政策变迁的特点、问题与解决路径 [J]. 四川师范大学学报（社会科学版），2016，43（2）.

[38] 檀慧玲，王晶晶. 近十年我国教师教育政策的调整及未来发展趋势 [J]. 湖南社会科学，2012（4）.

[39] 吴遵民，傅蕾. 我国 30 年教师教育政策价值取向的嬗变与反思 [J]. 杭州师范大学学报（社会科学版），2011，33（4）.

[40] 曲铁华，崔红洁. 我国教师教育政策的演进历程及特点分析：基于（1978—2013）政策文本的分析 [J]. 国家教育行政学院学报，2014（12）.

[41] 曲铁华，崔红洁. 我国教师教育政策价值取向变迁的路径与特点：基于 1978—2013 年政策文本的分析 [J]. 现代大学教育，2014（3）.

[42] 闫建璋，王换芳. 改革开放 40 年我国教师教育政策变迁分析 [J]. 教师教育研究，2018，30（5）.

[43] 于兴国. 转型期中国教师教育政策研究 [D]. 长春：东北师范大学，2011.

[44] 杨跃. 论我国教师教育政策研究 [J]. 南京师大学报（社会科学版），2018（1）.

[45] 崔红洁. 改革开放以来我国教师教育政策研究 [D]. 长春：东北师范大学，2014.

[46] 严华银. "教师培训课程指导标准"与教师培训专业化 [J]. 江苏教育，2018（30）.

[47] 覃丽君，陈时见. 欧盟教师教育政策及其发展走向 [J]. 比较教育研究，2013，35（12）.

[48] 杜屏. 完善中小学教师工资制度和保障机制，推进高素质教师队伍建设 [J]. 华东师范大学学报（教育科学版），2018，36（4）.

[49] 汪义凤. 教师教育一体化趋势下免费师范生网络学习平台的设计与开发 [D]. 武汉：华中师范大学，2008.

[50] 张贵新，饶从满. 关于教师教育一体化的认识与思考 [J]. 课程·教材·教法，2002（4）.

[51] 潘启富. 教师教育发展趋势及广西教师教育一体化的对策 [J]. 学

术论坛，2004（3）.

［52］李延安. 基于网络环境的教师培训模式研究［D］. 济南：山东师范大学，2005.

［53］苏真. 比较师范教育［M］. 北京：北京师范大学出版社，1991.

［54］叶澜，白益民，王枬，等. 教师角色与教师发展新探［M］. 北京：教育科学出版社，2001.

［55］孟令欣. 中小学教师教育技术能力培训策略研究：基于教师教育一体化视野［D］. 长春：东北师范大学，2013.

［56］钟祖荣. 教师教育一体化的反思与教育学院发展的选择［J］. 教师教育研究，2011，23（6）.

［57］刘义兵，付光槐. 教师教育一体化发展的体制机制创新［J］. 教育研究，2014，35（1）.

［58］高艳. 职教教师教育一体化体系构建研究［D］. 秦皇岛：河北科技师范学院，2014.

［59］陈时见，王雪. 教师教育一体化课程体系的构建与实施［J］. 教育研究，2015，36（8）.

［60］龙红霞. 新中国成立 70 年基础教育教师队伍建设的成效及展望［J］. 中国教育学刊，2019（10）.

［61］秦苗苗，曲建武. 新中国成立 70 年师德建设回顾总结和展望［J］. 现代教育管理，2019（10）.

［62］王光明，张永健，吴立宝. 教师核心能力的内涵、构成要素及其培养［J］. 教育科学，2018，34（4）.

［63］董新良. 中小学教师职业声望调查研究［J］. 教师教育研究，2011，23（6）.

［64］周晔. 西北农村地区中小学教师队伍结构失衡问题与破解政策体系［J］. 教育科学研究，2018（11）.

［65］武向荣. 义务教育教师工作满意度影响因素的实证研究［J］. 教育研究，2019，40（1）.

［66］杜屏，谢瑶. 中小学教师薪酬满意度影响因素实证研究：基于公平理论的视角［J］. 华中师范大学学报（人文社会科学版），2018，57（2）.

［67］季轩民，程红艳. 溯本追源：现代教师道德建设的良知之维［J］. 现代大学教育，2019（2）.

［68］李广. 教师教育协同创新机制研究：东北师范大学"U-G-S"教师教育模式新发展［J］. 教育研究，2017，38（4）.

［69］夏建华. 基于大众化的高等教育育人功能［J］. 中国成人教育，2015（16）.

［70］郝德永. 示范性师范大学建设的标准、要件与对策［J］. 教育研究，2021，42（2）.

［71］高书国. 中国特色社会主义教育的制度优势［J］. 人民教育，2020（1）.

［72］李广，李欣桐. 新中国教师教育政策变迁历程、演进逻辑及发展趋势［J］. 新华文摘，2021（3）.

［73］王继红，匡淑平. 新时代高校师德师风建设的现实挑战与优化策略［J］. 思想理论教育，2020（5）.

［74］李孔珍，沈蕾娜，王天晓，等. 建设一支宏大的高素质专业化教师队伍［J］. 中国高等教育，2019（Z3）.

［75］王炳林，郑丽平. 坚持以人民为中心发展教育［J］. 中国高校社会科学，2020（5）.

［76］靳玉乐，胡绪. 中国特色社会主义教育建设的实践智慧：基于改革开放以来我国宏观教育政策的分析［J］. 教师教育学报，2021（1）.

［77］童世骏. 提升中国特色教育自信 建设社会主义教育强国［J］. 清华大学教育研究，2018，39（3）.

［78］刘振天，李森，张铭凯，等. 笔谈：高等教育高质量发展的系统思考与分类推进［J］. 大学教育科学，2021（6）.

［79］吴飞燕. 从经济学的视角分析影响我国教师供给的因素［J］. 教育学术月刊，2010（5）.

［80］程建平，张志勇. 高质量基础教育教师队伍建设的任务和路径［J］. 教育研究，2022，43（4）.

［81］杨跃. 教师教育学科专业建设：概念溯源与行动展望［J］. 当代教师教育，2020，13（4）.

［82］陈永明，王健. "教师教育学"学科建立之思考［J］. 教育研究，2009（1）.

［83］张怡红，刘国艳. 专业认证视阈下的高校师范专业建设［J］. 高教探索，2018（8）.

［84］胡万山. 师范类专业认证背景下教师教育改革的意义与路径［J］. 黑龙江高教研究，2018，36（7）.

［85］黄淑华，陈幼华. 教师社会地位对师资队伍建设的影响［J］. 江西社会科学，2000（5）.

［86］董和平. 宪法学［M］. 北京：法律出版社，2004.

［87］梁明伟. 论教师权利及其救济［J］. 教师教育研究，2006（4）.

［88］蔡国春. 改革在路上：中国特色教师教育体系建设之省思［J］. 江苏高教，2019（12）.

［89］宋萑，徐淼. 教师教育者循证实践与教师教育证据迭代［J］. 教育科学，2022，38（3）.

［90］刘复兴. 我国教师教育的转型与政策导向［J］. 高等师范教育研究，2002（4）.

［91］李森. 中国式教师教育现代化的内涵、价值及举措［J］. 陕西师范大学学报（哲学社会科学版），2022，51（6）.

［92］王虎学，凌伟强. 中国式现代化的人学向度［J］. 学术研究，2022（11）.

［93］梅兵，唐玉光，荀渊. 世界教师教育发展模式的演变及我国的选择［J］. 教师教育研究，2021，33（5）.

［94］靳希斌. 教师教育模式研究［M］. 北京：北京师范大学出版社，2009.

［95］艾小平，董泽芳. "四元多维"教师教育模式的理论建构与运行策略［J］. 教育科学，2014，30（1）.

［96］李广. 秉持"创造的教育"理念 推进一流师范大学建设［J］. 东北师大学报（哲学社会科学版），2019（1）.

［97］张乃和. 发生学方法与历史研究［J］. 史学集刊，2007（5）.

［98］卢小陶，杜德栎. 新中国70年教师教育政策的历史、结构与动力［J］. 教育科学研究，2019（9）.

［99］李广. 新时代师范大学高质量发展：现实诉求、历史依据与实践逻辑［J］. 清华大学教育研究，2021（4）.

［100］陈飞，李广. "关键事件"何以助力实习教师专业成长［J］. 现代教育管理，2017（9）.

［101］李中国．两种"三位一体"教师教育模式比较研究［J］．教育研究，2014，35（8）．

［102］刘益春．"强师计划"的大学使命与政府责任［J］．教育研究，2022，43（4）．

［103］周彬．教师教育专业知识：生成、积累与课程转化［J］．教育研究，2021，42（7）．

［104］陈向明．对教师实践性知识构成要素的探讨［J］．教育研究，2009，30（10）．

［105］胡重庆，黄培凤，陈玉蓉．师范生教育实践性知识的建构机制［J］．教育学术月刊，2023（1）．

［106］潘洪建．地方性知识及其对课程开发的诉求［J］．教育发展研究，2012，32（12）．

［107］王丹．人工智能视域下教师智能教育素养研究：内涵、挑战与培养策略［J］．中国教育学刊，2022（3）．

［108］冯晓英，郭婉瑢，宋佳欣．教师混合式教学能力发展模型：原则、准备与策略［J］．开放教育研究，2021，27（5）．

［109］李广，苑昌昊，王奥轩．从外延转向内涵：党的十八大以来中国特色教师教育发展的新格局［J］．现代教育管理，2022（9）．

［110］尹兆华．我国高校大类招生的困局与解困［J］．中国考试，2021（1）．

［111］靳娟娟，俞国良．教师心理健康问题与调适：角色理论视角的考量［J］．教师教育研究，2021，33（6）．

［112］王长平，吴文哲．新时代师范人才高质量培养的若干思考［J］．教育研究，2022，43（4）．

［113］梅兵，周彬．新时代高水平师范大学的育人使命与教育担当［J］．教育研究，2022，43（4）．

［114］申国昌，陶光胜．铸造大国良师：习近平总书记教师教育重要论述的内涵及特征［J］．教育研究，2019，40（8）．

［115］赵培举．加强师德师风建设 培养高素质教师队伍［J］．中国高等教育，2013（Z2）．

［116］蒋纯焦．中国传统教师文化的特点与意蕴［J］．教师教育研究，2019，31（2）．

［117］张家军. 论师德建设的教化、内化和制度化［J］. 课程·教材·教法，2015，35（7）.

［118］穆惠涛，张富国. 新时代我国教师队伍师德内化的突破口与实现路径：基于教师职业责任分析的视角［J］. 现代教育管理，2019（4）.

［119］栗波. 获得感：教师职业认同的时代建构［J］. 教育理论与实践，2018，38（29）.

［120］李广，盖阔. 中小学教师职业幸福感调查［J］. 教育研究，2022，43（2）.

［121］叶菊艳. 改革开放以来中小学教师身份认同的建构及其类型：基于历史社会学视角的案例考察［J］. 北京大学教育评论，2015，13（4）.

［122］刘益春，高夯，董玉琦，等. "U-G-S"教师教育新模式的探索［J］. 中国大学教学，2015（3）.

［123］戴伟芬，梁慧芳，颜贝贝. 面向教育现代化 2030 的教师教育发展趋势与政策选择［J］. 河北师范大学学报（教育科学版），2017，19（5）.

［124］庞丽娟，杨小敏. 关于教育供给侧结构性改革的思考和建议［J］. 国家教育行政学院学报，2016（10）.

［125］王广飞，符琳蓉. 城乡教育一体化推进义务教育均衡发展的困境与对策［J］. 农村经济，2018（3）.

［126］童星. 近十年我国小学师资队伍发展状况的区域对比研究［J］. 上海教育科研，2016（1）.

［127］钟启泉，王艳玲. 从"师范教育"走向"教师教育"［J］. 全球教育展望，2012，41（6）.

［128］黄崴. 从"师范教育"到"教师教育"的转型［J］. 高等师范教育研究，2001（6）.

［129］张伟坤，熊建文，林天伦. 新时代与新师范：背景、理念及举措［J］. 高教探索，2019（1）.

［130］王定华. 关于实施教师教育振兴行动计划的政策与思考［J］. 国家教育行政学院学报，2018（6）.

［131］蹇世琼，冉隆锋. 教师资格证"国考"实践中的现实矛盾与制度完善［J］. 教育科学，2017，33（5）.

［132］胡久华，李燕，侯文群. 中美科学教师资格认证考试形式及内容

的比较研究［J］. 外国中小学教育，2016（1）.

［133］李广平. 优化教师专业发展与培训体系建设，全面提升中小学教师队伍质量［J］. 华东师范大学学报（教育科学版），2018，36（4）.

［134］杨跃. 师范专业认证制度改革的现实困境与治理对策：基于新制度主义理论视角的分析［J］. 现代教育管理，2018（2）.

［135］郑文，王玉. "新师范"背景下广东高校师范类专业认证：关系与策略［J］. 华南师范大学学报（社会科学版），2018（6）.

附录　中国重要教师教育政策文献目录
（1949—2022）

20221228 教育部办公厅关于做好 2023 届教育部直属师范大学公费师范毕业生就业工作的通知

20221207 教育部办公厅关于公布国家级职业教育"双师型"教师培训基地（2023—2025 年）的通知

20220922 教育部办公厅关于进一步做好"优师计划"师范生培养工作的通知

20220613 教育部办公厅 财政部办公厅关于做好 2022 年农村义务教育阶段学校教师特设岗位计划实施工作的通知

20220517 教育部办公厅关于开展职业教育教师队伍能力提升行动的通知

20220402 教育部等八部门关于印发《新时代基础教育强师计划》的通知

20220209 教育部办公厅关于实施师范教育协同提质计划的通知

20210430 教育部 财政部关于实施中小学幼儿园教师国家级培训计划（2021—2025 年）的通知

20210402 教育部办公厅关于印发《中学教育专业师范生教师职业能力标准（试行）》等五个文件的通知

20210308 教育部办公厅 财政部办公厅关于做好 2021 年农村义务教育阶段学校教师特设岗位计划实施工作的通知

20201231 教育部办公厅关于做好 2021 届教育部直属师范大学公费师范毕业生就业工作的通知

20201224 教育部等六部门关于加强新时代高校教师队伍建设改革的指导意见

20200825 教育部关于在教育系统深入开展向张桂梅同志学习的通知

20200731 教育部等六部门关于加强新时代乡村教师队伍建设的意见

20200721 教育部办公厅关于印发《中小学教师培训课程指导标准（师德

修养）》等 3 个文件的通知

20200717 教育部关于追授陶德麟同志"全国优秀教师"荣誉称号的决定

20200717 教育部办公厅关于公布 2020 年通过普通高等学校师范类专业认证的专业名单的通知

20200703 教育部关于公布首批国家级职业教育教师教学创新团队课题研究项目的通知

20200304 教育部办公厅 财政部办公厅关于做好 2020 年中小学幼儿园教师国家级培训计划组织实施工作的通知

20190320 教育部关于实施全国中小学教师信息技术应用能力提升工程 2.0 的意见

20190305 教育部办公厅 财政部办公厅关于做好 2019 年中小学幼儿园教师国家级培训计划组织实施工作的通知

20190223 中共中央、国务院印发《中国教育现代化 2035》

20190223 中共中央办公厅、国务院办公厅印发《加快推进教育现代化实施方案（2018—2022 年）》

20190118 陈宝生：落实 落实 再落实——在 2019 年全国教育工作会议上的讲话

20181221 教育部办公厅关于做好 2019 届教育部直属师范大学公费师范毕业生就业工作的通知

20181218 习近平：在庆祝改革开放 40 周年大会上的讲话

20181217 陈宝生：中国教育：波澜壮阔四十年

20181108 教育部关于印发《中小学教师违反职业道德行为处理办法（2018 年修订）》的通知

20181108 教育部关于印发《幼儿园教师违反职业道德行为处理办法》的通知

20181108 教育部关于印发《新时代高校教师职业行为十项准则》《新时代中小学教师职业行为十项准则》《新时代幼儿园教师职业行为十项准则》的通知

20181108 教育部关于完善教育标准化工作的指导意见

20181108 教育部关于高校教师师德失范行为处理的指导意见

20181107 中共中央 国务院关于学前教育深化改革规范发展的若干意见

20181026 林蕙青：努力实现新时代高校人才培养新作为

20181025 田学军：认真学习贯彻全国教育大会精神　努力开创教育改革发展新局面

20181023 杜占元：深入学习贯彻全国教育大会精神　加快推进"双一流"建设

20181022 孙尧：努力建设新时代高素质教师队伍

20181019 朱之文：牢牢把握正确办学方向　大力推进基础教育公平优质发展

20180930 孙春兰：深入学习贯彻习近平总书记关于教育的重要论述　奋力开创新时代教育工作新局面

20180925 陈宝生：认真学习贯彻全国教育大会精神　开启加快教育现代化、建设教育强国新征程

20180917 教育部关于实施卓越教师培养计划 2.0 的意见

20180917 教育部关于加快建设高水平本科教育　全面提高人才培养能力的意见

20180914 中共教育部党组关于认真学习贯彻全国教育大会精神的通知

20180807 教育部办公厅关于开展人工智能助推教师队伍建设行动试点工作的通知

20180730 国务院办公厅关于转发教育部等部门教育部直属师范大学师范生公费教育实施办法的通知

20180704 教育部　财政部关于印发《银龄讲学计划实施方案》的通知

20180509 教育部办公厅　财政部办公厅关于做好 2018 年农村义务教育阶段学校教师特设岗位计划实施工作的通知

20180503 中共教育部党组印发《关于教育系统深入学习贯彻习近平总书记在北京大学师生座谈会上重要讲话精神的通知》

20180502 习近平：在北京大学师生座谈会上的讲话

20180413 教育部关于印发《教育信息化 2.0 行动计划》的通知

20180216 中共教育部党组：努力培养造就堪当民族复兴大任的大国良师

20180211 教育部等五部门关于印发《教师教育振兴行动计划（2018—2022 年）》的通知

20180208 中共教育部党组：努力做中华民族"梦之队"的筑梦人

20180131 教育部关于印发《教育部 2018 年工作要点》的通知

20180123 陈宝生：在全国教育工作会议上的讲话

20180122 教育部办公厅 财政部办公厅关于做好 2018 年中小学幼儿园教师国家级培训计划组织实施工作的通知

20180120 中共中央 国务院关于全面深化新时代教师队伍建设改革的意见

20180115 教育部 国务院扶贫办关于印发《深度贫困地区教育脱贫攻坚实施方案（2018—2020 年）》的通知

20180108 陈宝生：优先发展教育事业

20171209 陈宝生：把握教育历史定位 办好人民满意的教育

20171204 中共教育部党组关于印发《高校思想政治工作质量提升工程实施纲要》的通知

20171204 教育部关于印发《义务教育学校管理标准》的通知

20171201 教育部关于做好 2018 届全国普通高等学校毕业生就业创业工作的通知

20171115 教育部办公厅关于印发《中小学幼儿园教师培训课程指导标准（义务教育语文学科教学）》等 3 个文件的通知

20171113 陈宝生：坚定不移办好中国特色社会主义教育

20171108 孙尧：写好学习贯彻十九大精神奋进之笔

20171026 教育部关于印发《普通高等学校师范类专业认证实施办法（暂行）》的通知

20171018 习近平：决胜全面建成小康社会 夺取新时代中国特色社会主义伟大胜利——在中国共产党第十九次全国代表大会上的报告

20171008 教育部关于印发《学校体育美育兼职教师管理办法》的通知

20170922 陈宝生：让 13 亿人民共享教育发展成果

20170921 普通高等学校辅导员队伍建设规定

20170908 陈宝生：努力办好人民满意的教育

20170907 刘延东：在 2017 年全国教书育人楷模及优秀教师代表座谈会上的讲话

20170829 教育部办公厅关于公布高校教师考核评价改革示范校的通知

20170817 教育部关于印发《中小学德育工作指南》的通知

20170720 教育部办公厅关于印发《乡村校园长"三段式"培训指南》等四个文件的通知

20170718 陈宝生：大力培养和造就黄大年式优秀教师

20170717 教育部等七部门关于印发《第二期特殊教育提升计划（2017—2020 年）》的通知

20170714 教育部关于开展全国高校黄大年式教师团队创建活动的通知

20170425 国务院办公厅关于加强中小学幼儿园安全风险防控体系建设的意见

20170419 教育部关于印发《县域义务教育优质均衡发展督导评估办法》的通知

20170418 教育部关于印发《幼儿园办园行为督导评估办法》的通知

20170405 教育部办公厅　财政部办公厅关于做好 2017 年农村义务教育阶段学校教师特设岗位计划实施工作的通知

20170325 杜占元：发展教育信息化　推动教育现代化 2030

20170301 陈宝生：把握时代脉搏和教育规律　促进教育事业科学发展

20170228 教育部办公厅　财政部办公厅关于做好 2017 年中小学幼儿园教师国家级培训计划实施工作的通知

20170122 教育部关于印发《教育部 2017 年工作要点》的通知

20170113 陈宝生：办好中国特色社会主义教育　以优异成绩迎接党的十九大胜利召开——2017 年全国教育工作会议工作报告

20170110 国务院关于印发国家教育事业发展"十三五"规划的通知

20161213 教育部关于大力推行中小学教师培训学分管理的指导意见

20161117 教育部办公厅关于做好 2017 届教育部直属师范大学免费师范毕业生就业工作的通知

20161028 教育部　财政部关于实施职业院校教师素质提高计划（2017—2020 年）的意见

20160907 刘延东：在全国乡村教师队伍建设工作推进会上的讲话

20160825 教育部关于深化高校教师考核评价制度改革的指导意见

20160727 教育部办公厅关于做好全国教师管理信息系统部署与启用工作的通知

20160617 教育部办公厅关于启动实施高等学校新入职教师国培示范项目

的通知

20160613 教育部关于中央部门所属高校深化教育教学改革的指导意见

20160607 教育部关于印发《教育信息化"十三五"规划》的通知

20160527 教育部办公厅关于进一步做好高校毕业生就业创业工作的通知

20160511 教育部等七部门关于印发《职业学校教师企业实践规定》的通知

20160321 教育部办公厅 财政部办公厅关于做好 2016 年农村义务教育阶段学校教师特设岗位计划实施工作的通知

20160317 教育部关于加强师范生教育实践的意见

20160204 教育部关于印发《教育部 2016 年工作要点》的通知

20160115 袁贵仁：以新的发展理念为引领 全面提高教育质量 加快推进教育现代化——在 2016 年全国教育工作会议上的讲话

20160113 教育部办公厅关于印发乡村教师培训指南的通知

20160112 教育部办公厅 财政部办公厅关于做好 2016 年中小学幼儿园教师国家级培训计划实施工作的通知

20151119 教育部办公厅关于做好 2016 届教育部直属师范大学免费师范毕业生就业工作的通知

20151119 刘延东：巩固成果 开拓创新 以教育信息化全面推动教育现代化——在第二次全国教育信息化工作电视电话会议上的讲话

20151109 袁贵仁：提高教育质量

20151024 国务院关于印发统筹推进世界一流大学和一流学科建设总体方案的通知

20151019 教育部关于印发《高等职业教育创新发展行动计划（2015—2018 年）》的通知

20150911 中共教育部党组关于教育系统学习贯彻中央领导同志教师节重要回信和讲话精神的通知

20150910 教育部关于印发《高等学校思想政治理论课建设标准》的通知

20150909 习近平总书记给"国培计划（2014）"北京师范大学贵州研修班参训教师的回信

20150909 中共中央宣传部 中共教育部党组关于加强和改进高校宣传思想工作队伍建设的意见

20150828 人力资源社会保障部　教育部关于印发《关于深化中小学教师职称制度改革的指导意见》的通知

20150825 教育部　财政部关于改革实施中小学幼儿园教师国家级培训计划的通知

20150821 教育部关于印发《特殊教育教师专业标准（试行）》的通知

20150727 中央宣传部　教育部关于印发《普通高校思想政治理论课建设体系创新计划》的通知

20150727 教育部关于深化职业教育教学改革全面提高人才培养质量的若干意见

20150601 国务院办公厅关于印发乡村教师支持计划（2015—2020 年）的通知

20150402 教育部办公厅　财政部办公厅关于做好 2015 年中小学幼儿园教师国家级培训计划实施工作的通知

20150206 教育部办公厅　财政部办公厅关于做好 2015 年农村义务教育阶段学校教师特设岗位计划有关实施工作的通知

20150205 教育部办公厅关于成立第三届全国教师教育课程资源专家委员会的通知

20150110 教育部关于印发《普通高中校长专业标准》《中等职业学校校长专业标准》《幼儿园园长专业标准》的通知

20141205 教育部办公厅关于公布卓越教师培养计划改革项目的通知

20141113 教育部办公厅关于做好 2015 届教育部直属师范大学免费师范毕业生就业工作的通知

20140929 教育部关于建立健全高校师德建设长效机制的意见

20140925 教育部关于教师参与志愿服务活动的指导意见

20140911 中共教育部党组关于教育系统学习贯彻习近平总书记教师节重要讲话精神的通知

20140909 习近平：做党和人民满意的好老师——同北京师范大学师生代表座谈时的讲话

20140909 刘延东：在庆祝教师节暨全国教育系统先进集体和先进个人表彰大会上的讲话

20140825 教育部关于开展现代学徒制试点工作的意见

20140818 教育部关于实施卓越教师培养计划的意见

20140703 教育部关于学习贯彻习近平总书记重要指示和全国职业教育工作会议精神的通知

20140611 教育部关于印发《高等学校体育工作基本标准》的通知

20140606 教育部办公厅关于启动实施中小学校长国家级培训计划的通知

20140530 教育部办公厅关于印发《中小学教师信息技术应用能力培训课程标准（试行）》的通知

20140527 教育部办公厅关于印发《中小学教师信息技术应用能力标准（试行）》的通知

20140523 袁贵仁：坚持立德树人 加强社会主义核心价值观教育——深入学习贯彻习近平同志在北京大学师生座谈会上的重要讲话精神

20140401 教育部办公厅 财政部办公厅关于做好2014年中小学幼儿园教师国家级培训计划实施工作的通知

20140330 教育部关于全面深化课程改革落实立德树人根本任务的意见

20140325 教育部关于印发《高等学校辅导员职业能力标准（暂行）》的通知

20140317 教育部关于成立教育部高等学校幼儿园教师培养等教学指导委员会的通知

20140303 教育部办公厅 财政部办公厅关于做好2014年农村义务教育阶段学校教师特设岗位计划有关实施工作的通知

20140127 刘延东：在全国特殊教育工作电视电话会议上的讲话

20140111 教育部关于印发《中小学教师违反职业道德行为处理办法》的通知

20131216 教育部办公厅关于加强高校辅导员基层实践锻炼的通知

20131118 关于做好2013年特岗教师在职攻读教育硕士工作的通知

20131112 中共中央关于全面深化改革若干重大问题的决定

20131106 教育部办公厅关于做好2014届教育部直属师范大学免费师范毕业生就业工作的通知

20131025 教育部关于实施全国中小学教师信息技术应用能力提升工程的意见

20131012 关于实施农村校长助力工程的通知

20130926 教育部办公厅关于全面加强教师法制教育工作的通知

20130920 教育部关于印发《中等职业学校教师专业标准（试行）》的通知

20130902 教育部关于建立健全中小学师德建设长效机制的意见

20130829 教育部关于进一步加强中小学校长培训工作的意见

20130815 教育部关于印发《中小学教师资格考试暂行办法》《中小学教师资格定期注册暂行办法》的通知

20130625 教育部关于印发《普通高等学校思想政治理论课教师队伍培养规划（2013—2017年）》的通知

20130523 教育部办公厅关于建立首批全国高校思想政治理论课教师社会实践研修基地的通知

20130516 教育部办公厅　财政部办公厅关于印发《职业院校教师素质提高计划中等职业学校专业骨干教师培训项目管理办法》等三个文件的通知

20130506 教育部关于深化中小学教师培训模式改革全面提升培训质量的指导意见

20130506 教育部办公厅　财政部办公厅关于做好2013年农村义务教育阶段学校教师特设岗位计划有关实施工作的通知

20130503 中共教育部党组关于印发《普通高等学校辅导员培训规划（2013—2017年）》的通知

20130409 教育部办公厅　财政部办公厅关于做好2013年"国培计划"实施工作的通知

20130328 刘利民：着力加强教师队伍建设　为办好人民满意教育提供坚强支撑——在教师培养模式改革试点现场会上的讲话

20130220 教育部　国家发展改革委　财政部关于印发《中西部高等教育振兴计划（2012—2020年）》的通知

20130204 教育部关于印发《义务教育学校校长专业标准》的通知

20130129 教育部办公厅　财政部办公厅关于印发《"国培计划"示范性集中培训项目管理办法》等三个文件的通知

20130109 袁贵仁：在2013年全国教育工作会议上的讲话

20121231 共青团中央　教育部　全国少工委关于印发《少先队总辅导员设置管理办法（试行）》的通知

20121211 教育部办公厅关于做好 2012 年特岗教师在职攻读教育硕士工作的通知

20121207 教育部办公厅关于制订中等职业学校专业教学标准的意见

20121119 教育部办公厅关于开展教师教育国家级精品资源共享课建设工作的通知

20121118 袁贵仁：努力办好人民满意的教育——在教育部党组学习贯彻党的十八大精神扩大会议上的发言

20120921 袁贵仁：推动教育事业科学发展 努力办好人民满意的教育

20120920 教育部 中央编办 国家发展改革委 财政部 人力资源社会保障部关于加强特殊教育教师队伍建设的意见

20120920 教育部 中央组织部 中央宣传部 国家发展改革委 财政部 人力资源社会保障部关于加强高等学校青年教师队伍建设的意见

20120920 教育部 中央编办 国家发展改革委 财政部 人力资源社会保障部关于大力推进农村义务教育教师队伍建设的意见

20120920 教育部 中央编办 财政部 人力资源社会保障部关于加强幼儿园教师队伍建设的意见

20120912 中共教育部党组关于学习贯彻胡锦涛总书记等中央领导同志教师节期间贺信和讲话精神的通知

20120906 教育部 国家发展改革委 财政部关于深化教师教育改革的意见

20120820 国务院关于加强教师队伍建设的意见

20120801 教育部办公厅关于印发《普通本科学校创业教育教学基本要求（试行）》的通知

20120614 袁贵仁：学习楷模 立德树人——"学习时代楷模"座谈会发言摘编

20120614 教育部关于印发《国家教育事业发展第十二个五年规划》的通知

20120531 教育部办公厅关于公布第二批"国培计划"教师远程培训机构的通知

20120518 教育部办公厅关于公布"国培计划"——示范性集中培训项目培训机构的通知

20120517 教育部办公厅关于实施《"国培计划"课程标准（试行）》的

通知

20120517 教育部办公厅 财政部办公厅关于做好 2012 年 "国培计划" 实施工作的通知

20120514 教育部办公厅 财政部办公厅关于做好 2012 年农村义务教育阶段学校教师特设岗位计划有关实施工作的通知

20120322 袁贵仁：在全面提高高等教育质量工作会议上的讲话

20120321 教育部关于印发《高等教育专题规划》的通知

20120222 刘利民：在 2012 年全国教育工作会议上的讲话

20120210 教育部关于印发《幼儿园教师专业标准（试行）》《小学教师专业标准（试行）》和《中学教师专业标准（试行）》的通知

20120206 关于组织遴选 "国培计划" ——示范性集中培训项目培训机构的通知

20120107 袁贵仁：扎扎实实推进教育规划纲要贯彻落实——在 2012 年全国教育工作会议上的讲话

20120107 国务院办公厅转发教育部等部门关于完善和推进师范生免费教育意见的通知

20120106 刘延东：坚定信心 乘势而上 奋力开创教育改革发展新局面——在 2012 年全国教育工作会议上的讲话

20111228 国务院关于实施《国家中长期教育改革和发展规划纲要（2010—2020 年）》工作情况的报告——2011 年 12 月 28 日在第十一届全国人民代表大会常务委员会第二十四次会议上

20111224 教育部关于进一步完善职业教育教师培养培训制度的意见

20111224 教育部关于 "十二五" 期间加强中等职业学校教师队伍建设的意见

20111129 教育部办公厅关于开展示范性县级教师培训机构评估认定工作的通知

20111121 教育部办公厅关于做好 2011 年特岗教师在职攻读教育硕士工作的通知

20111110 教育部关于做好 2012 年全国普通高等学校毕业生就业工作的通知

20111108 教育部 财政部关于实施职业院校教师素质提高计划的意见

20111008 教育部关于大力推进教师教育课程改革的意见

20110914 教育部办公厅关于做好少数民族双语教师培训工作的意见

20110905 教育部 财政部关于实施幼儿教师国家级培训计划的通知

20110830 教育部关于推进中等和高等职业教育协调发展的指导意见

20110828 温家宝：一定要把农村教育办得更好——在农村教师大会上的讲话

20110715 教育部办公厅关于公布"国培计划"资源库首批推荐课程资源目录的通知

20110701 教育部 财政部关于"十二五"期间实施"高等学校本科教学质量与教学改革工程"的意见

20110624 教育部关于学习贯彻温家宝总理在北京师范大学首届免费师范生毕业典礼上重要讲话精神的通知

20110623 刘利民：积极推动课程资源建设，为新时期教师教育作出贡献——在第二届全国教师教育课程资源专家委员会成立大会暨第一次工作会议上的讲话

20110617 温家宝：肩负起教书育人的神圣使命——在北京师范大学首届免费师范生毕业典礼上的讲话

20110524 教育部办公厅 财政部办公厅关于做好 2011 年"中小学教师国家级培训计划"实施工作的通知

20110402 教育部办公厅关于印发《教育部高校辅导员培训和研修基地建设与管理办法（试行）》等文件的通知

20110314 教育部办公厅关于公布"国培计划"专家库首批人选的通知

20110304 教育部办公厅 财政部办公厅关于做好 2011 年农村义务教育阶段学校教师特设岗位计划有关实施工作的通知

20110124 袁贵仁：全面落实教育规划纲要 深入推进教育事业科学发展——在 2011 年全国教育工作会议上的讲话

20110124 刘利民：在 2011 年全国教育工作会议上的讲话

20110119 教育部关于印发《高等学校思想政治理论课建设标准（暂行）》的通知

20110108 教育部关于实施卓越工程师教育培养计划的若干意见

20110104 教育部关于大力加强中小学教师培训工作的意见

20101105 教育部办公厅关于加强中小学教师培训安全管理工作的通知

20100926 教育部 人力资源社会保障部关于加强中等职业学校班主任工作的意见

20100818 教育部办公厅关于组织开展"国培计划"培训课程资源征集、遴选、推荐活动的通知

20100806 教育部办公厅关于公布"国培计划"教师远程培训机构推荐名单的通知

20100729 国家中长期教育改革和发展规划纲要（2010—2020 年）

20100716 教育部办公厅关于加强国培计划项目绩效考评工作的意见

20100715 教育部办公厅关于做好国培计划教师培训机构遴选工作的通知

20100714 刘延东：在全国教育工作会议上的总结讲话

20100713 温家宝：强国必强教 强国先强教——在全国教育工作会议上的讲话

20100713 胡锦涛：在全国教育工作会议上的讲话

20100611 教育部 财政部关于实施"中小学教师国家级培训计划"的通知

20100521 教育部关于印发《教育部直属师范大学免费师范毕业生在职攻读教育硕士专业学位实施办法（暂行）》的通知

20100518 教育部 人力资源社会保障部 中央编办 财政部关于印发《教育部直属师范大学免费师范毕业生就业实施办法》的通知

20100427 教育部关于印发《2010 年中小学教师国家级培训计划——示范性项目实施方案》的通知

20100325 教育部办公厅 财政部办公厅关于做好 2010 年农村义务教育阶段学校教师特设岗位计划实施工作的通知

20100118 中共教育部党组关于教育系统深入开展大规模培训干部工作的实施意见

20100114 李卫红：在教育部 2010 年度工作会议上的讲话

20100114 袁贵仁：继续解放思想 坚持改革创新 努力开创教育事业科学发展新局面——在教育部 2010 年度工作会议上的讲话

20090925 教育部关于做好 2010 年"农村学校教育硕士师资培养计划"实施工作的通知

20090915 教育部 财政部关于立项建设 2009 年国家级教学团队的通知

20090812 教育部关于印发《中小学班主任工作规定》的通知

20090810 教育部办公厅关于组织实施 2009 年中西部地区中小学骨干教师培训项目的通知

20090803 教育部办公厅关于印发《全国普通高等学校美术学（教师教育）本科专业必修课程教学指导纲要》的通知

20090720 教育部办公厅关于启动实施"2009—2011 年中国移动中小学校长培训项目"有关工作的通知

20090707 教育部办公厅关于印发《2009 年中小学教师国家级培训计划》的通知

20090605 教育部办公厅关于组织实施"知行中国-中小学班主任教师培训项目"的通知

20090330 教育部 财政部 人力资源社会保障部 中央编办关于实施"农村义务教育阶段学校教师特设岗位计划"的通知

20090325 教育部关于进一步做好中小学教师补充工作的通知

20090223 教育部 财政部 人力资源社会保障部 中央编办关于继续组织实施"农村义务教育阶段学校教师特设岗位计划"的通知

20090220 教育部 卫生部关于加强医学教育工作提高医学教育质量的若干意见

20090102 教育部 2009 年工作要点

20081213 教育部关于进一步深化中等职业教育教学改革的若干意见

20081201 周济：深入学习实践科学发展观 全力以赴做好 2009 年高校毕业生就业工作

20080923 中共中央宣传部 教育部关于进一步加强高等学校思想政治理论课教师队伍建设的意见

20080910 刘延东：在第四届高等学校教学名师奖表彰大会上的讲话

20080908 刘延东：学习英模先进事迹 做人民满意的教师——在庆祝教师节暨全国教育系统抗震救灾先进典型表彰大会上的讲话

20080901 教育部 中国教科文卫体工会全国委员会关于重新修订和印发《中小学教师职业道德规范》的通知

20080715 关于表彰第三批教育系统抗震救灾英雄集体和抗震救灾英雄的

决定

20071116 教育部 人事部 劳动保障部关于积极做好 2008 年普通高等学校毕业生就业工作的通知

20070921 财政部 教育部关于印发《中等职业学校教师素质提高计划专项资金管理暂行办法》的通知

20070705 教育部关于大力推进师范生实习支教工作的意见

20070611 共青团中央 教育部 人事部 全国少工委关于印发《少先队辅导员管理办法（试行）》的通知

20070523 教育部办公厅 财政部办公厅关于组织实施中等职业学校专业骨干教师培训工作的指导意见

20070518 国务院批转教育部国家教育事业发展“十一五”规划纲要的通知

20070509 国务院办公厅转发教育部等部门关于教育部直属师范大学师范生免费教育实施办法（试行）的通知

20061231 教育部关于做好 2007 年农村义务教育阶段学校教师特设岗位计划工作的通知

20061226 教育部 财政部关于实施中等职业学校教师素质提高计划的意见

20060928 教育部关于建立中等职业学校教师到企业实践制度的意见

20060828 人事部 教育部关于授予汪来九、陶海林、张昭、王玉贵四位同志“全国模范教师”荣誉称号的决定

20060723 普通高等学校辅导员队伍建设规定

20060720 人事部 教育部关于追授祝香云同志“全国模范教师”荣誉称号的决定

20060629 中华人民共和国义务教育法

20060515 教育部 财政部 人事部 中央编办关于实施农村义务教育阶段学校教师特设岗位计划的通知

20060429 教育部办公厅关于通报表彰全国县级教师培训机构的通知

20060302 教育部办公厅关于做好 2006 年为农村学校培养教育硕士师资工作的通知

20050418 教育部关于印发《学习贯彻落实中发〔2004〕16 号文件和全国

加强和改进大学生思想政治教育工作会议精神的宣讲提纲》的通知

20040914 教育部等七部门关于进一步加强职业教育工作的若干意见

20040826 中共中央 国务院关于进一步加强和改进大学生思想政治教育的意见

20040816 教育部办公厅关于进一步学习贯彻《中共中央 国务院关于进一步加强和改进未成年人思想道德建设的若干意见》深入开展教育思想大讨论活动的通知

20030317 教育部、国务院学位委员会关于开展高等学校教师在职攻读硕士学位工作的通知

20030304 国务院办公厅转发教育部等部门（单位）关于幼儿教育改革与发展指导意见的通知

20020908 江泽民：在庆祝北京师范大学建校一百周年大会上的讲话

20020301 教育部关于"十五"期间教师教育改革与发展的意见

20010608 教育部关于印发《基础教育课程改革纲要（试行）》的通知

20010223 教育部办公厅关于积极配合和推动基础教育课程改革进一步加强和改进教师培养培训工作的几点意见

19990316 关于印发《关于师范院校布局结构调整的几点意见》的通知

19930107 国务院办公厅转发国家教委关于进一步改革和发展成人高等教育意见的通知

19920314 中华人民共和国义务教育法实施细则

19920106 关于印发《高等师范专科学校体育教育专业教学计划》的通知

19900611 国家教委转发《关于中小学教育工作五项督导检查的报告》的通知

19891219 国家教委关于加强全国中小学校长培训工作的意见

19881225 中共中央关于改革和加强中小学德育工作的通知

19870529 中共中央关于改进和加强高等学校思想政治工作的决定

19860216 柳斌：高等师范院校如何为基础教育服务

19851112 何东昌：为建设一支数量足够、质量合格的中小学师资队伍而奋斗

19850910 万里：教师工作在很大程度上决定着国家未来

19840423 教育部关于调整和发展高等学校文科教育的几点意见

19840305 张文松：在全国小学思想品德教育工作座谈会上的总结讲话

19830831 教育部关于组织大、中学教职工、学生学习《邓小平文选》的通知

19830826 何东昌：在中学数理化教学要求讨论会闭幕会上的讲话

19830607 全国中小学教师进修教材教法工作经验交流会纪要

19830315 教育部关于教育学院和教师进修学院毕业生若干问题的通知

19830120 教育部关于加强小学在职教师进修工作的意见

19820301 师范专科学校教学工作座谈会纪要

19810326 姚依林：在全国职工教育工作会议上的总结讲话

19801027 教育部关于大力办好高等师范专科学校的意见

19801027 关于加强高等师范学校师资队伍建设的意见

19801014 教育部关于印发中等师范学校教学计划（试行草案）和幼儿师范学校教学计划（试行草案）的通知

19800929 教育部印发关于师范教育的几个问题的请示报告的通知

19800912 教育部关于印发改进和加强中学政治课的意见的通知

19800822 教育部印发关于进一步加强中小学在职教师培训工作的意见等三个文件的通知

19800710 全国重点高等学校接受进修教师工作暂行办法

19791011 中共中央　国务院转发《全国托幼工作会议纪要》的通知

19790905 教育部印发全国中小学思想政治教育工作座谈会纪要

19790413 张承先：在全国教育科学规划会议上的讲话

19781012 教育部印发关于加强和发展师范教育的意见

19780922 教育部关于试行全日制中学暂行工作条例（试行草案）、全日制小学暂行工作条例（试行草案）的通知

19780422 邓小平：在全国教育工作会议上的讲话

19780107 国务院批转《教育部关于加强中小学教师队伍管理工作的意见》的通知

19771210 教育部关于加强中小学在职教师培训工作的意见

19770808 邓小平：关于科学和教育工作的几点意见

19751020 周荣鑫：教育要适应四个现代化的需要

19740426 国务院批转国务院科教组关于内地支援西藏大、中专师资问题

意见的报告

19710813 全国教育工作会议纪要

19700922 改造学校教育阵地的一支重要的革命力量——关于北京市香厂路小学工农兵讲师团的调查报告

19690512《人民日报》为《关于公办小学下放到大队来办，开展农村中、小学教育大纲（草案）的讨论》加的按语

19660104 教育部关于试办招收高中毕业生的一年制师范班（校）的通知

19651127 高等函授教育会议纪要

19640307 陆定一：在全国教育厅局长会议上的总结讲话

19640306 刘季平：在全国教育厅局长会议上的讲话

19631018 中共中央关于加强少年儿童校外教育和整顿中小学教师队伍的指示

19630822 三年制中等师范学校教学计划草案（征求意见稿）

19630808 教育部关于颁发高等师范学校教学计划（草案）的通知

19620516 林枫：在全国教育会议上的讲话

19620123 教育部党组关于全国师范教育会议的报告

19611112 周荣鑫：在1961年全国师范教育工作会议上的总结报告

19610810 全国高等学校及中等学校调整工作会议纪要

19610211 教育部关于保证中小学师资质量问题的两项通知

19600503 师范教育改革座谈会关于师范教育教学改革的初步意见（草稿）

19600503 师范教育改革座谈会关于迅速提高在职教师政治、文化、业务水平的初步意见（草稿）

19600227 教育部 国家体委关于全国体育学院、体育专科学校和高等师范学校体育系、科会议的报告

19590428 杨秀峰：积极进行教学改革，多快好省地发展教育事业

19590322 中共中央关于在高等学校中指定一批重点学校的决定

19590322 国务院关于高等学校师资的补充、培养和调配问题的规定

19590320 教育部党组关于1959年教育事业发展计划的意见

19590320 教育部党组关于编写普通中小学和师范学校教材的意见

19580415 陆定一：在全国教育工作会议上的讲话

19580319 教育部关于1958学年度中等师范学校教学计划的通知

19571127 教育部印发中学和师范学校社会主义教育课教材目录

19571011 教育部关于函授师范学校（师范学校函授部）、业余师范学校若干问题的规定（草案）

19570817 教育部关于中学、师范学校设置政治课的通知

19570225 教育部颁发高等师范学校教育实习暂行大纲的通知

19561222《人民日报》评论：解决中小学教师的忙乱问题

19561116 教育部 青年团中央关于配备中学和师范学校团队干部的通知

19561101 教育部关于内地支援边疆地区小学师资问题的通知

19560926 林枫：关于我们国家培养建设人才的问题

19560701 叶圣陶：改进语文教学，提高语文教学的质量

19560630 教育部关于大力培养小学教师和幼儿园教养员的指示

19560604 林砺儒：在第二次全国民族教育会议上的报告

19560526 教育部关于颁发《高等师范学校师资培养试行办法》的通知

19560428 师范学校教育实习办法

19560402 教育部关于中学、中等师范学校的语文科分汉语、文学两科教学并使用新课本的通知

19560321 师范学校规程

19560220 教育部关于颁发师范学院教育系幼儿教育专业暂行教学计划及其说明的通知

19551117 教育部关于在中小学和各级师范学校大力推广普通话的指示

19551107 教育部关于加强中等学校在职教师业余进修的指示

19550729 杨秀峰：在一届人大二次会议上的发言

19550719 教育部关于加强小学在职教师业余文化补习的指示

19541025 教育部关于对中学及师范学生进行宪法教育的通知

19540612 教育部关于颁发四年制初级师范学校教学计划（修订草案）的通知

19540412 教育部关于颁发师范学院暂行教学计划的通知

19540315 全国普通教育与师范教育工作 1953 年的基本总结和 1954 年的方针任务

19531126 政务院关于整顿和改进小学教育的指示

19531126 政务院关于改进和发展高等师范教育的指示

19531006 关于高等师范学校教学改革的报告提纲

19530928 关于全国高等师范教育的基本情况和今后方针、任务的报告

19530729 教育部关于颁发各类师范学校（师范、三年制初师、幼师）教学计划的通知

19530119 教育部关于试行师范专科学校教学计划（草案）的通知

19521115 教育部关于解决 1952 年暑假后中等学校师资问题的决定

19521105 教育部关于试行师范学院教学计划（草案）的通知

19520930 教育部关于中小学教师进修问题的通报

19520930 教育部关于人民教师应算为革命工作人员的通报

19520901 中共中央关于培养高等、中等学校马克思列宁主义理论师资的指示

19520716 教育部颁布试行《关于高等师范学校的规定》、《师范学校暂行规程》及《关于大量短期培养初等及中等教育师资的决定》

19511122 教育部关于第一次全国师范教育会议的报告

19511013《人民日报》社论：稳定和发展小学教育，培养百万人民教师

19510911 马叙伦：在第一次全国初等教育及师范教育会议上的闭幕词

19510827 韦悫：巩固和发展新中国的初等教育和师范教育

19510826 马叙伦：在第一次全国初等教育与师范教育会议上的开幕词

19500802 吴玉章：全国教育工作者的大团结

19500729 政务院文化教育委员会关于纠正在学校中把教职员的土改学习变为清算斗争给中南文化教育委员会的指示

19500717 第一次全国高等教育会议的报告

19500601 马叙伦：在第一次全国高等教育会议上的开幕词

19500106 教育部关于第一次全国教育工作会议的报告

19491230 钱俊瑞：在第一次全国教育工作会议上的总结报告

后 记

党的二十大报告强调"教育、科技、人才是全面建设社会主义现代化国家的基础性、战略性支撑",要"深入实施科教兴国战略、人才强国战略、创新驱动发展战略,开辟发展新领域新赛道,不断塑造发展新动能新优势"。教师教育的现代化是衡量中国式教育现代化水平和潜力的重要尺度与必要内容,是支撑、推动和引领中国式教育现代化的人才基础与关键引擎。

教师教育政策是开展教师教育工作的重要依据,也是新时期教师教育研究中不可或缺的重要组成部分,更是我国教师教育改革与发展这一重大研究领域中具有基础性的研究内容。离开了科学系统的教师教育政策,教师教育工作便失去了坚实的根基。任何历史都是当代史,任何当代史都是过往历史的积淀与发展。深度理解教师教育政策的本体逻辑、演进逻辑、基本特征和时代走向,全面释放教师教育政策的价值效能,已然成为教育学人迫切需要回答的现实问题。

本书首先进行了教师教育政策的基础理论研究,在此基础上梳理了我国教师教育政策的历史流变。以历史事实为依据,以历史规律为参考,以历史经验为借鉴,结合我国教师教育实践探索经验,分析与研判教师教育未来发展趋势,以期为未来教师教育政策研制提供咨询建议。

本书撰写分工如下:前言,李广、苑昌昊;第一章 教师教育政策的基础理论研究,李广、苑昌昊;第二章 我国教师教育政策的历史变迁,李广、杜磊娇、李欣桐;第三章 我国教师教育政策的价值取向,李广、王奥轩;第四章 我国教师教育政策的时代表征,李广、杨进、盖阔;第五章 我国教师教育一体化实践探索,孟繁胜、李广、王奥轩;第六章 我国教师队伍建设的政策建议,李广、姜佳含、盖阔;第七章 我国教师教育政策的历史成就,李广、杜磊娇、李欣桐;第八章 中国式教师教育现代化政策逻辑,李广、江淑燕；第九章 我国教师教育政策的发展趋势，李广、李欣桐；后记，李广、苑昌昊。李广负责本书研究框架、思路、逻辑等方面的顶层设计。全书由李广、苑昌昊最终统稿。

在资料的整理与分析过程中，本书得到了东北师范大学教育学部、教师教育研究院等单位的专家、学者以及部分研究生的专业支持；在出版过程中，得到了国家出版基金资助，解决了出版经费问题，同时得到了东北师范大学出版社的大力支持与细致指导。在此一并表示感谢！

希望本书能为我国新时代教师教育政策研究提供可资借鉴的理念、方法、路径、策略，加速中国式教师教育现代化的前进步伐，为我国教师教育事业的蓬勃发展贡献绵薄之力。本人才短思涩，不当之处，敬请方家指正！

李　广

2023 年 10 月于东北师范大学